TRAITÉ COMPLET

D'HARMONIE

THÉORIQUE ET PRATIQUE.

TRAITÉ COMPLET

D'HARMONIE

THÉORIQUE ET PRATIQUE,

contenant les principes fondamentaux au moyen desquels on découvre l'origine de tous les accords, et les lois de succession qui les régissent,

PAR

A.-J. VIVIER.

PRIX NET : 10 FRANCS.

PARIS,
RUE DU CHERCHE-MIDI, 61.

J.-B. KATTO,
Éditeur et Fournisseur de Musique de la Cour
de S. A. R. Monseigneur le Duc Régnant
de Saxe-Cobourg et Gotha.

BRUXELLES,
GALERIE DU ROI, 10.

LONDRES,
CHEZ MM. FARMER ET FRUWIRTH.

AMSTERDAM,
CHEZ M. BRIX VON WALHBERG.

1862.

AVANT-PROPOS.

En publiant ce traité d'harmonie, nous avons pour but :

1° De poser les principes au moyen desquels on découvre l'origine de tous les accords et les lois de succession qui les régissent ;

2° D'assigner à chaque accord les différentes positions qu'il peut occuper sur les degrés de l'échelle chromatique de la gamme ;

3° De trouver d'une manière rationnelle toutes les résolutions tonales et modulantes dont les accords sont susceptibles ;

4° De donner des règles claires et précises pour apprendre à moduler ;

5° D'enseigner une nouvelle manière d'indiquer les accords au moyen de chiffres et de lettres, méthode qui permet de saisir instantanément l'origine et la résolution naturelle de chaque accord ;

6° D'éclaircir certains points de la théorie restés jusqu'ici dans le vague et en quelque sorte subordonnés à l'instinct musical de l'artiste : telles sont les règles à suivre dans les accords formés au moyen des notes appogiatures d'un accord donné. (Voyez ces règles du § 295 au § 384.)

La plupart des systèmes employés par les harmonistes pour trouver l'origine des accords consistent : dans la résonnance des corps sonores; dans la progression arithmétique; dans la division arbitraire du monocorde, ou bien encore dans des additions ou soustractions de tierces.

Nous fondant sur cette considération que les accords consonnants et dissonants ont une tendance marquée à se rapprocher constamment de l'accord parfait du premier degré, c'est-à-dire qu'ils subissent une véritable influence d'attraction vers l'accord du repos, nous démontrons que ces accords dérivent presque tous, soit directement, soit indirectement, de l'accord parfait du premier degré.

Voulant donner une base à notre système d'harmonie, nous devions nous attacher à trouver comment l'accord parfait majeur ou mineur du premier degré a été formé. Sans aller chercher l'origine de ces deux accords dans la résonnance des corps sonores ou dans tout autre système analogue, il suffit de poser les axiomes indiqués par le sentiment résultant de notre éducation musicale. Ainsi nous admettons comme vérités incontestables :

1° Qu'un accord parfait majeur ou mineur entendu de prime abord donne le sentiment du repos absolu dont rien n'indique la perturbation;

2° Que tous les accords consonnants ou dissonants venant ensuite sont dépourvus de ce caractère, et tendent constamment à se rapprocher de l'accord parfait primitivement entendu et parfois même à s'y résoudre.

Ces axiomes (1) étant admis, il nous est facile de donner l'origine et la résolution naturelle de tous les accords, et de fixer les diverses positions qu'ils peuvent occuper sur les degrés de l'échelle chromatique de la gamme.

Nous divisons les accords en quatre catégories distinctes, savoir :

Dans la première catégorie, nous rangeons les accords formés au moyen des appogiatures de chacune des notes de l'accord parfait primitivement entendu. (Voyez ces accords du § 251 au § 279.)

Dans la deuxième catégorie, sont compris les accords formés au moyen des appogiatures de chacune des notes des accords de la première catégorie et des accords de septième du deuxième et du quatrième degré avec appogiatures. (Voyez du § 295 au § 384.)

Dans la troisième catégorie, nous comprenons les accords formés au moyen de la tonique et de la dominante ajoutées successivement ou simultanément dans les parties graves de chacun des accords de la première et de la deuxième catégorie (voyez du § 408 au § 432), ainsi que les accords formés au moyen des appogiatures de chacune des notes d'un accord donné, unies à leur note réelle. (Voyez quelques exemples de ces accords du § 433 au § 451.)

---

(1) Il est bien entendu que les axiomes posés comme principes fondamentaux de l'harmonie ne peuvent être envisagés que par rapport à notre tonalité, telle qu'elle est actuellement constituée.

Dans la quatrième catégorie, enfin, sont rangés les accords n'appartenant à aucun ton déterminé. (Voyez quelques exemples d'accords de cette catégorie du § 156 au § 181.)

Nous exposons tout d'abord les lois de la tonalité sans preuves à l'appui: mais nous démontrons la vérité de ces lois dans notre douzième chapitre, l'utilité d'une semblable démonstration ne pouvant être comprise que lorsqu'on est familiarisé avec les accords les plus généralement en usage.

D'après l'origine que nous donnons aux accords, nous concluons que l'ordre dans lequel on écrit les sons qui composent une gamme n'est pas nécessaire pour constituer les accords, et que cette gamme n'est pas un principe d'où peuvent découler les lois de l'harmonie.

Bruxelles, 30 juin 1862.

L'AUTEUR.

TRAITÉ COMPLET

D'HARMONIE

THÉORIQUE ET PRATIQUE.

Notions préliminaires.

1. On distingue dans l'art musical trois éléments essentiels, savoir :
L'*harmonie*, la *mélodie* et le *rhythme*.
2. L'harmonie est une science qui traite :
1° De la combinaison simultanée des sons; ces combinaisons s'appellent accords
2° De la combinaison successive des accords.
3. *La mélodie* est produite par différents sons entendus successivement et formulés en phrases symétriques.
4. *Le rhythme* est la division du temps ou de la mesure par le son.
5. On n'apprend pas à composer des mélodies et à trouver de belles formes rhythmiques; la mélodie et le rhythme sont du domaine de l'inspiration.
6. L'harmonie est la partie scientifique de la musique et s'enseigne d'après des règles que nous allons exposer.

DES INTERVALLES.

7. On appelle *intervalle* la distance qui sépare deux sons.
8. L'intervalle se mesure en partant du son le plus grave au son le plus aigu.
9. Tous les intervalles peuvent être renversés.
10. Renverser un intervalle, c'est transporter sa note aiguë au-dessous de sa note grave.

TABLEAU DES INTERVALLES ET DE LEURS RENVERSEMENTS.

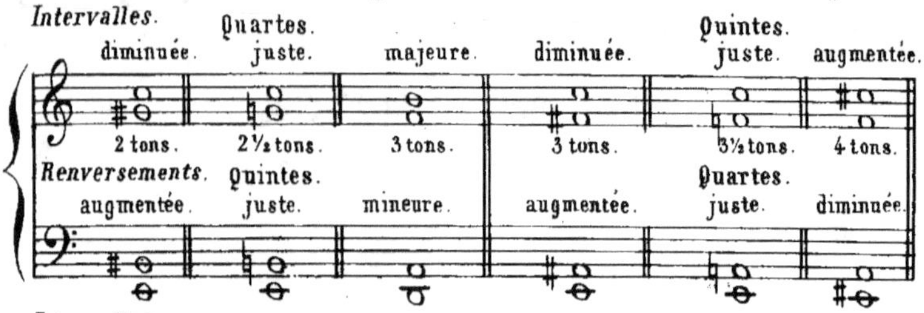

Les intervalles se divisent en *intervalles consonnants* et en *intervalles dissonants*.

Les intervalles consonnants plaisent immédiatement à l'oreille, tandis que les intervalles dissonants ne satisfont le sens musical que lorsqu'ils s'enchaînent aux consonnances.

TABLEAU DES INTERVALLES CONSONNANTS.

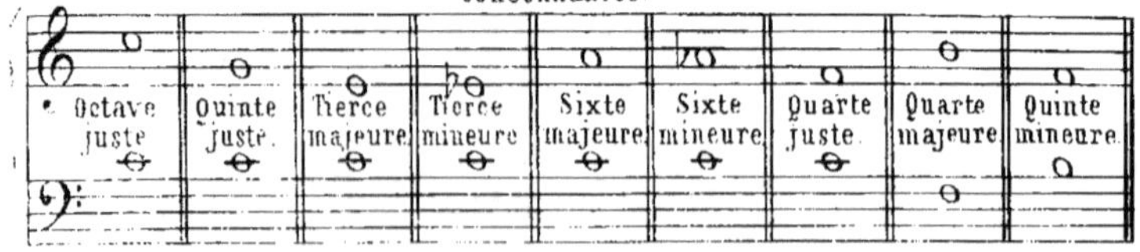

Tous les intervalles autres que ceux indiqués dans le tableau précédent appartiennent à la catégorie des intervalles dissonants.

L'harmonie se divise en *harmonie consonnante* et en *harmonie dissonante*.

PREMIÈRE PARTIE.

CHAPITRE Ier.

HARMONIE CONSONNANTE.

15. Chaque degré d'une gamme peut être la basse d'un ou de plusieurs accords.

16. Tous les accords de l'harmonie consonnante dérivent de l'accord parfait placé sur le premier degré. (Voyez §§ 265 à 294.)

17. Cet accord est composé d'une tierce et d'une quinte.

Dans le mode majeur, la tierce est majeure, et dans le mode mineur, elle est mineure.

18. Nous désignons l'accord parfait par 5. Ex. :

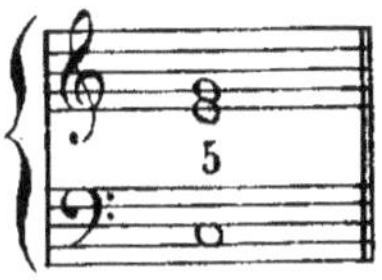

19. En plaçant successivement chacune des notes de cet accord à la basse, on obtient les accords de sixte et de sixte et quarte.

Le premier se désigne par 6 et le second par $\substack{6\\4}$. Ex. :

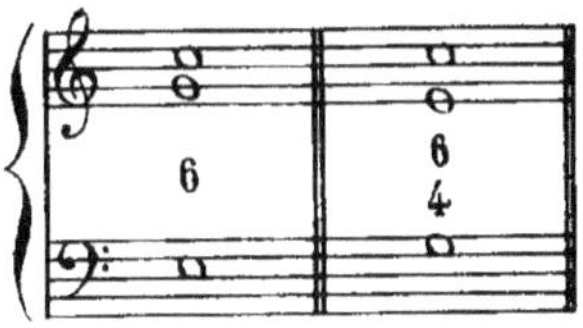

20. Lorsque l'on écrit l'harmonie pour quatre voix ou quatre instruments, on double l'une des notes de l'accord. Ex. :

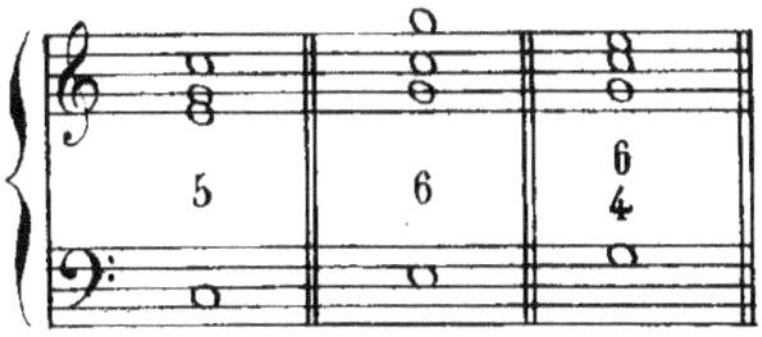

LOIS DE LA TONALITÉ ET POSITION QUE L'ON ASSIGNE AUX ACCORDS CONSONNANTS SUR CHACUN DES DEGRÉS DE LA GAMME.

(Voyez la démonstration de ces règles, §§ 265 à 294.)

MODE MAJEUR.

21. Le 1er *degré* (ou tonique) reçoit le plus souvent l'accord parfait (ex: 1), et quelquefois, mais rarement, l'accord de sixte et quarte (ex: 2), lorsque celui-ci précède l'accord parfait du premier degré. Ex. :

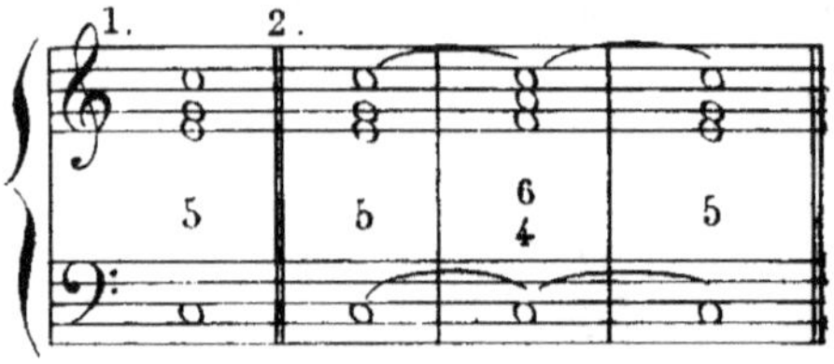

22. Le 2me *degré* prend ordinairement l'accord de sixte ou celui de sixte et quarte, lorsque la basse marche par degrés conjoints; mais si le 2me degré procède à l'accord suivant par intervalle disjoint, il reçoit alors l'accord parfait. Ex. :

23. Le 3me et le 7me *degré* exigent presque toujours l'accord de sixte. Ex. :

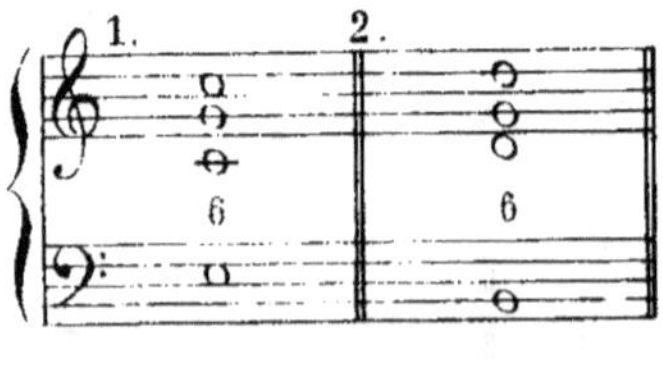

Le 7me degré s'appelle aussi note sensible.

24. Le 4me et le 6me *degré* prennent ordinairement l'accord parfait ou l'accord de sixte. Il est préférable de placer l'accord parfait sur le 4me et le 6me degré, si la basse procède par intervalles disjoints. Ex.:

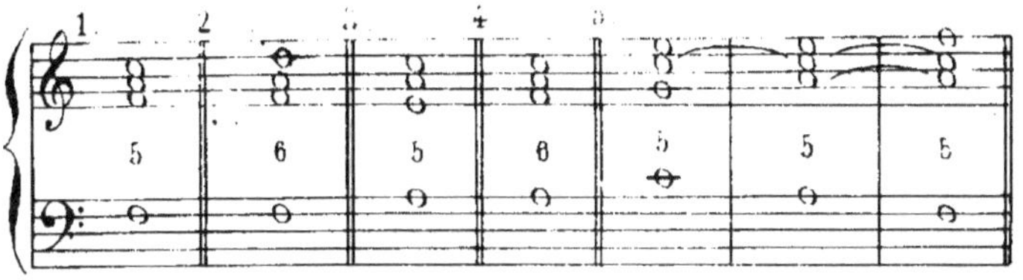

25. *Le* 5me *degré* (ou dominante) peut recevoir :

1° L'accord parfait;

2° L'accord de sixte et quarte, lorsqu'il est suivi de l'accord parfait placé sur ce même degré;

3° L'accord de sixte et quarte, s'il se trouve placé entre le 4me et le 6me degré. Ex.:

26. Il est possible de faire usage de l'accord de sixte sur tous les degrés de la gamme, lorsque la basse procède par degrés conjoints. Ex.:

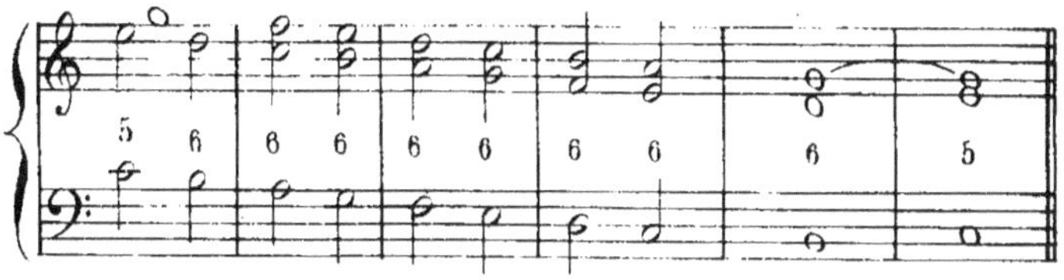

27. L'accord de sixte et quarte peut aussi être employé comme harmonie de passage sur tous les degrés d'une gamme; mais alors la basse procède par degrés conjoints, et la quarte, à cause de son défaut d'aplomb, doit être préparée. (Voyez § 67.)

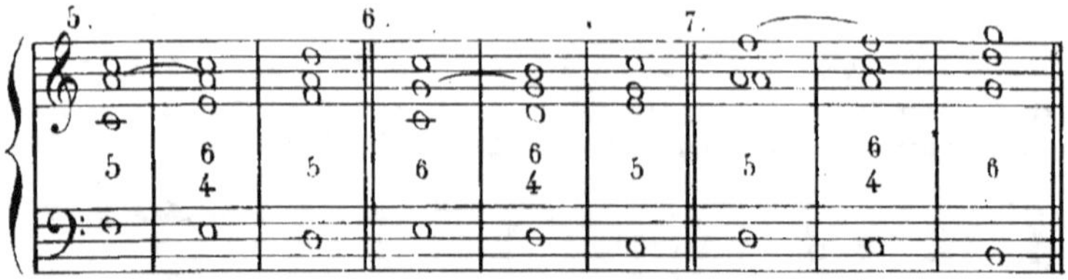

28. Il n'est pas nécessaire de préparer la quarte lorsque l'accord de sixte et quarte est employé sur la dominante précédant l'accord parfait placé sur le cinquième degré. Ex.:

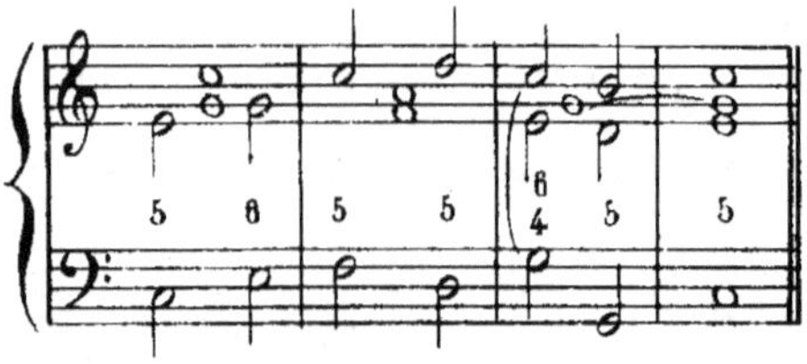

29. L'accord ***si, ré, fa*** marqué d'un astérisque (voyez § 27, exemple 2) est composé d'une tierce mineure et d'une quinte mineure, et s'appelle ***accord de quinte mineure;*** il trouve son emploi sur le deuxième degré du mode mineur, et il se place rarement sur la note sensible (§ 274). On l'indique par un 5 barré.

30. L'accord parfait est quelquefois employé sur le troisième degré de la gamme majeure. Ex. (1) :

31. Un accord parfait est majeur si la tierce de cet accord est majeure ; il prend le nom d'accord parfait mineur lorsque la tierce est mineure.

32. Les accords parfaits sont majeurs ou mineurs selon la gamme et la position qu'ils occupent sur les degrés de cette gamme.

33. Ces accords placés sur le premier et le quatrième degré d'une gamme majeure sont majeurs, tandis que, dans le mode mineur, ils sont mineurs. L'accord parfait placé sur le Sixième degré est mineur dans le mode majeur, et majeur dans le mode mineur; l'accord parfait mineur du deuxième degré du mode majeur devient un accord de quinte mineure, lorsqu'il est placé sur le deuxième degré d'une gamme mineure.

34. De ce qui précède il est facile de voir que le *mode majeur* se distingue du *mode mineur* par les intervalles qui entrent dans la composition des accords de chacun de ces deux modes.

35. Dans l'harmonie écrite à quatre parties, l'une des notes de l'accord parfait de sixte ou de quarte et sixte doit être doublée à l'octave et quelquefois à l'unisson. Le choix de cette note dépend de la position de l'accord qui précède ou de celui qui suit l'accord en question.

36. La note de basse de l'accord parfait est plus souvent doublée que les autres notes de cet accord ; il en est de même pour l'accord de sixte et quarte.

37. Les accords de sixte placés sur le 3me ou le 7me degré, suivis tous deux d'un accord parfait en montant d'un degré, ne doivent point avoir la note de basse doublée à l'octave, mais bien la tierce ou la sixte. Ex. :

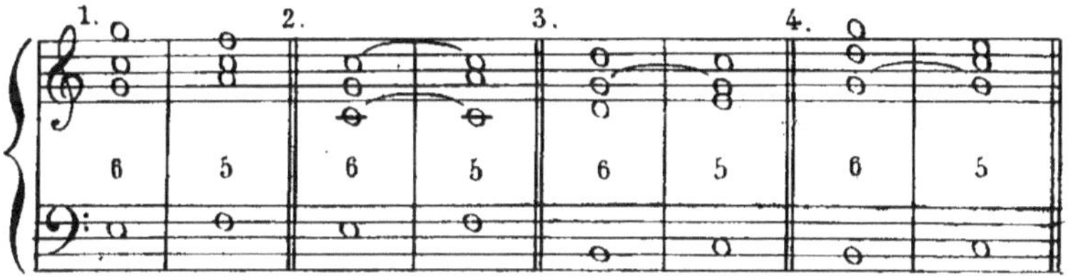

38. Les exemples suivants sont vicieux :

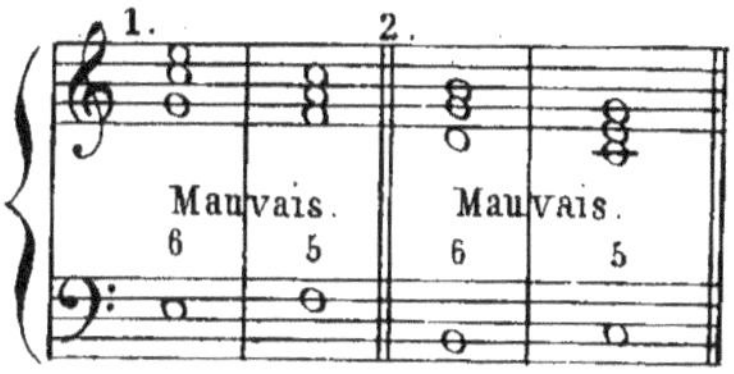

39. On atténue le mauvais effet des successions précédentes, en plaçant la note de basse doublée dans une partie intermédiaire. Ex. :

40. La note de basse peut être doublée à l'octave et occuper la partie supérieure dans l'accord de sixte du 3me degré, lorsque cet accord est suivi d'un accord de sixte placé sur le 4me degré. Ex. :

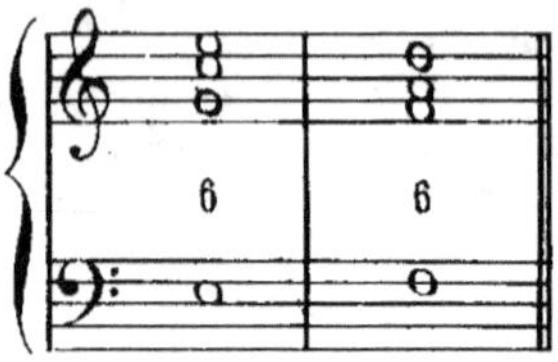

DU MOUVEMENT SIMULTANÉ DES PARTIES COMPOSANT LES ACCORDS.

41. Le mouvement est ***semblable*** si les parties marchent toutes dans la même direction ; il est ***oblique*** lorsqu'une partie monte ou descend, et que l'autre reste en place; enfin le mouvement est ***contraire*** quand une partie monte, tandis que l'autre descend. **Ex.** :

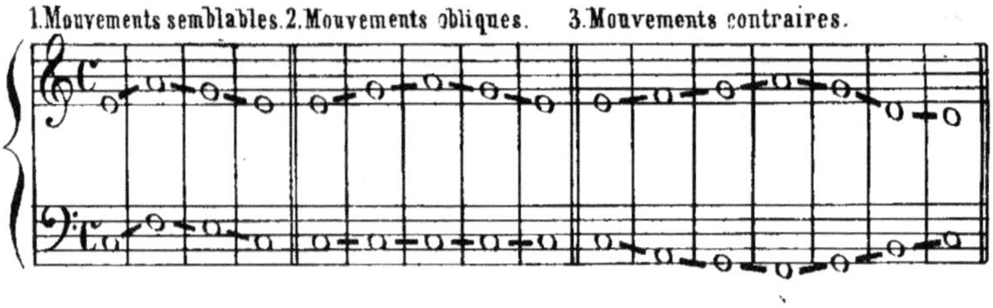

42. Le mouvement semblable à quatre parties est défendu. **Ex.**:

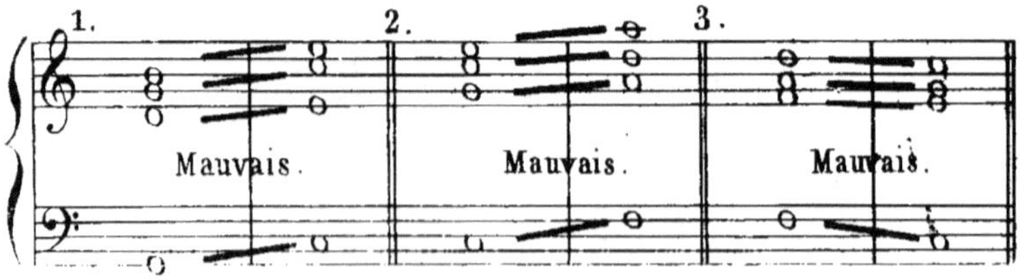

DU STYLE.

43. On distingue en harmonie deux sortes de style : le ***style vocal*** et le ***style instrumental.***

44. Les règles qui concernent le style vocal sont beaucoup plus sévères que celles que l'on observe dans le style instrumental.

45. Les intervalles que les voix peuvent franchir sans difficulté sont la ***seconde***, la ***tierce***, la ***quarte***, la ***quinte***, la ***sixte*** et l'***octave***. Ex.:

46. Tous les intervalles autres que les intervalles indiqués dans les exemples précédents doivent être prohibés dans le style vocal, parce qu'ils sont d'une intonation trop difficile.

On doit éviter dans la basse de faire le saut de *sixte majeure*.

47. On tolère le saut de *quinte mineure*, mais seulement s'il a lieu en descendant. Ex.:

DES QUINTES ET DES OCTAVES DÉFENDUES.

48. On ne doit pas faire entendre entre les mêmes parties ***deux quintes*** ou ***deux octaves successives***. Ex.

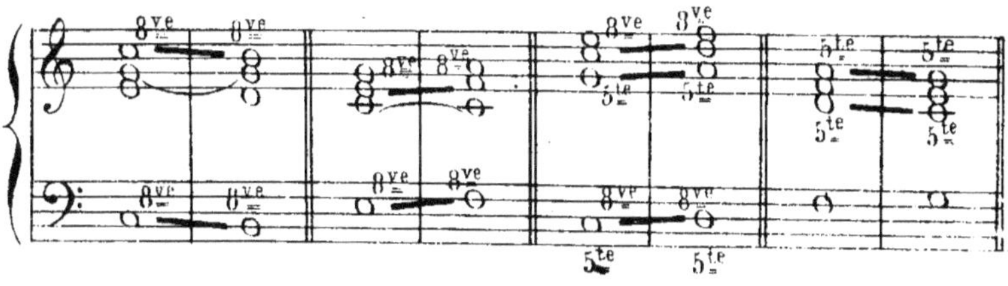

49. Deux quintes successives sont tolérées lorsque la *seconde quinte est diminuée;* si la *première quinte est diminuée*, et si la *seconde est juste*, les deux quintes successives sont défendues. Ex. :

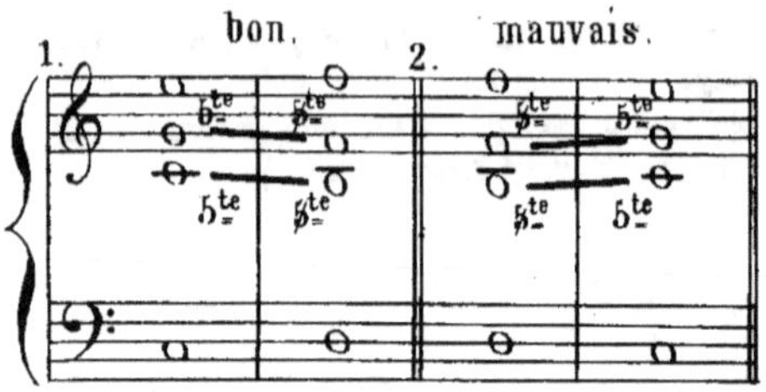

50. On doit éviter de sauter sur l'*octave* ou la *quinte* par mouvement semblable, si le mouvement a lieu entre la partie supérieure et la basse.

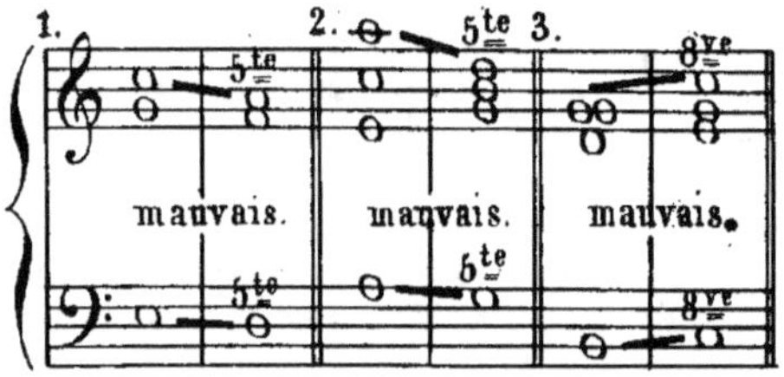

51. Lorsque la partie supérieure ne saute pas de plus d'un degré, on peut arriver sur la quinte ou l'octave par le mouvement semblable. Ex.:

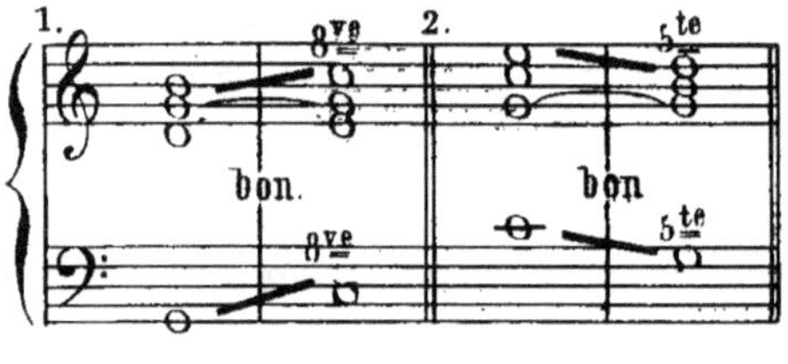

Observations sur l'enchaînement des accords.

52. Les sons d'un accord doivent être enchaînés de manière à former dans chaque partie des successions mélodiques, faciles et naturelles.

53. On doit éviter de faire marcher toutes les parties par mouvements semblables.

54. Dès qu'une note est commune à plusieurs accords, on doit autant que possible la maintenir dans la même partie.

55. Tous les exercices qui suivent, doivent être écrits dans le style vocal, c'est-à-dire qu'il faut observer, en ce qui les concerne, les règles relatives aux intervalles que la voix peut franchir sans difficulté (§ 45).

* Ces exercices étant spécialement destinés à faire connaître tous les accords et les lois de succession qui les régissent, on ne doit point pour le moment chercher à écrire chaque partie avec élégance; nous ne nous occuperons de cette partie de la science qu'après avoir traité les notes de passage (voyez § ...).

EXERCICES SUR LES ACCORDS CONSONNANTS

L'élève doit copier les basses suivantes sans les chiffres ; il doit chercher ensuite à indiquer les accords (voyez §§ 21 à 25 comment on les désigne) et réaliser l'harmonie à quatre parties, en observant les règles exposées précédemment.

1re Leçon

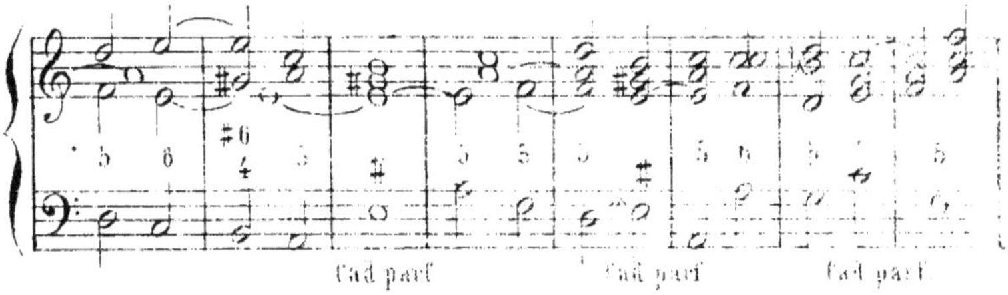

(*) Lorsque la tierce d'un accord parfait est affectée d'un dièse, d'un bémol ou d'un bécarre l'un de ces trois signes suffit pour indiquer l'accord parfait.

(1) Le *dièse*, le *bémol* ou le *bécarre* placé devant un 6 ou un 4 indique que la sixte ou la quarte est affectée de l'un de ces trois signes.

(2) Si l'on veut qu'un accord soit prolongé sur une ou plusieurs notes de la basse, un trait horizontal placé au dessus de ces notes suffit comme indication.

Cad. rompue.
Cad. parf.
Cad. parf.
Cad. parf.
Cad. parf.
3e Leçon.
Cad. parf.
Cad. parf.
Cad. parf.
Cad. parf.
Cad. rompue.
Cad. parf.

56. Les phrases harmoniques se distinguent entre elles au moyen des *cadences*.

Si l'on cherche l'étymologie du mot *cadence*, on la trouve dans l'expression *cadere* du latin.

Cadere signifie tomber et, par extension, terminer, conclure, finir.

Il en résulte que, définie dans un sens général, la cadence harmonique est la fin d'une phrase musicale. Si cette fin est suspendue, détournée ou brisée, on *suspend*, on *détourne* ou l'on *brise* la cadence.

57. **Les harmonistes** distinguent différentes sortes de cadences, savoir :

1° La cadence parfaite ;
2° La cadence imparfaite, appelée aussi cadence interrompue ;
3° La cadence à la dominante ou demi-cadence ;
4° La cadence rompue ;
5° La cadence évitée ;
6° La cadence plagale.

58. **La cadence parfaite** se produit par le mouvement de l'accord parfait, **placé sur la dominante, se résolvant sur** l'accord parfait du premier degré.

FORMULES DE CADENCES PARFAITES.

59. **La *cadence imparfaite*** part de la dominante sur laquelle on place un **accord parfait se résolvant sur un** accord de sixte du **3me degré. Ex. :**

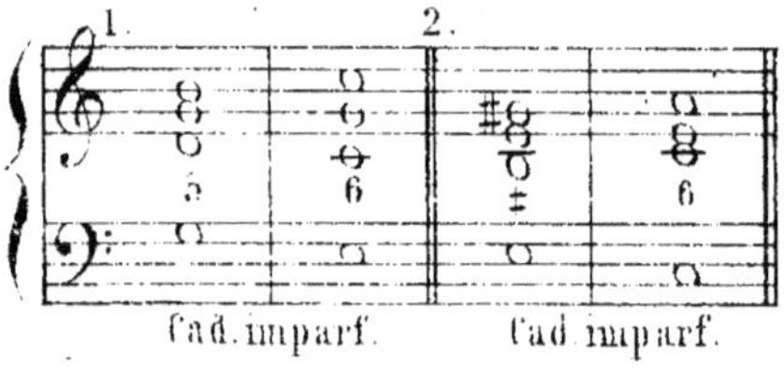

60. **La *cadence à la dominante***, appelée aussi demi-cadence, est produite par un repos momentané sur la dominante. Ex. :

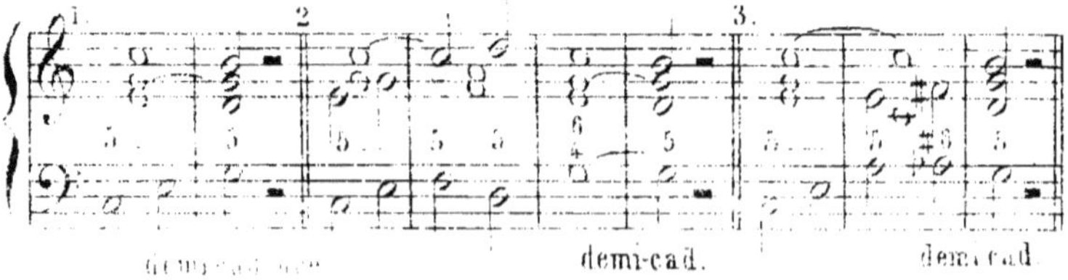

61. Lorsque l'accord parfait de la dominante vient se résoudre sur un accord parfait du sixième degré, on fait une *cadence rompue*. Ex. :

62. La *cadence évitée* se produit le plus souvent lorsqu'on résout l'accord de la dominante sur un accord qui n'appartient pas au ton indiqué par le début. Ex. :

63. La cadence évitée peut encore avoir lieu sans changer de ton, si l'on résout l'accord parfait de la dominante sur le sixième degré portant l'accord de sixte. Ex. :

64. Le mouvement du quatrième degré, portant l'accord parfait se résolvant sur l'accord parfait du premier degré, s'appelle *cadence plagale*. On ne fait guère usage de cette cadence que dans la musique sacrée. Ex. :

FIN DE LA PREMIÈRE PARTIE.

DEUXIÈME PARTIE.

CHAPITRE II.

HARMONIE DISSONANTE.

65. Tous les accords contenant une ou plusieurs *dissonances* (§§ 11, 12 et 13) appartiennent à la catégorie des *accords dissonants*.

66. L'harmonie dissonante se subdivise en deux parties :

1° Celle où la dissonance peut être entendue sans avoir été préparée;

2° L'harmonie où la dissonance doit être préparée.

67. On dit qu'une dissonance est *préparée* si la note qui la produit se fait entendre dans l'accord qui précède et dans la partie même où se trouve la dissonance (1).

DE L'HARMONIE OÙ LA DISSONANCE PEUT ÊTRE ENTENDUE SANS ÊTRE PRÉPARÉE.

68. On place sur le cinquième degré d'un ton majeur ou mineur un accord parfait auquel on ajoute une dissonance de septième mineure : cet accord, appelé *accord de septième dominante*, se désigne par D. Ex. :

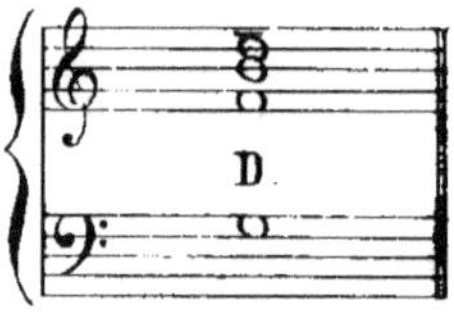

69. De même que les accords consonnants, les accords dissonants dérivent presque tous de l'accord parfait placé sur le premier degré. (Voyez l'origine de l'accord de septième dominante, § 254.)

70. Lorsque l'accord de septième dominante se résout sur la tonique, deux notes ont un mouvement forcé : le quatrième degré descend au troisième, et la note sensible monte à la tonique (§ 254). Ex. :

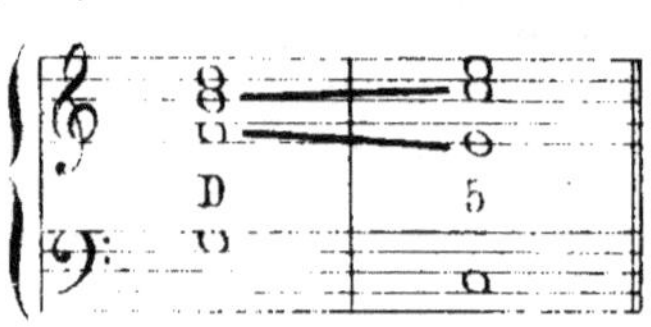

(1) La préparation de certaines dissonances est nécessaire, parce que l'attaque brusque de ces dissonances vient détruire l'isochronisme des sons qui composent un accord et porter ainsi la perturbation dans les ondes sonores.

71. En plaçant successivement chacune des notes de cet accord à la basse, on obtient les trois accords suivants. Ex :

72. Le premier de ces accords s'appelle accord de quinte mineure et sixte ; le deuxième, accord de sixte sensible; le troisième, accord de triton. On les nomme encore premier, deuxième ou troisième renversement de l'accord de septième dominante. Ces accords se désignent respectivement par 1, 2 ou 3.

73. Lorsque ces accords font leur résolution naturelle (voyez § 275), le quatrième degré et la note sensible se résolvent de même que dans l'accord de septième dominante (voyez § 254).

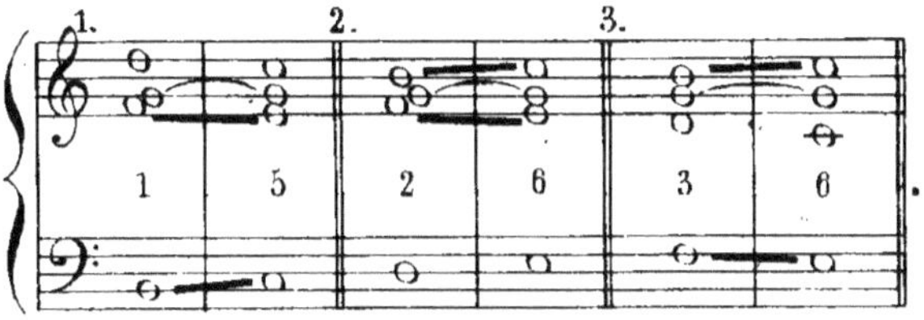

74. Dans le deuxième renversement de l'accord de septième dominante, quelques harmonistes préparent la quarte (voyez ce qui a été dit de la quarte dans les accords consonnants, § 27), qui a lieu entre la basse et une partie haute (exemples 1 et 2 suivants); d'autres harmonistes se contentent de préparer le quatrième degré, qui est à l'état de dissonance contre la dominante, l'une des notes formant la quarte. (Voyez l'exemple 3 suivant.) Le quatrième exemple est vicieux, parce qu'il ne remplit pas les deux conditions précédentes. Ex.:

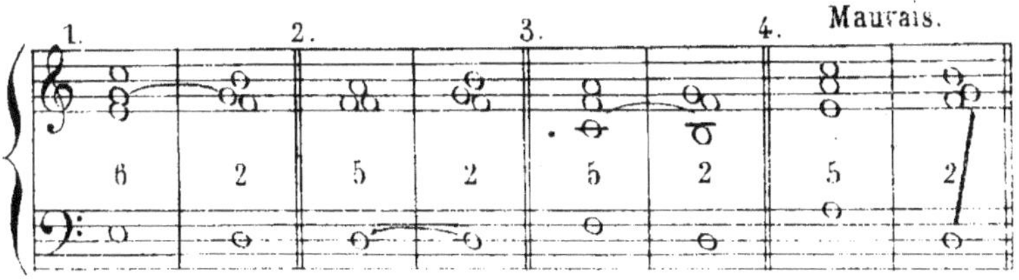

75. L'accord de septième dominante employé à quatre parties, lorsqu'il fait sa résolution naturelle sur la tonique, ne peut être suivi que d'un accord composé de tierce et octave. Ex.:

76. Pour obvier à cet inconvénient, on supprime la quinte de l'accord de septième dominante, et l'on double sa note basse. Ex.:

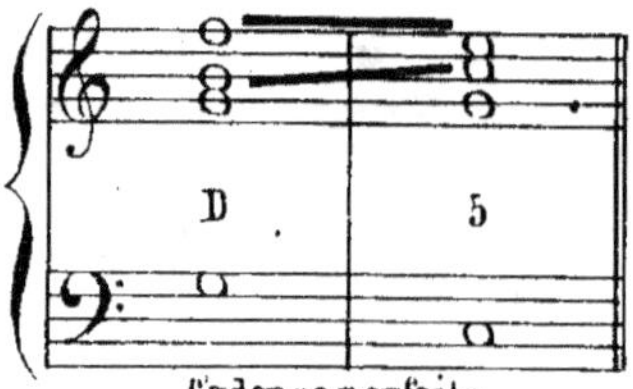

Cadence parfaite.

77. La suppression de la quinte n'est pas nécessaire si l'accord de septième dominante fait sa résolution sur le sixième degré, l'accord de résolution étant alors complet. Ex.:

Cadence rompue.

78. L'accord de septième dominante peut recevoir beaucoup d'autres résolutions ; nous donnons aux §§ 457 à 462 les moyens d'en trouver un grand nombre en modulant. (Voyez les résolutions tonales de ces accords, § 405.)

79. Il est possible de faire avec l'accord de septième dominante trois espèces de cadences, savoir :

1° La cadence parfaite ; 2° la cadence rompue; 3° la cadence évitée. (Voyez au § 76 un exemple de cadence parfaite et au § 77 un exemple de cadence rompue.) Tous les autres cas de résolution de l'accord de septième dominante sont des cadences évitées. (Voyez les exemples des §§ 457 à 462.)

EXERCICES SUR L'ACCORD DE SEPTIÈME DOMINANTE ET SES RENVERSEMENTS.

4e Leçon.

5e Leçon.

6e Leçon.

CHAPITRE III.

SUBSTITUTION DANS L'ACCORD DE SEPTIÈME DOMINANTE ET SES RENVERSEMENTS (1).

80. **Lorsque la note de basse se trouve doublée à l'octave dans l'accord de septième dominante, on peut, au lieu de doubler cette note, lui *substituer le sixième degré du mode majeur ou mineur*. Ex.:**

81. **Dans les renversements de l'accord de septième dominante, la substitution du sixième degré au cinquième est également praticable.**

82. **Tous ces accords ainsi modifiés se désignent respectivement par les signes D, 1, 2, 3, auxquels on ajoute la lettre *s*, placée au-dessus de D, 1, 2 ou 3, si la substitution est majeure, et au-dessous, si la substitution est mineure (2). Ex.:**

(1) Voyez le traité d'harmonie de Fétis, chap. V, § 117.

(2) Nous verrons au chapitre des appogiatures (§ 261) que les substitutions majeures et mineures se désignent encore par *appogiatures descendantes majeures* ou *mineures du cinquième degré*.

83. La note substituée dans les accords D, 1, 2 et 3, fait sa résolution naturelle (§ 275) en descendant sur la dominante. La résolution de la note substituée se désigne par la lettre *r*, lorsque cette résolution a lieu sur les accords D, 1, 2 ou 3. Ex.:

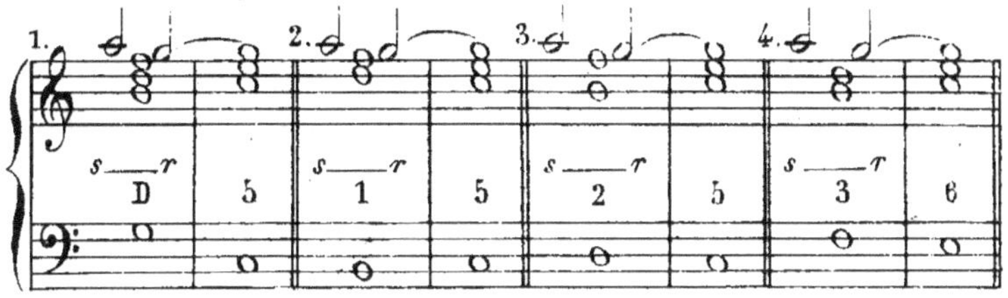

84. Les substitutions majeures sont employées le plus souvent dans la partie supérieure. (Voyez les exemples précédents.)

85. Lorsque l'on fait usage de la substitution majeure dans une partie intermédiaire, on doit placer la note sensible au-dessous de la note substituée, afin d'éviter le choc désagréable de seconde non préparée (§ 116). Ex. :

Dur et inusité.

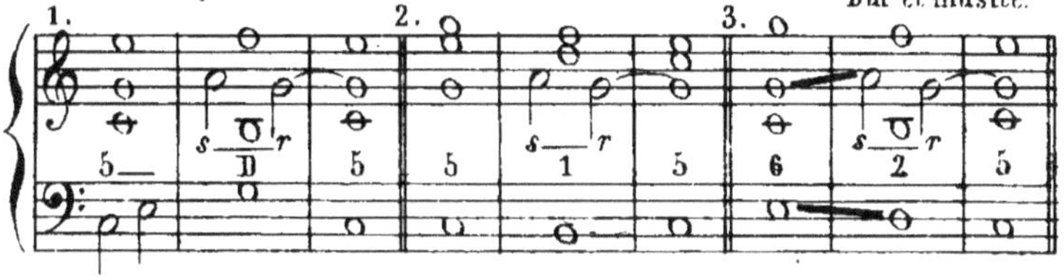

4. Dur et inusité. 5. Mauvais.

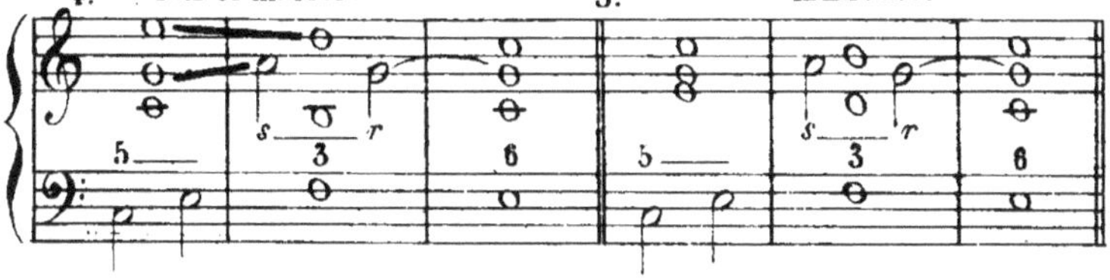

86. L'exemple 5 précédent est vicieux, la note substituée formant avec la note sensible un intervalle de seconde non préparée, que l'on doit éviter en plaçant, comme nous l'avons dit au § 85, la note sensible au-dessous de la note substituée.

87. La substitution majeure, lorsqu'elle est préparée (§ 67), est admise dans toutes les parties, même au-dessous de la note sensible. Ex. :

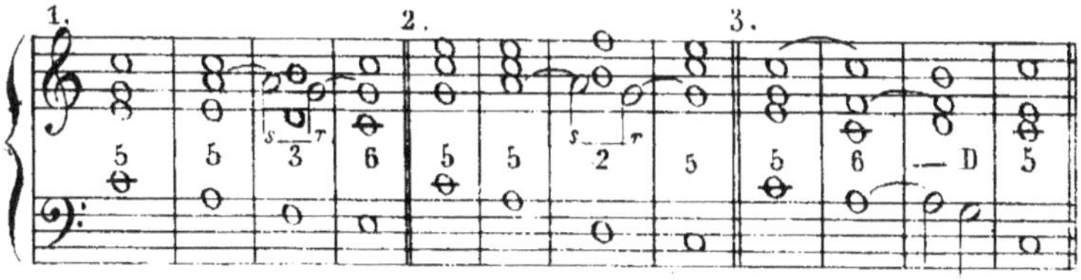

88. Dans les renversements de l'accord de septième dominante, la substitution mineure peut avoir lieu dans toutes les parties. L'intervalle qui se produit lorsque la note substituée se trouve placée au-dessous de la note sensible, est une seconde augmentée qu'il n'est pas nécessaire de préparer. Ex. :

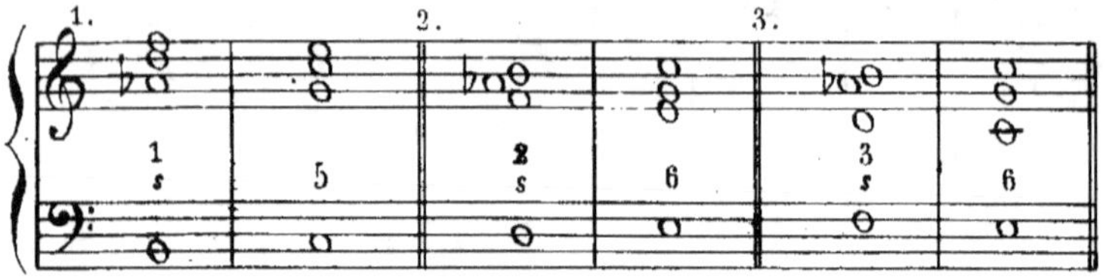

89. **L'accord de septième dominante avec substitution mineure est d'un effet moins agréable qu'avec substitution majeure, la substitution mineure formant contre la dominante un intervalle de neuvième mineure (1). Ex. :**

90. On atténue le mauvais effet de la neuvième mineure en plaçant entre la dominante et la substitution mineure au moins deux octaves de distance (§ 190). (Voyez les exemples 2 et 3 précédents.)

91. Lorsque la substitution majeure se trouve placée dans une partie intermédiaire, on doit éviter les suites de quartes justes. Ex. :

(1) Voyez aux §§ 98 et 190 les observations que nous faisons sur le battement.

92. Pour éviter ces suites de quartes qui affectent désagréablement l'oreille, on peut écrire de cette manière :

93. Les quartes successives sont permises entre les parties intermédiaires dès que l'on fait usage de la substitution mineure, l'une de ces quartes étant juste, et l'autre majeure. Ex. :

94. La substitution mineure dans l'accord de septième dominante peut se placer dans la partie de basse. On la désigne par les lettres *sb* ou par — D. Ex. :

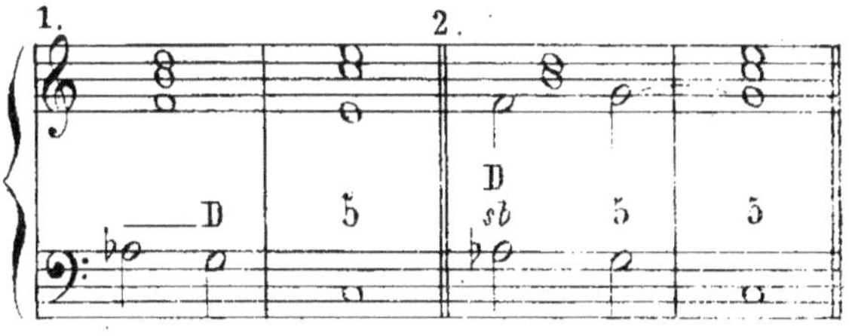

Les substitutions majeures s'emploient seulement dans le mode majeur. On peut faire usage des substitutions mineures dans les deux modes. (Voyez la raison de ces règles au § 263.)

EXERCICES SUR LES SUBSTITUTIONS.

8e Leçon.

9e Leçon

CHAPITRE IV.

DISSONANCES ARTIFICIELLES.

ACCORD DE SEPTIÈME DOMINANTE DANS LEQUEL CERTAINES DISSONANCES DOIVENT ÊTRE PRÉPARÉES

95. Il est possible, dans l'accord de septième dominante, de *substituer à la note sensible la tonique*, mais celle-ci doit avoir été entendue dans l'accord précédent. Pour distinguer cette substitution de celle dont nous venons de parler (§ 80), on lui donne le nom de *prolongation de la tonique*, et l'on indique cette prolongation par la lettre *p* placée au-dessus ou au-dessous des signes D, 1, 2 ou 3.

96. La résolution naturelle (§ 275) de cette prolongation, qui est à l'état de dissonance contre le deuxième degré, a lieu sur la note sensible.

EXEMPLES DES ACCORDS D, 1, 2 ET 3, AVEC PROLONGATION DE LA TONIQUE.

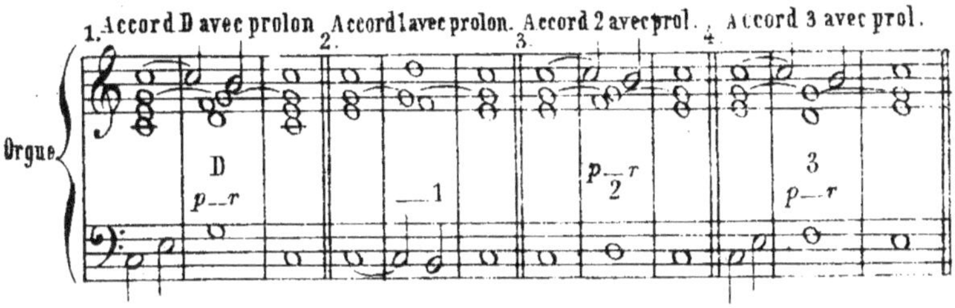

97. On peut encore, dans l'accord de septième dominante et ses renversements, *substituer le troisième degré au deuxième*. Ce troisième degré, étant à l'état de dissonance contre le quatrième degré, doit avoir été entendu dans l'accord précédent.

Nous désignons cette substitution sous le nom de *prolongation du troisième degré majeur* dans le mode majeur, et de *prolongation du troisième degré mineur* dans le mode mineur

98. La prolongation du troisième degré majeur se place le plus souvent dans la partie supérieure. Dès qu'on l'emploie dans une partie intermédiaire, il faut que le quatrième degré soit placé au-dessous du troisième pour éviter l'effet désagréable de seconde mineure (1).

EXEMPLES DES ACCORDS D, 1, 2 ET 5, AVEC PROLONGATION DU TROISIÈME DEGRÉ MAJEUR.

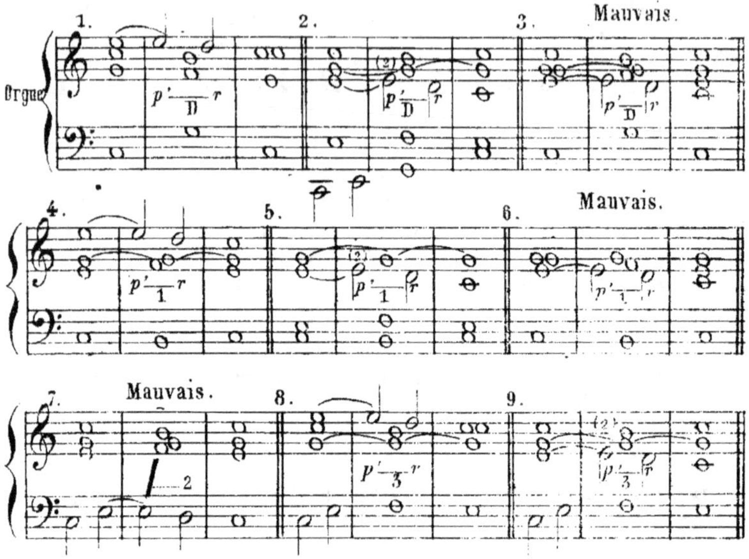

Les précédents exemples 3 et 6 sont défectueux, par la raison que le quatrième dégré se trouve placé au-dessus du troisième, et que l'on méconnaît ainsi la règle posée au § 98.

99. La prolongation du troisième degré majeur est impraticable à la basse (voyez l'exemple 7 précédent), parce qu'elle produit forcément contre le quatrième degré l'intervalle de seconde mineure signalé au § 98.

(1) L'effet désagréable de seconde mineure est produit par un phénomène connu des accordeurs et désigné sous le nom de *battement*. L'oreille supporte le battement s'il n'est pas précipité ; mais, dans le cas contraire, il produit sur l'organe auditif une sensation très-désagréable, qui peut même devenir douloureuse si le battement se prolonge assez longtemps. Il est donc de la plus haute importance que le compositeur, dans la construction de ses accords, cherche à atténuer le mauvais effet du battement.

Le battement a lieu toutes les fois que l'on fait entendre deux sons très-rapprochés.

On peut atténuer le mauvais effet du battement : 1° en diminuant le degré d'intensité des sons qui le produisent ; 2° en faisant exécuter ces mêmes sons par des instruments de timbres différents ; 3° en plaçant une assez grande distance entre les deux sons produisant le battement (voyez la note du § 190) ; 4° en arpégeant ou en brisant les accords (voyez § 248).

(2) Il est indispensable d'exécuter sur l'orgue les exemples d'harmonie avec prolongations, celles-ci pouvant dans beaucoup de cas paraître très-dures, étant jouées au piano (voyez la note du § 433).

100. Dans le mode mineur, on peut faire usage de la prolongation du troisième degré mineur dans toutes les parties. L'intervalle qui se produit lorsqu'elle se trouve placée au-dessous du quatrième degré, est une seconde majeure dont l'effet est satisfaisant pour l'oreille. Ex. :

101. La lettre *p'* (avec un accent) placée *au-dessus* des signes D, 1, 2 ou 3 indique la prolongation du troisième degré majeur; si la lettre *p'* se trouve placée *au-dessous* de l'un de ces quatre signes, elle marque la prolongation du troisième degré mineur. (Voyez les exemples des §§ 98 et 100.)

102. Nous ne donnons pour le moment que les substitutions les plus généralement usitées. Nous verrons plus tard qu'il est d'autres notes qui peuvent se substituer à celles qui constituent l'accord de septième dominante. (Voyez aux §§ 300 à 310 comment sont désignées ces substitutions.)

103. En réunissant les prolongations de la tonique et du troisième degré dans l'accord de septième dominante et dans ses renversements, on obtient les harmonies suivantes :

MODE MAJEUR.

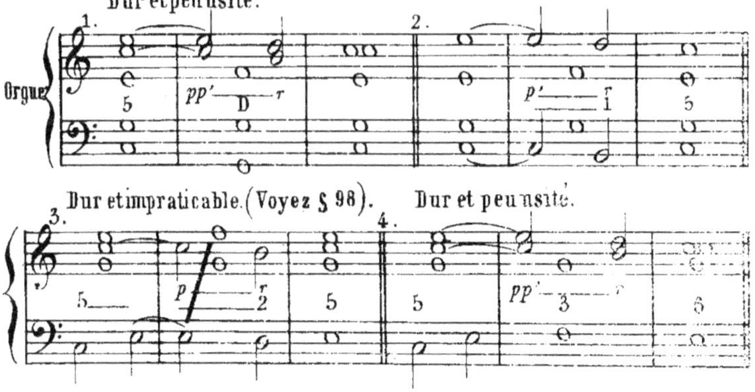

MODE MINEUR.

EXERCICES SUR LES PROLONGATIONS DANS L'ACCORD DE SEPTIÈME DOMINANTE ET SES RENVERSEMENTS.

11e Leçon.

12e Leçon.

CHAPITRE V

DES SUBSTITUTIONS UNIES AUX PROLONGATIONS DE LA TONIQUE ET DU TROISIÈME DEGRÉ DANS L'ACCORD DE SEPTIÈME DOMINANTE ET SES RENVERSEMENTS.

La substitution du sixième degré à la dominante, et les prolongations de la tonique et du troisième degré, peuvent être entendues simultanément.

EXEMPLES DE LA SUBSTITUTION MAJEURE UNIE A LA PROLONGATION DE LA TONIQUE.

105. Les deux précédents exemples 5 et 6 sont vicieux, parce qu'il en résulte un intervalle de quarte non préparée (§ 27) entre la basse et une partie haute.

Les exemples suivants sont bons, la quarte *la, ré* étant préparée.

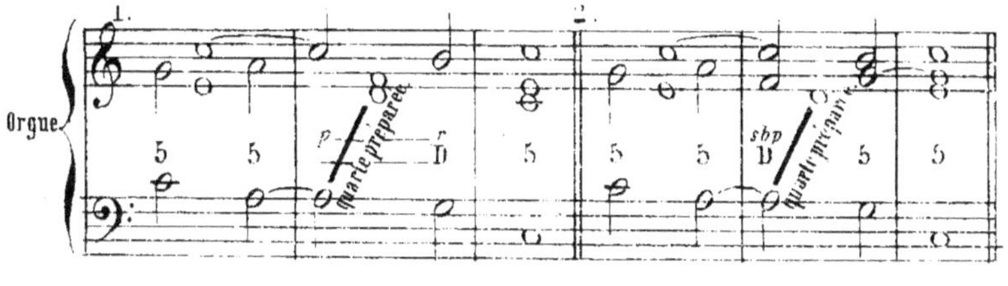

106. Exemples de la substitution mineure unie a la prolongation de la tonique.

107. Exemples de la substitution majeure unie a la prolongation du troisième degré majeur.

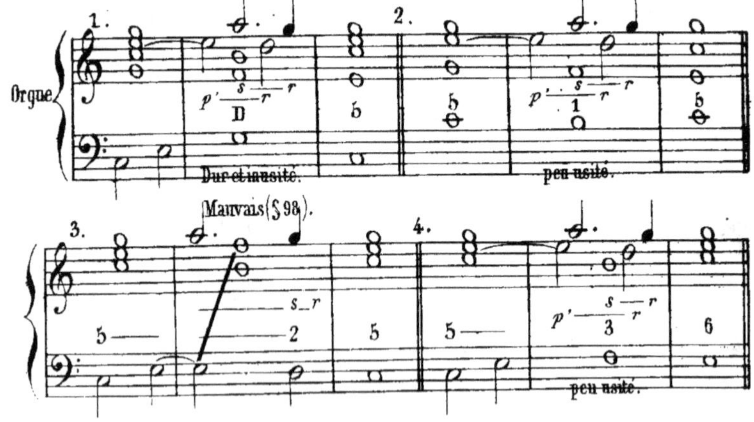

108. Les exemples précédents 2 et 4 sont d'un effet plus agréable, employés avec substitution mineure. Ex. :

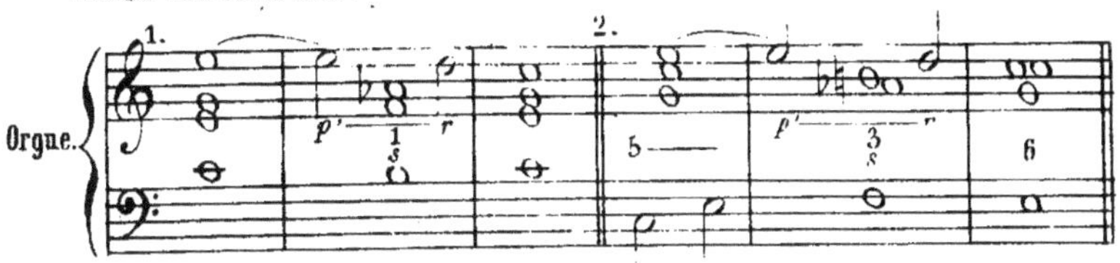

109. **Exemples de la substitution mineure unie a la prolongation du troisième degré mineur.**

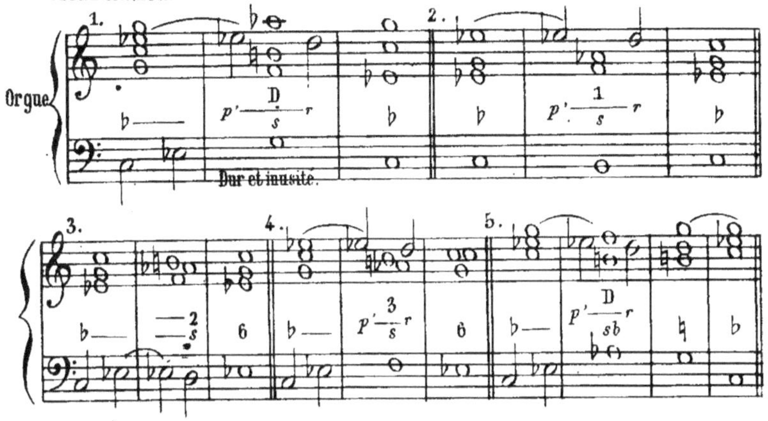

110. **Exemples de la substitution majeure unie a la prolongation de la tonique et a la prolongation du troisième degré majeur.**

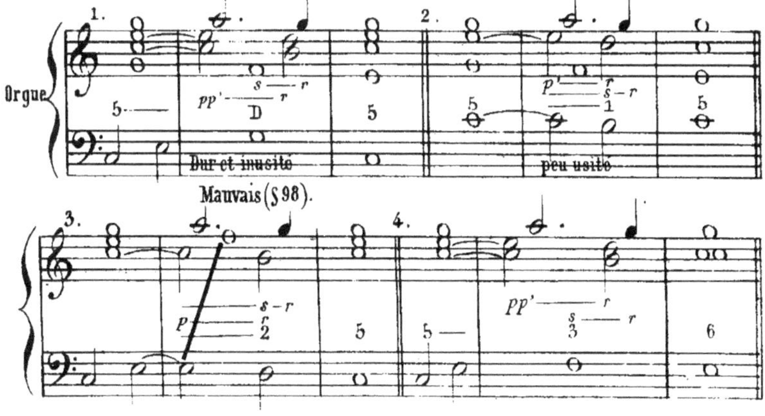

111. Dans les exemples précédents 2 et 4, on peut remplacer la substitution majeure par la substitution mineure. Ex. :

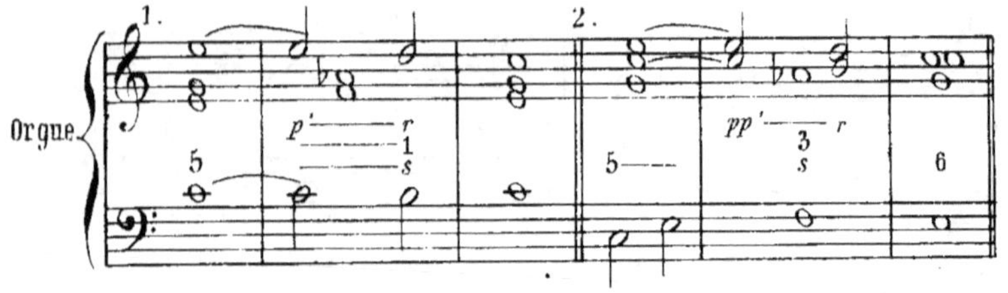

112. Exemples de la substitution mineure unie a la prolongation de la tonique et a la prolongation du troisième degré mineur.

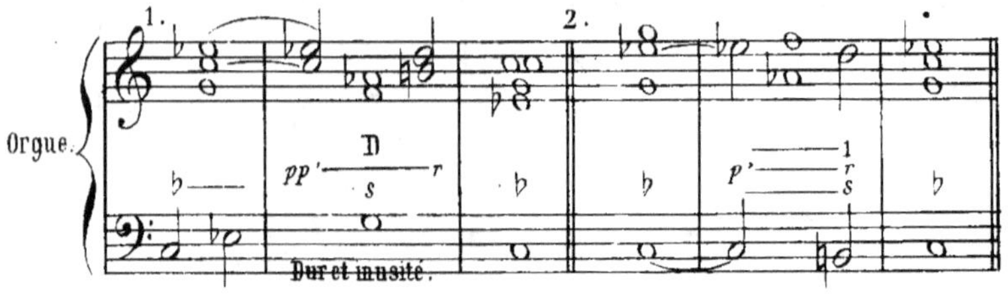

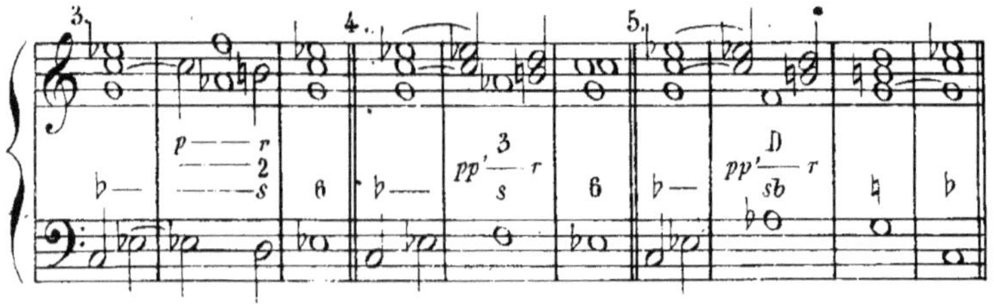

113. Le troisième renversement de l'accord de septième dominante, avec substitution et prolongation de la tonique, s'emploie le plus souvent pour passer du quatrième au cinquième degré. Ex. :

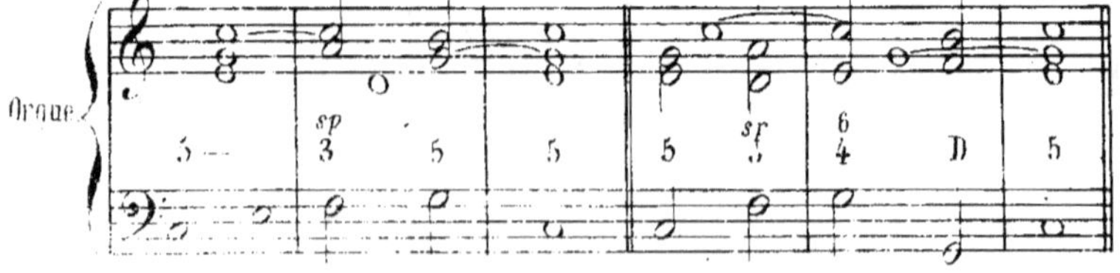

114. Le deuxième renversement de l'accord de septième dominante, avec substitution et prolongation de la tonique, se résout très-souvent sur l'accord de septième dominante, lorsque le deuxième degré saute à la dominante. Ex. :

Orgue.

EXERCICES SUR LES SUBSTITUTIONS UNIES AUX PROLONGATIONS DE LA TONIQUE ET DU TROISIÈME DEGRÉ DANS L'ACCORD DE SEPTIÈME DOMINANTE ET SES RENVERSEMENTS.

13e Leçon.

14e Leçon

15e Leçon

CHAPITRE VI.

DE LA PROLONGATION DANS LES ACCORDS CONSONNANTS.

115. Au moyen de la prolongation, on peut introduire des dissonances dans les accords consonnants.

Les dissonances qui peuvent avoir lieu dans l'accord parfait sont : la *seconde*, la *quarte* et la *neuvième*. Elles font leur résolution naturelle en descendant d'un degré. Ex. :

ACCORD PARFAIT MAJEUR AVEC DISSONANCE DE SECONDE ET SES RENVERSEMENTS.

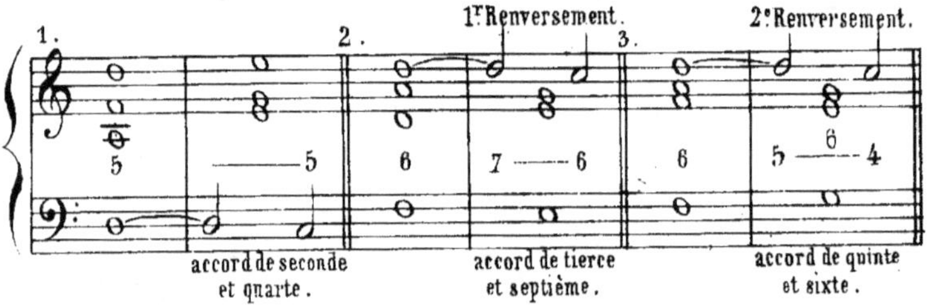

116. *La préparation de la septième et de la neuvième se fait par la note supérieure. Dans la dissonance de seconde, c'est la note inférieure qui doit être préparée.*

ACCORD PARFAIT MAJEUR AVEC QUARTE ET SES RENVERSEMENTS.

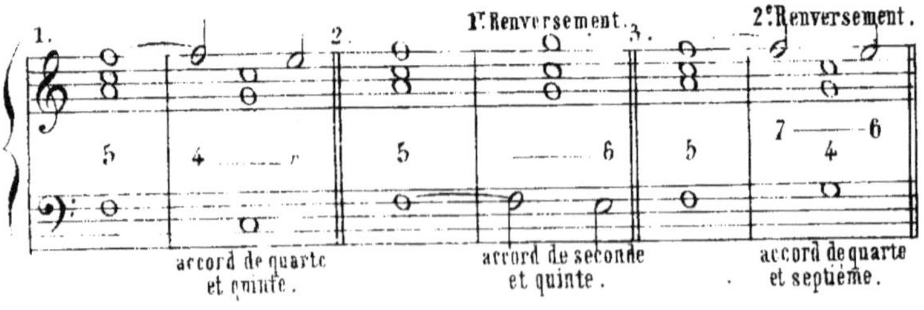

117. ACCORD PARFAIT MAJEUR AVEC DISSONANCE DE NEUVIÈME ET SES RENVERSEMENTS.

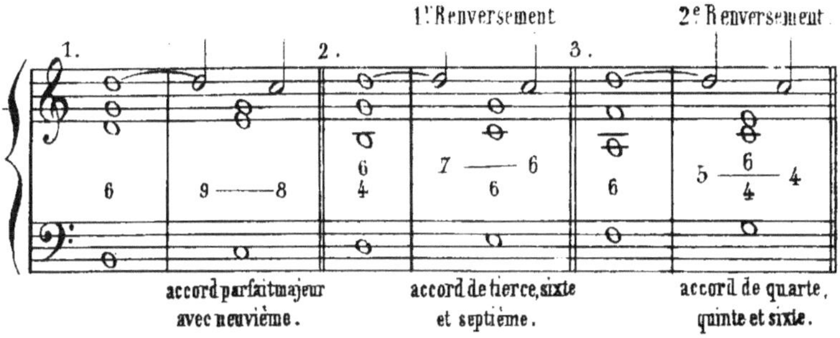

Le troisième renversement est impraticable, parce qu'il en résulte une disso--nance de septième non préparée (§ 116). Ex. :

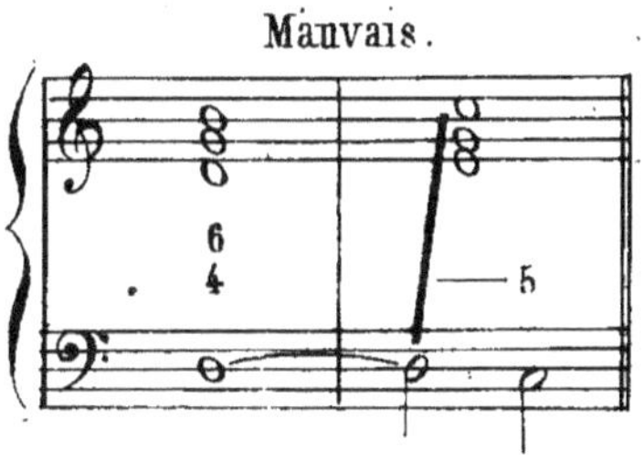

Dans les exemples 2 et 3 du § 117, on doit tenir la dissonance *ré* à la distance de neuvième de l'*ut*.

Les exemples suivants sont vicieux :

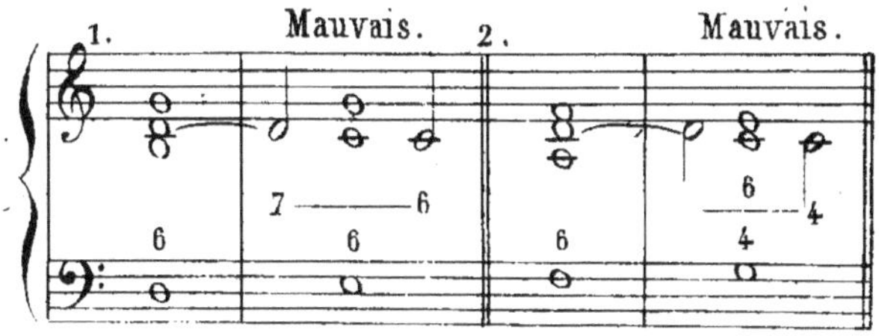

118. **Les dissonances** que nous venons d'introduire dans l'accord **parfait majeur placé** **sur** le premier degré, peuvent avoir lieu sur tous les *accords parfaits majeurs* ou *mineurs* et les *accords de quinte mineure*, quelle que soit d'ailleurs la position qu'ils occupent sur les degrés de la gamme.

119. On peut encore faire usage, par la prolongation, de la dissonance de neuvième dans les *accords de sixte* et de *sixte et quarte*. **Ex.** :

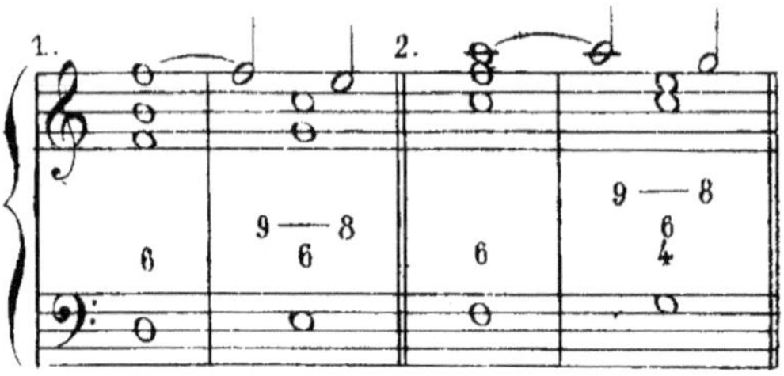

120. On doit éviter, dans les accords avec prolongation, les dissonances de **septièmes** non préparées (§ 116). **Ex.** :

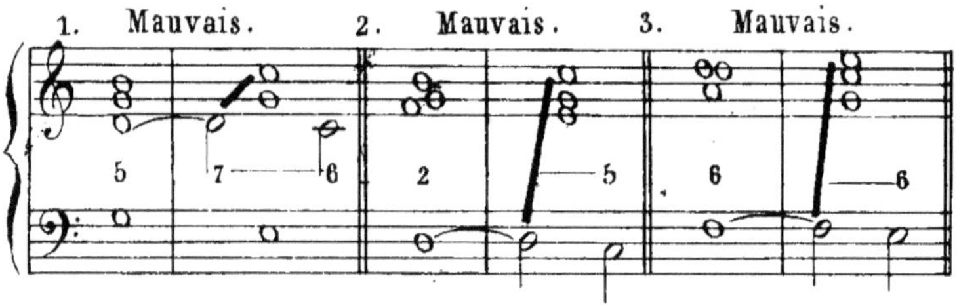

Les notes marquées par un trait forment un intervalle de septième; **la partie** supérieure de cet intervalle est la dissonance, et n'est pas préparée (§ 116). **On** doit écrire l'exemple 3 précédent comme suit :

121. Les exemples suivants sont vicieux, la note sensible ne faisant pas sa résolution naturelle (§ 275).

122. Il est possible, par la prolongation, d'introduire dans les accords deux dissonances. Ex. :

123. La prolongation ne détruit pas le mauvais effet de deux quintes ou de deux octaves qui se suivent; l'harmonie doit être correcte si l'on supprime la prolongation. Ex. :

Mêmes exemples sans prolongation.

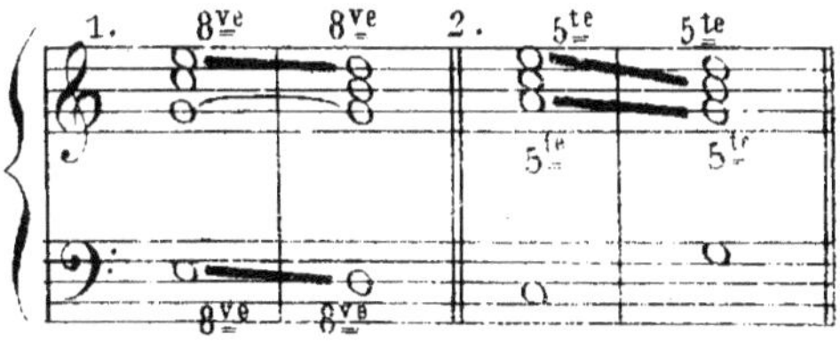

EXERCICES SUR LES PROLONGATIONS DANS LES ACCORDS CONSONNANTS.

16.e Leçon

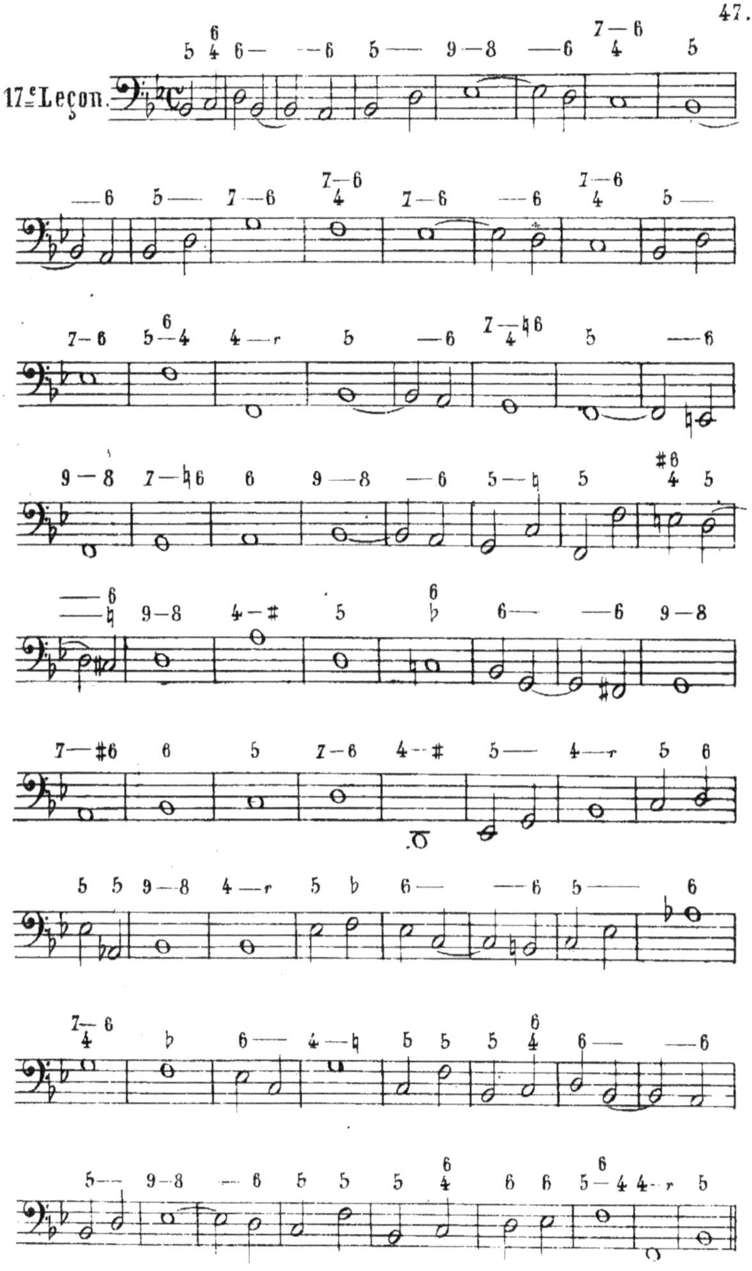
17e Leçon.

CHAPITRE VII.

DES FAUSSES RELATIONS.

124. On entend par *fausse relation* l'altération défectueuse d'une note dans une succession d'accords.

125. Il y a fausse relation entre deux parties lorsque, une note étant doublée, l'une est altérée dans l'accord suivant, tandis que l'autre saute de plus d'un degré. Ex.:

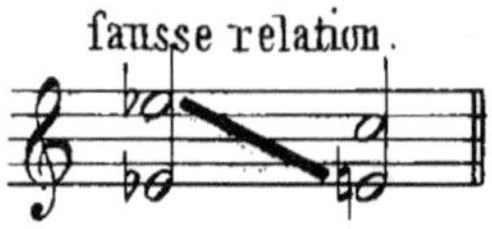

126. La fausse relation n'existe pas lorsque la note non altérée procède à l'accord suivant par les mouvements conjoint et contraire. Ex.:

127. Si la basse descend d'une tierce, la fausse relation est tolérée. Ex.:

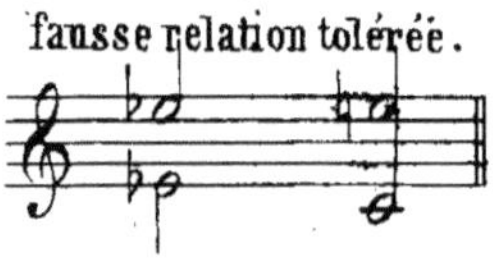

128. On considère encore comme fausse relation une note entendue dans une partie et altérée dans une autre. Ex.:

129. Pour éviter les fausses relations des exemples précédents, on place la note naturelle et la note altérée dans la même partie. Ex.:

130. La fausse relation peut encore se produire si l'accord parfait de la dominante est précédé ou suivi d'un accord parfait placé sur le 4me degré. On la désigne sous le nom de *fausse relation de triton*. Ex. :

131. Le premier exemple est toléré; le second est strictement défendu.

On évite la fausse relation de triton en plaçant sur le quatrième degré un accord de sixte. Ex. :

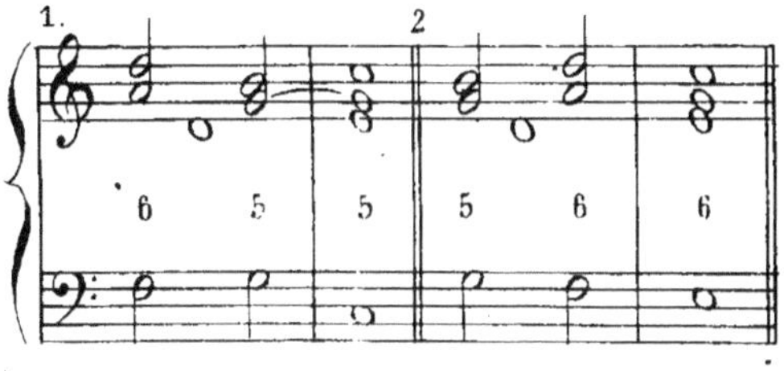

132. ***Deux tierces majeures*** **ou** ***deux sixtes mineures successives*** **peuvent donner lieu à de** ***fausses relations de triton*** ou de ***quinte diminuée***, si les notes qui composent ces intervalles procèdent en montant ou en descendant d'un ton. Ex.

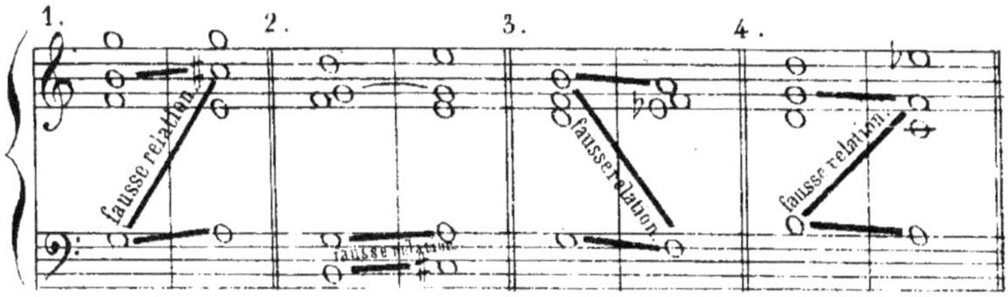

CHAPITRE VIII

DES ALTÉRATIONS.

133. L'***altération*** est un artifice qui consiste à hausser ou à baisser une ou plusieurs notes intégrantes d'un accord.

134. Les notes séparées par l'intervalle d'un ton dans la succession de deux accords peuvent être altérées.

135. Lorsque le mouvement est ascendant, l'altération s'opère au moyen d'un *dièse* ou d'un *bécarre*, et la note altérée fait sa résolution naturelle en montant d'un demi-ton ; si le mouvement est descendant, on emploie un *bémol* ou un *bécarre* pour marquer l'altération, et la résolution naturelle de la note altérée a lieu en descendant d'un demi-ton.

DES ALTÉRATIONS DANS LES ACCORDS CONSONNANTS.

136. Les intervalles de *tierce*, *quarte*, *quinte*, *sixte* et *octave* qui entrent dans la composition des accords consonnants peuvent être altérés.

137. Un des accords les plus usités avec altération est l'*accord parfait majeur avec quinte augmentée*. Ex. :

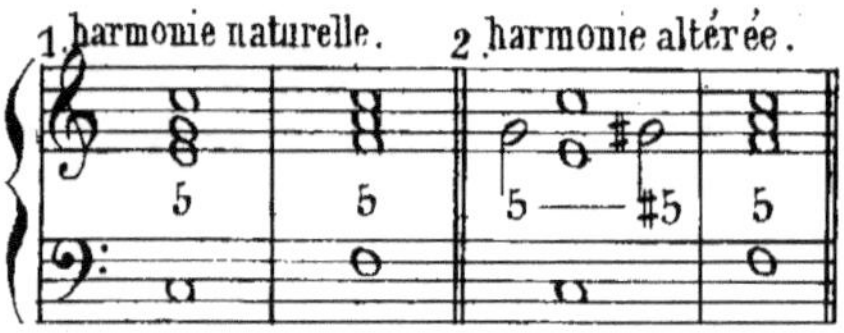

Cet accord renversé donne les harmonies suivantes :

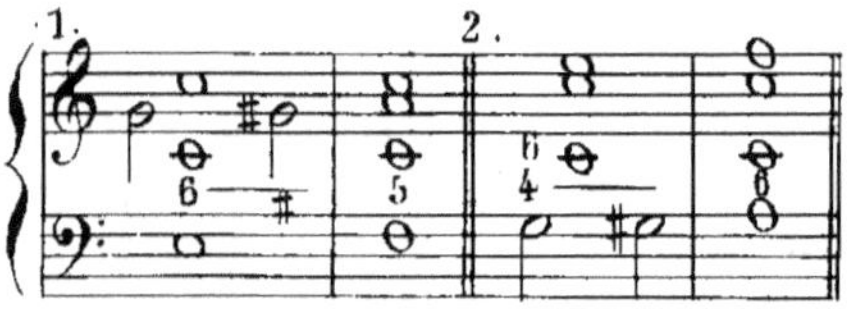

138. La tierce de l'accord parfait peut être diminuée si l'on passe de l'accord parfait du quatrième degré du mode mineur à l'accord parfait de la dominante. Ex. :

L'accord parfait du quatrième degré du mode mineur, ainsi altéré, donne les renversements suivants :

139. Le premier renversement composé de tierce majeure et de sixte augmentée est très usité, et s'appelle *accord de sixte augmentée.*

140. L'octave est susceptible d'être augmentée. Ex.:

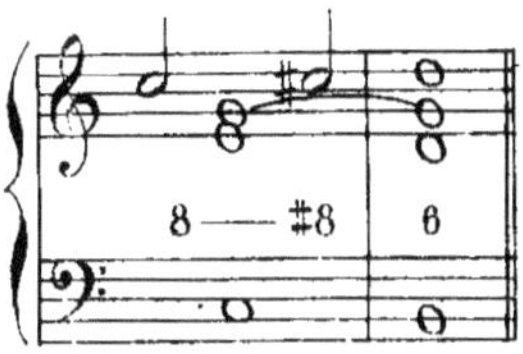

141. Si deux notes se trouvent à la distance d'un ton, dans la succession d'un accord à un autre, on peut faire entendre simultanément deux altérations. Ex.:

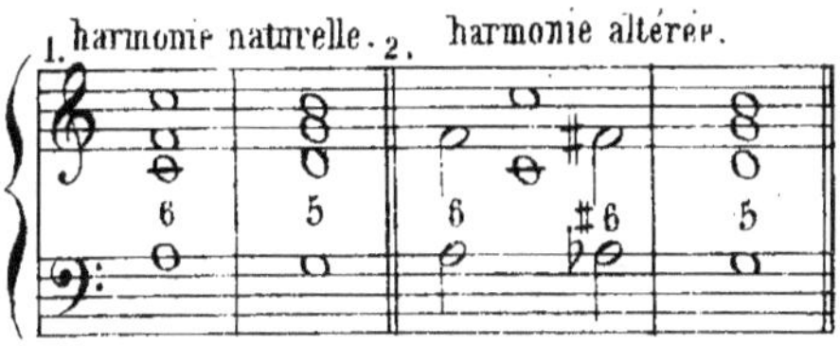

142. Tous les intervalles altérés qui ne présentent pas l'octave augmentée ou diminuée peuvent être entendus sans préparation, c'est-à-dire qu'il n'est point nécessaire, comme nous l'avons fait dans les exemples précédents, que la note altérée soit précédée de la même note non altérée.

EXEMPLES D'ALTÉRATIONS NON PRÉPARÉES.

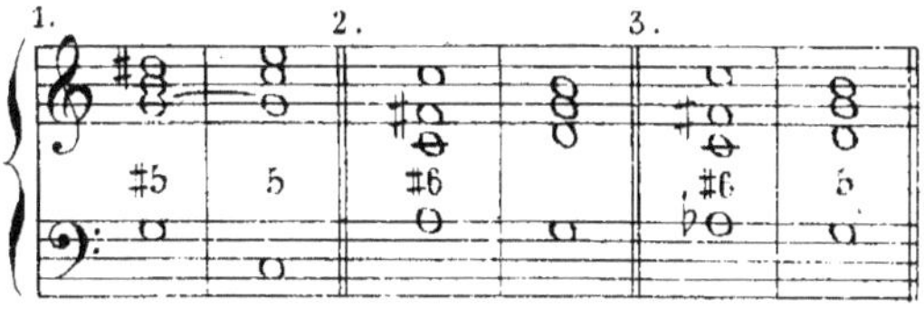

143. Rien n'est plus facile que de trouver toutes les altérations dont un accord est susceptible; il suffit pour cela d'altérer successivement, en montant et en descendant, chacune des notes de cet accord. Prenons pour exemple l'accord parfait *ut, mi, sol* du ton d'*ut;* nous aurons pour chacune des notes de cet accord les altérations suivantes :

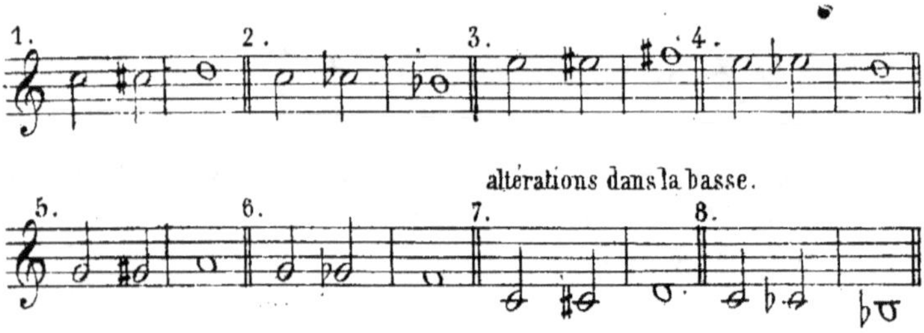

144. L'accord de résolution doit contenir la note qui se trouve dans la deuxième mesure des exemples précédents 1, 2, 3, 4, 5, 6, 7 et 8. Ex.:

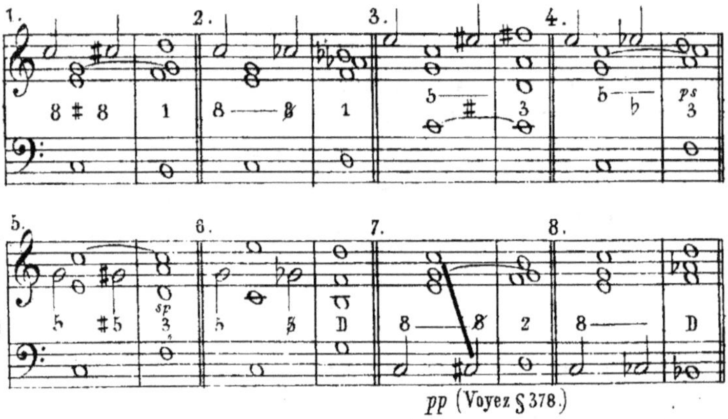

DES ALTÉRATIONS DOUBLES DANS LES ACCORDS CONSONNANTS.

145. On peut faire entendre simultanément deux altérations dans l'accord parfait *ut, mi, sol*, ou l'un de ses renversements, et en général dans un accord quelconque, en réunissant deux altérations simples de cet accord. Ex. :

146. L'accord de résolution doit contenir les deux notes qui se trouvent dans la deuxième mesure des exemples précédents 1, 2, 3, 4 et 5. Ex :

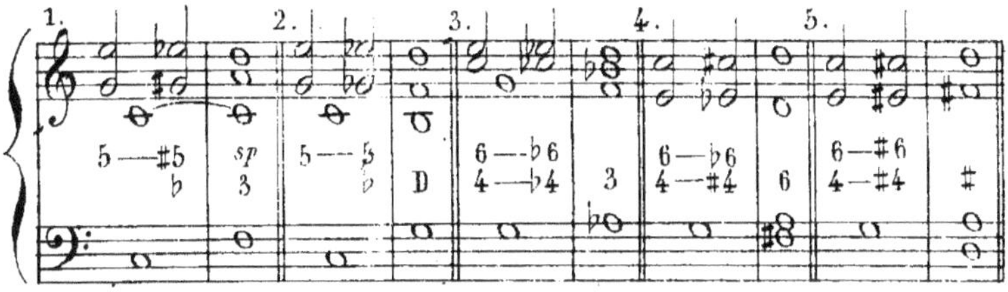

147. L'altération peut être employée conjointement avec la prolongation. Ex. :

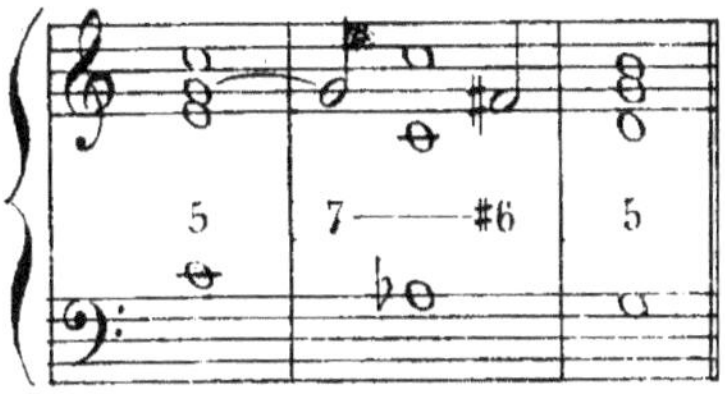

On trouve toutes les altérations dont les accords consonnants sont susceptibles en procédant comme nous venons de le faire pour l'accord parfait de premier degré.

EXERCICES SUR LES ALTÉRATIONS DANS LES ACCORDS CONSONNANTS.

18e Leçon.

6 — ♭6 4 | 5 4 — D ♯ | 5 | — 6 ♯ | 5 — | D p — r | 5 — | 3 sp — r | 6 —
— 1 | 5 ♯6 | 5 6 4 | 7 — ♯6 | ♯ | 5 3 | 6 2 | 8 — ♯8 ♯
— 1 | ♯ — | 4 — ♯ | 7 — ♯6 | 5 — ♯5 ♯ | ♯ — | 3 p — r | 6 —
D p — r | ♯ — | 6 — | 6 — | 6 — ♭6 4 | 4 — ♯ | 5 —
3 | 6 — | — 6 ♯ | 5 — | 5 5 | 6 — ♭6 4 | 5 D | 5

19e Leçon.

DES ALTÉRATIONS DANS L'ACCORD DE SEPTIÈME DOMINANTE ET SES RENVERSEMENTS.

148. Lorsque l'accord de septième dominante fait sa résolution naturelle sur la tonique, il est possible d'altérer le deuxième degré, soit en montant, soit en descendant. **Ex.** :

On obtient par le renversement les harmonies altérées suivantes :

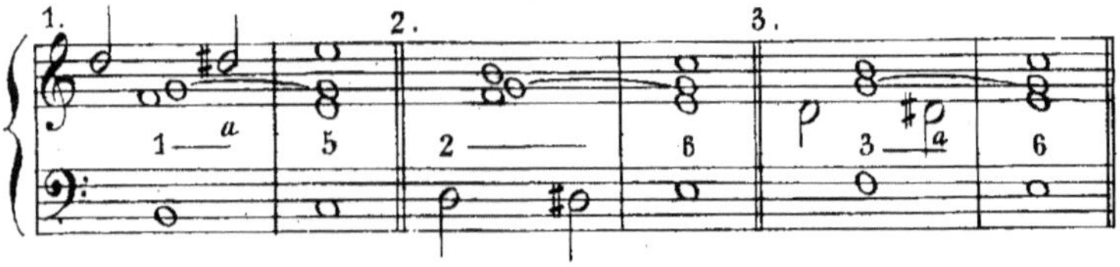

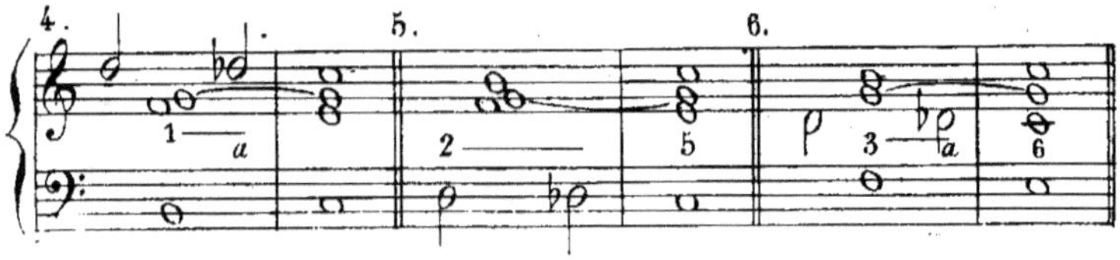

149. Les altérations précédentes peuvent être entendues sans préparation (§ 142). **Ex.** :

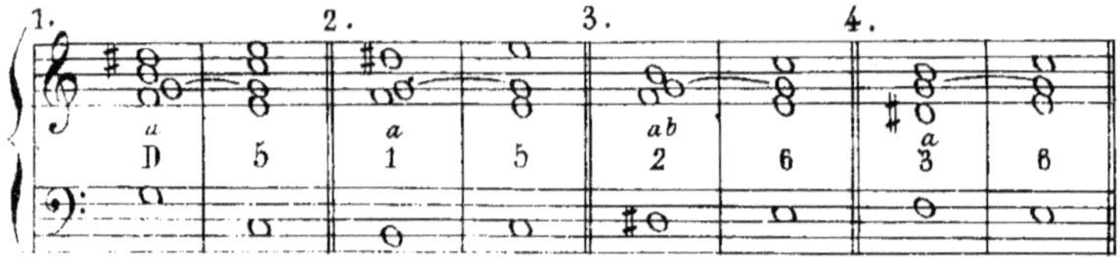

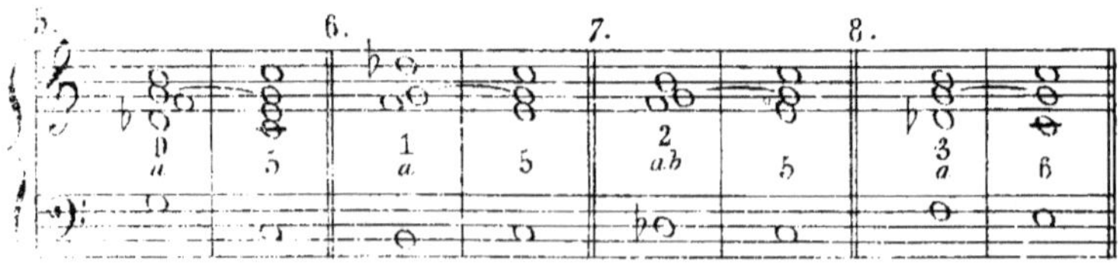

150. La lettre *a* placée au-dessus des signes représentant l'accord de septième dominante ou l'un de ses renversements indique l'altération ascendante du deuxième degré; si cette lettre se trouve placée au-dessous de l'un de ces signes, elle marque l'altération descendante. (Voyez les exemples du § 148.)

Lorsque l'altération du deuxième degré est à la basse, on se sert des lettres *a* que l'on place au-dessus de 2 pour marquer l'altération ascendante, et au-dessous de 2 si l'on veut marquer l'altération descendante. (Voyez les exemples précédents 3 et 7.)

151. L'altération ascendante du deuxième degré produit contre le quatrième degré lorsque celui-ci se trouve placé au-dessus de la note altérée, un intervalle de tierce diminuée qui est défendu. On obvie à cet inconvénient en plaçant l'altération au-dessus du quatrième degré. Ex. :

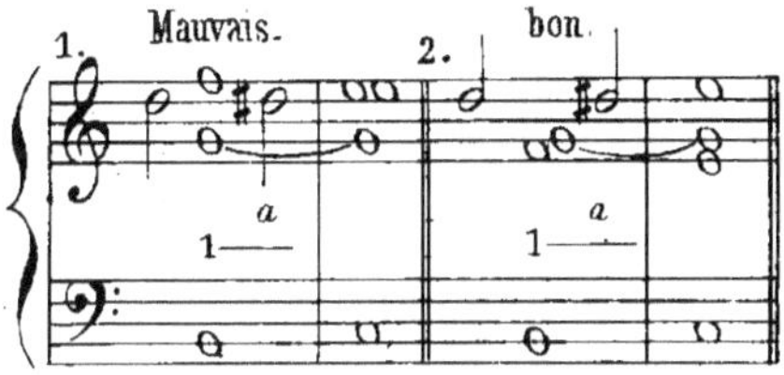

152. Lorsque l'altération ascendante du deuxième degré est à la basse, on est forcément entraîné à faire entendre une tierce diminuée; dans ce cas, elle est tolérée si l'on a soin d'éviter qu'elle fasse sa résolution sur l'unisson. Ex. :

153. On doit de même éviter l'intervalle de tierce diminuée dans l'altération descendante du deuxième degré en plaçant la note sensible au-dessus de la note altérée. Ex. :

154. Lorsque la note sensible se trouve à la basse, la tierce diminuée est tolérée, mais on doit éviter de la résoudre sur l'unisson (1). Ex.:

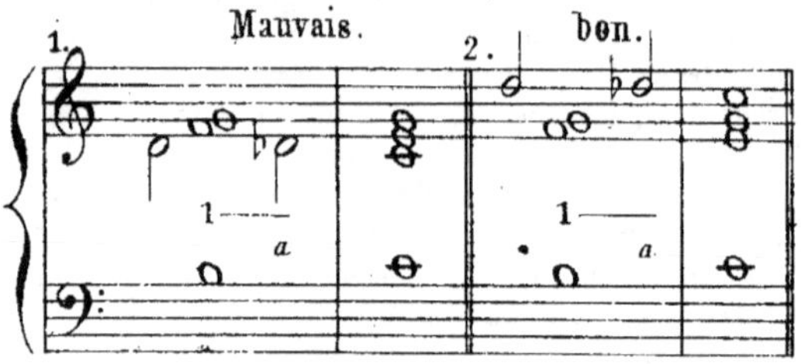

155. L'altération ascendante ou descendante du deuxième degré peut se combiner avec la prolongation de la tonique et les substitutions majeures ou mineures. En voici quelques exemples :

(1) Voyez aux notes des §§ 98 et 190 les observations que nous faisons relativement au battement.

EXERCICES SUR L'ALTÉRATION ASCENDANTE ET DESCENDANTE DU DEUXIÈME DEGRÉ DANS L'ACCORD DE SEPTIÈME DOMINANTE ET SES RENVERSEMENTS.

20e Leçon.

21e Leçon.

156. Nous n'avons parlé jusqu'à présent, dans l'accord de septième dominante et ses renversements, que des altérations ascendantes et descendantes du deuxième degré, parce qu'elles sont les plus généralement usitées. Cependant *toutes les notes de ces accords sont susceptibles d'être altérées*. mais cela n'est possible pour le quatrième, le cinquième degré et la note sensible que lorsque la note altérée vient se résoudre sur l'une des notes de l'harmonie de la dominante d'un autre ton. Dans ces cas, le *quatrième degré* et la *note sensible n'ont plus un mouvement forcé*, mais peuvent *descendre* ou *monter à volonté d'un degré* et même *sauter de plus d'un degré*. (Voyez § 487).

Prenons pour exemple l'accord de septième dominante *sol, si, ré, fa* du ton d'*ut* ou l'un de ses renversements; et commençons par altérer le *fa* en montant, nous aurons :

Cherchons ensuite un ou plusieurs accords dans lesquels entre la note *sol*. Rien ne sera plus facile à réaliser si nous considérons successivement le *sol* comme deuxième, quatrième degré ou note sensible de l'accord de septième dominante d'un ton nouveau.

Dans la première hypothèse, nous aurons pour basse l'une des notes de l'accord de septième dominante du ton de *fa* Ex. :

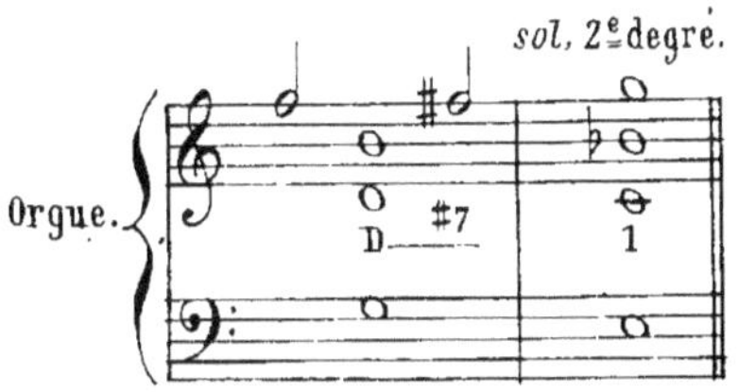

En second lieu, nous aurons pour basse l'une des notes de l'accord de septième dominante du ton de *ré*. Ex. :

Enfin, si nous considérons le *sol* comme note sensible, nous aurons pour basse l'une des notes de l'accord de septième dominante du ton de *la* bémol. Ex.

157. Le *sol* sur lequel vient se résoudre l'altération ascendante du *fa* peut quelquefois encore être considéré successivement comme substitution majeure ou mineure, altération ascendante ou descendante du deuxième degré. Ex. :

158. Les altérations du quatrième degré, de la dominante et de la note sensible sont indiquées, comme on peut le voir dans les exemples qui précèdent et ceux qui suivent, au moyen de chiffres devant lesquels on place au besoin un dièse, un bémol ou un bécarre.

159. L'altération ascendante du quatrième degré doit toujours être placée au-dessus de la dominante, afin d'éviter le choc désagréable de seconde mineure (1). Ex. :

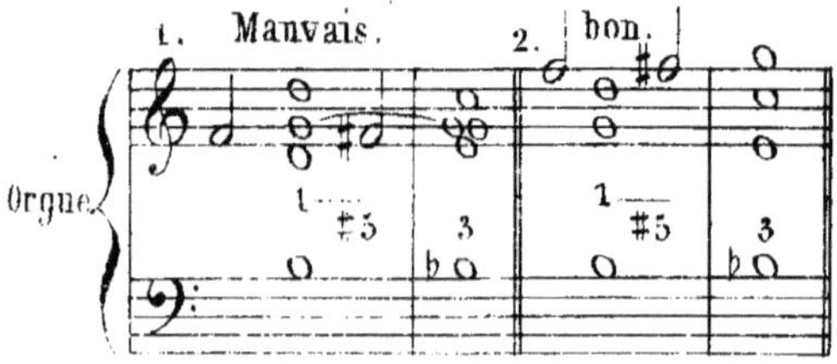

(1) Voyez au § 98 les remarques que nous avons faites relativement au battement.

ALTÉRATION DESCENDANTE DU QUATRIÈME DEGRÉ.

Mi b ou *ré* ♯ , considéré successivement comme deuxième degré, dominante ou note sensible. — Harmonies qui proviennent de ces suppositions :

161. On doit éviter l'intervalle de tierce diminuée qui peut se produire entre le quatrième degré altéré en descendant et le deuxième degré, en supprimant celui-ci (ex. 2) ou bien en plaçant le deuxième degré au-dessus du quatrième (ex. 3).

162. La tierce diminuée est tolérée si elle a lieu entre la basse et l'une des parties hautes. Ex. :

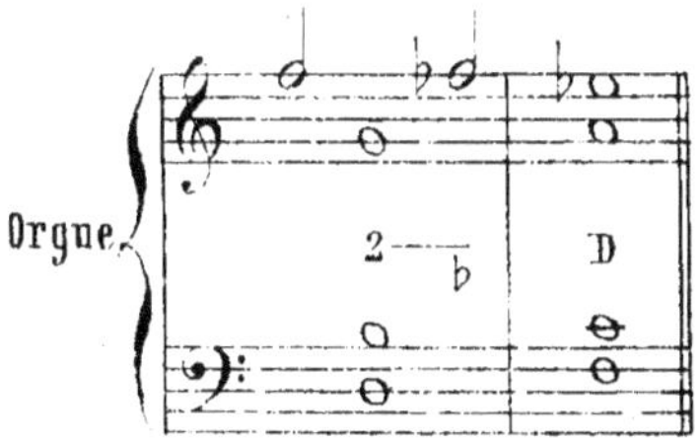

163. ALTÉRATION ASCENDANTE DU CINQUIÈME DEGRÉ.

164. *La*, considéré successivement comme deuxième degré, quatrième degré, dominante ou note sensible. — Harmonies résultant de ces suppositions :

165. ALTÉRATION DESCENDANTE DU CINQUIÈME DEGRÉ.

166. *Fa*, considéré successivement comme deuxième degré ou dominante. Harmonies provenant de ces suppositions :

167. On doit placer l'altération descendante de la dominante à la distance de neuvième du quatrième degré (voyez les exemples 1 et 2 précédents), *afin d'éviter le mauvais effet du battement* (§ 98) qui se fait vivement sentir lorsque l'altération descendante de la dominante forme contre le quatrième degré un intervalle de seconde mineure. Ex. :

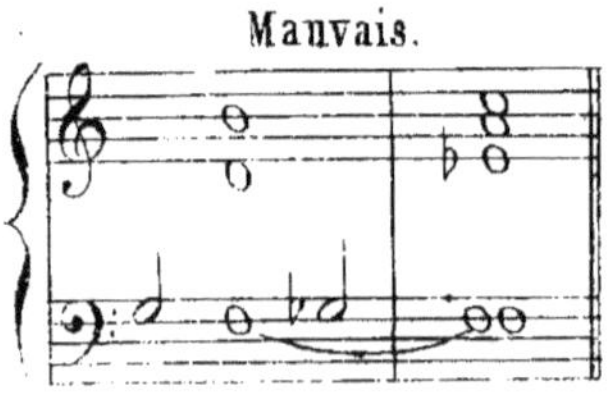

168. ALTÉRATION ASCENDANTE DE LA NOTE SENSIBLE.

169. *Ut* ♯, considéré comme note sensible, et *ré* b, considéré comme quatrième degré. Harmonies qui en résultent :

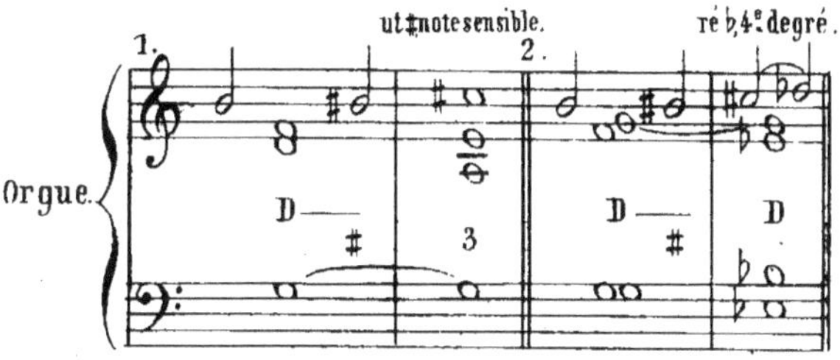

170. On doit éviter l'intervalle de tierce diminuée, lorsque l'on fait l'altération ascendante de la note sensible, en plaçant le deuxième degré au-dessous de la note sensible (ex. 2), ou bien en supprimant le deuxième degré (ex. 3).

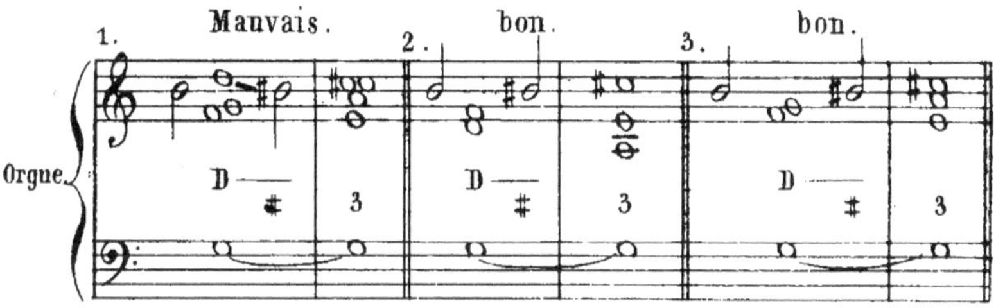

171. La tierce diminuée est tolérée si elle a lieu entre la basse et l'une des parties hautes. Ex. :

172. ALTÉRATION DESCENDANTE DE LA NOTE SENSIBLE.

173. *La*, considéré comme dominante.

DES ALTÉRATIONS DOUBLES DANS L'ACCORD DE SEPTIÈME DOMINANTE ET DANS SES RENVERSEMENTS.

174. On parvient à écrire toutes les altérations doubles dont un accord est susceptible, en réunissant deux à deux les altérations simples de cet accord.

Pour trouver toutes les altérations doubles de l'accord de septième dominante ou de l'un de ses renversements, commençons par réunir deux à deux les altérations simples de cet accord, et prenons pour exemple l'accord *sol, si, ré, fa* du ton d'*ut*. Ex. :

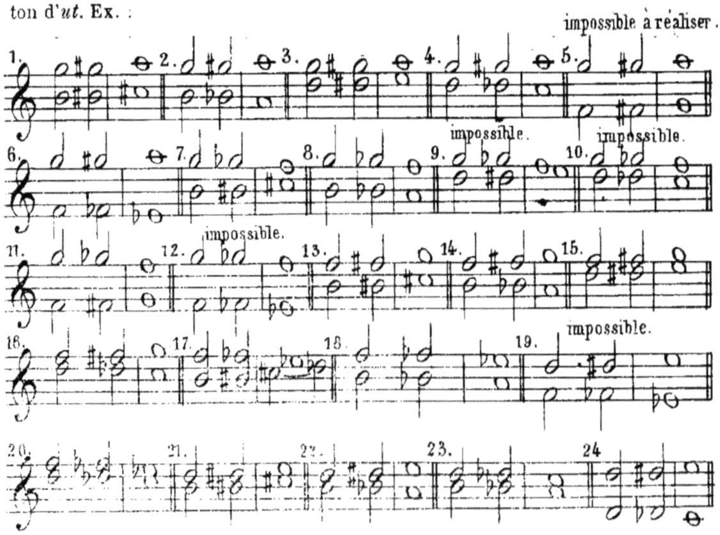

175. Dans les vingt-quatre exemples d'altérations doubles qui précèdent, nous donnons toutes les altérations simples de l'accord de septième dominante, combinées deux à deux.

Pour réaliser dans l'accord de septième dominante les altérations doubles possibles des exemples précédents, on doit essayer de faire succéder à cet accord ou à l'un de ses renversements un accord contenant les deux notes qui se trouvent dans la deuxième mesure de chacun de ces exemples, éviter les fausses relations et observer les règles posées aux §§ 159, 161, 167 et 170.

Les exemples précédents d'harmonies altérées ne sont pas toujours susceptibles d'être renversés sans manquer aux règles indiquées aux §§ 159, 161, 167 et 170.

176. Il se peut qu'un accord dissonant, par suite de plusieurs altérations simultanées, devienne consonnant. L'exemple précédent n° 17 en fournit un exemple; l'accord *sol, si, ré, fa* se trouve changé, par l'altération ascendante du *si* et l'altération descendante du *fa*, en un accord de sixte et quarte.

177. Il se présente souvent, dans les altérations, des suites de quintes, d'octaves ou de fausses relations qu'il serait impossible d'éviter si l'on voulait compléter l'accord de résolution. On peut *quelquefois* obvier à ces inconvénients en faisant entrer sur l'accord de résolution une partie complémentaire (voyez l'exemple précédent n° 4). On ne fait usage de cet artifice que dans la musique instrumentale (§§ 43 à 47).

178. Tous les exemples de succession harmonique dans lesquels on n'observe pas les règles concernant les intervalles que les voix peuvent franchir sans difficulté (§ 45), *appartiennent au style instrumental.*

179. Lorsque l'on écrit dans le style vocal, on peut, pour faciliter l'intonation, changer la manière de noter les altérations suivantes :

Les voix exécuteront beaucoup plus facilement les exemples qui précèdent en les notant de cette manière :

DES ALTÉRATIONS TRIPLES DANS L'ACCORD DE SEPTIÈME DOMINANTE ET DANS SES RENVERSEMENTS.

180. En réunissant trois à trois les altérations simples de l'accord de septième dominante ou de ses renversements, et en procédant de la même manière que dans les altérations doubles, on parvient à écrire toutes les altérations triples dont ces accords sont susceptibles. En voici quelques exemples :

Orgue.

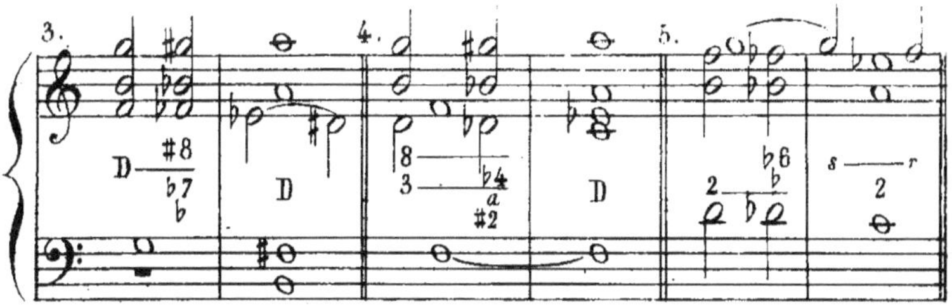

EXEMPLES D'ALTÉRATIONS QUADRUPLES.

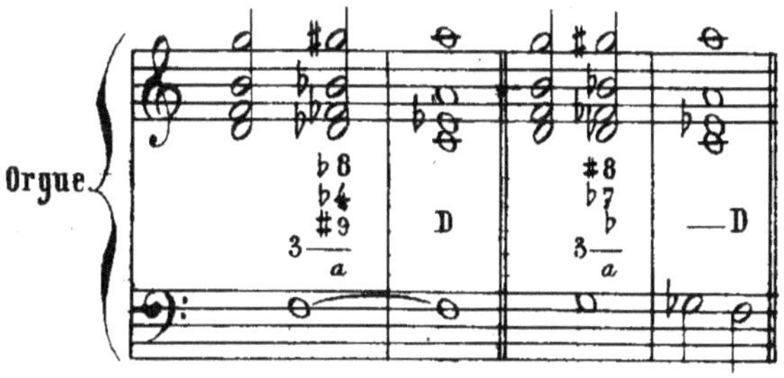

EXEMPLES D'ALTÉRATIONS QUINTUPLES.

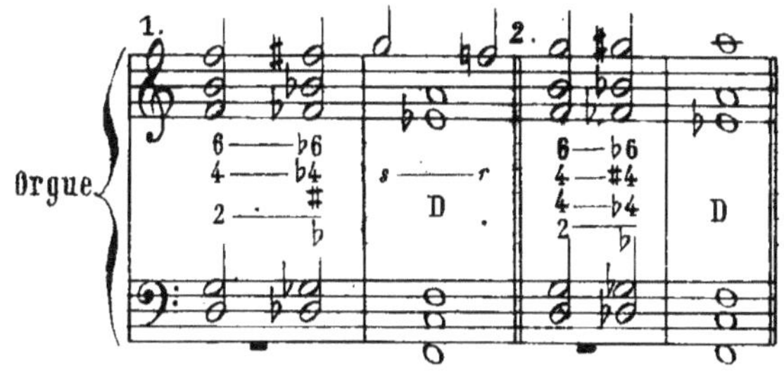

Les exemples précédents d'altérations doubles, triples, quadruples et quintuples, étant d'une intonation trop difficile pour les voix, ne doivent être employés que dans la musique instrumentale.

La quarte non préparée *ré* b, *sol* b, que l'on remarque dans le deuxième accord de chacun des exemples précédents d'altérations quintuples, peut être tolérée.

181. On trouve toutes les altérations dont les accords dissonants sont susceptibles, en procédant comme nous venons de le faire pour l'accord de septième dominante.

CHAPITRE IX.

DE LA PROLONGATION DES NOTES ALTÉRÉES.

182. Les notes altérées, soit en montant, soit en descendant, peuvent se prolonger sur l'accord de résolution. Les dissonances qui résultent de ces prolongations font leur résolution naturelle en montant, lorsqu'elles sont produites par des altérations ascendantes. Ex. :

183. Les dissonances qui résultent des prolongations d'altérations descendantes se résolvent en descendant. Ex. :

DE LA PROLONGATION DES NOTES ALTÉRÉES DANS LES ACCORDS CONSONNANTS.

184. Dans l'accord parfait, il est possible de prolonger la quinte augmentée sur l'accord de résolution. Ex. :

Les renversements de l'exemple 2 nous donnent les harmonies suivantes :

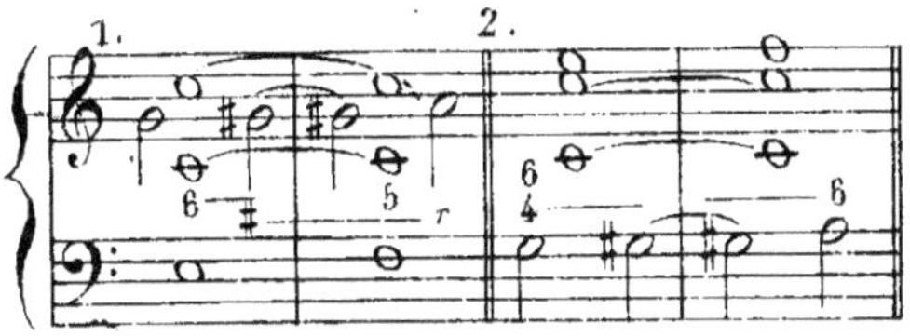

185. On a vu au § 188 que la tierce de l'accord parfait mineur peut être diminuée en haussant d'un demi ton la note basse ; si nous prolongeons cette note ainsi altérée, nous aurons l'harmonie suivante :

Mauvais.

Orgue.

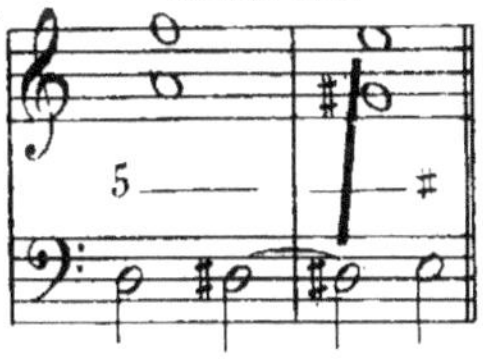

Cette altération prolongée est défectueuse parce qu'il en résulte un intervalle de seconde diminuée. Le *mi* de la partie supérieure du deuxième accord forme contre *ré* ♯ un intervalle de seconde diminuée (§ 98).

Les renversements de cette altération prolongée peuvent avoir lieu, parce que, le *mi* dans le premier renversement se trouvant placé au-dessous du *ré* ♯, on évite ainsi l'intervalle de seconde diminuée. Ex. :

Orgue.

186. La dissonance de septième *ré* ♯ doit se résoudre en montant au *mi*. (Voyez § 298.)

187. Dans le deuxième renversement, on doit placer le *mi* au-dessous du *ré* ♯, afin d'éviter l'inconvénient signalé au § 185. Ex. :

Orgue.

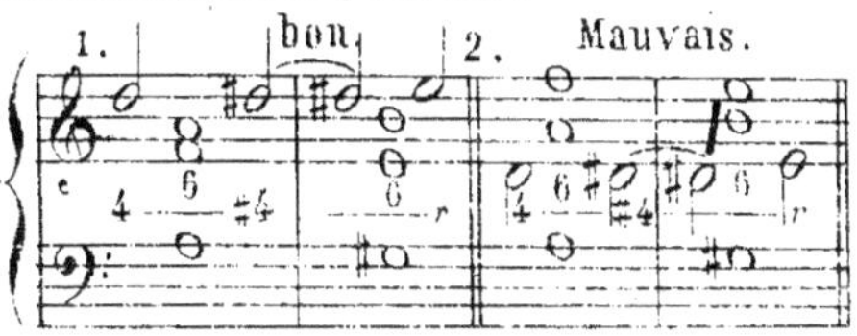

188. Cette altération prolongée peut avoir lieu dans la basse si elle est unie au retard de neuvième ; on évite ainsi l'intervalle de seconde diminuée. Ex. :

RENVERSEMENTS DE L'EXEMPLE PRÉCÉDENT.

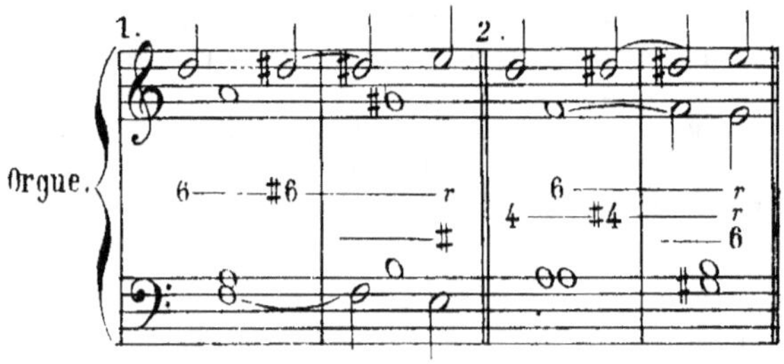

189. L'octave augmentée de l'accord parfait peut être prolongée sur l'accord de septième dominante ou sur l'un de ses renversements. Ex. :

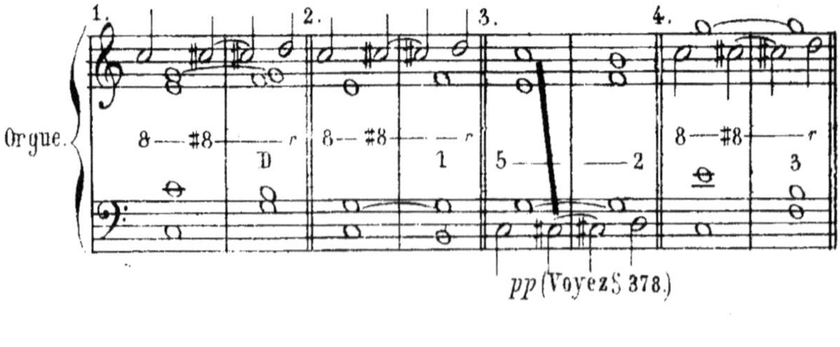

190. On doit autant que possible mettre au moins deux octaves de distance entre l'*ut* naturel et l'*ut* dièse; on adoucit ainsi l'effet un peu dur de l'octave augmentée (1). (Voyez les exemples précédents 1, 2 et 4.)

191. Si la prolongation d'altération a lieu dans la basse (voyez l'exemple 3 précédent), on ne double pas celle-ci, afin d'éviter l'intervalle d'octave diminuée dont l'effet est peu agréable à l'oreille, et l'on écrit de cette manière :

192. Cette altération prolongée peut se faire entendre et se résoudre sur l'accord de septième dominante et sur le premier ou le troisième renversement de cet accord; mais alors on doit faire usage de l'artifice employé au § 177, en ajoutant dans la basse une partie supplémentaire. Ex. :

(1) La raison de ce phénomène consiste en ce que le battement (§ 98) diminue d'intensité et que l'oreille en est ainsi moins affectée. On peut en faire l'expérience en faisant entendre sur l'orgue deux sons voisins : *ut* et *ut* ♯, par exemple. Si l'on transporte l'*ut* ♯ à une, deux, trois ou quatre octaves d'intervalle de l'*ut*, on voit que, plus il y a de distance entre l'*ut* et l'*ut* ♯, moins le battement se fait sentir. Ex. :

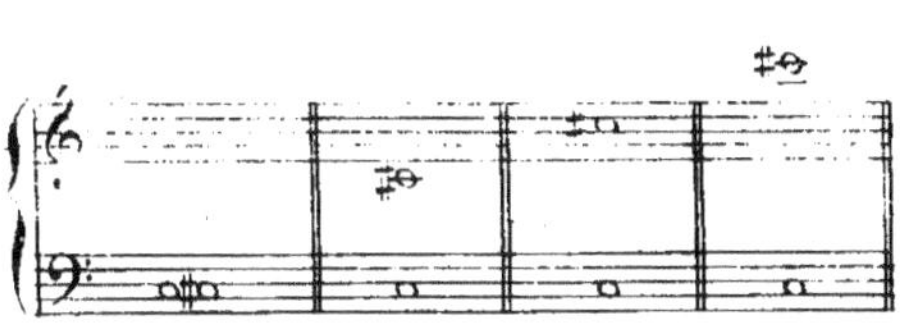

193. La même prolongation d'altération peut se combiner avec la substitution mineure, la prolongation de la tonique retardant la note sensible et la prolongation du troisième degré se résolvant sur le quatrième. Ex. :

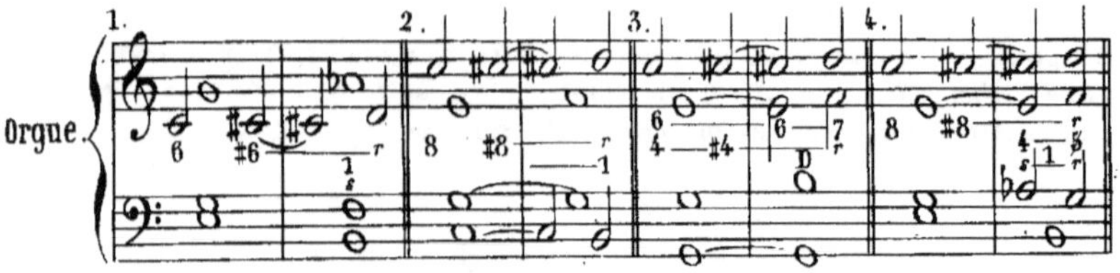

194. Les altérations doubles des exemples du § 146 peuvent être prolongées sur l'accord de résolution. Ex. :

195. Dans l'exemple 2 précédent, il est possible d'unir à la prolongation d'altération double la prolongation de la tonique. Ex. :

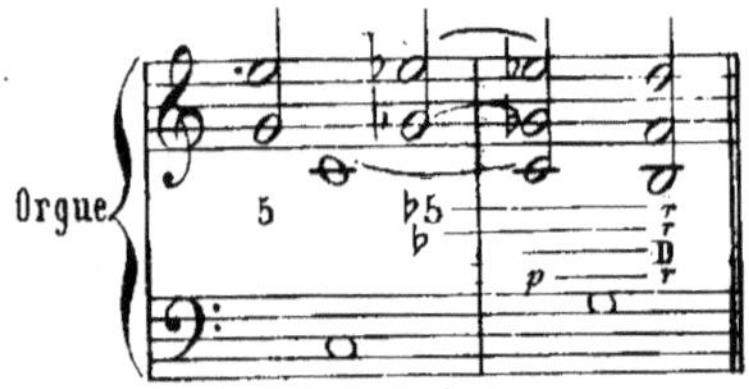

DE LA PROLONGATION DES NOTES ALTÉRÉES DANS LES ACCORDS DISSONANTS.

196. L'altération ascendante du deuxième degré dans l'accord de septième dominante et ses renversements (§ 148) peut se prolonger sur l'accord de résolution. Ex. :

197. L'altération prolongée, lorsqu'elle a lieu dans la basse, est vicieuse, parce qu'il en résulte un intervalle de seconde diminuée (§ 98). (Voyez l'exemple 3 précédent, le *mi* marqué d'un astérisque forme contre *ré* ♯ un intervalle de seconde diminuée.)

198. L'altération ascendante du deuxième degré peut se prolonger conjointement avec le quatrième degré, la note sensible et les substitutions majeures ou mineures. Ex. :

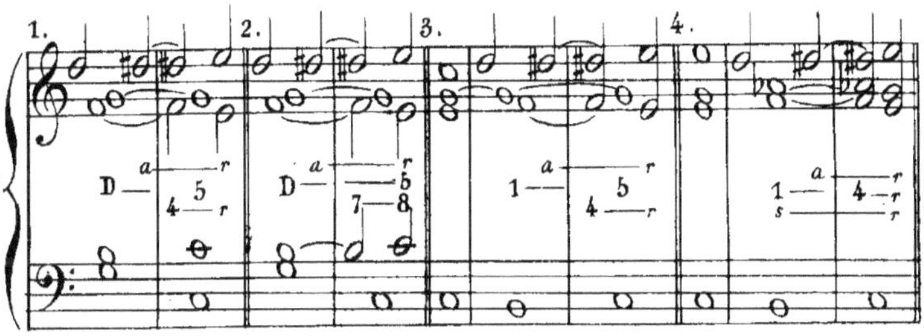

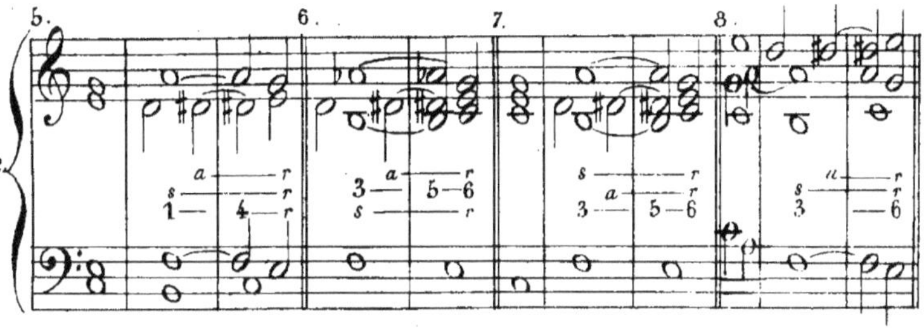

199. L'altération ascendante du deuxième degré peut avoir lieu dans la basse si elle est unie à la prolongation du quatrième degré, l'inconvénient signalé au paragraphe 197 ayant ainsi disparu. Ex. :

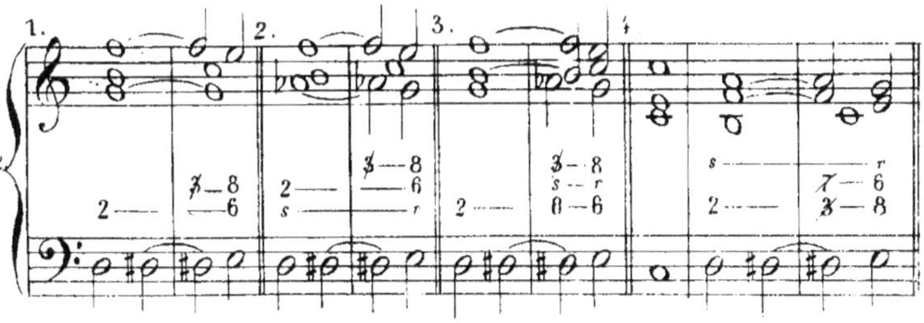

200. Il est possible de faire un grand nombre d'altérations prolongées *simples, doubles* et *triples*, principalement en modulant.

Après avoir procédé comme nous l'avons fait aux §§ 156, 174 et 180, on cherche à prolonger les altérations simples, doubles et triples, en ayant soin de ne pas faire entendre des séptièmes non préparées ou des intervalles de secondes diminuées. Voici quelques exemples de prolongations d'altérations.

PROLONGATIONS D'ALTÉRATIONS SIMPLES.

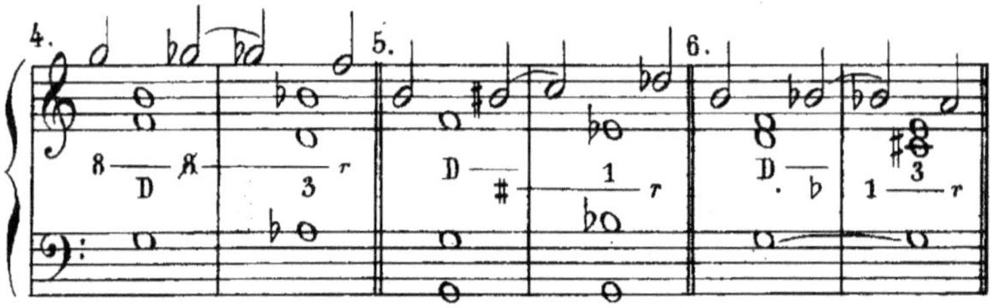

PROLONGATIONS D'ALTÉRATIONS DOUBLES.

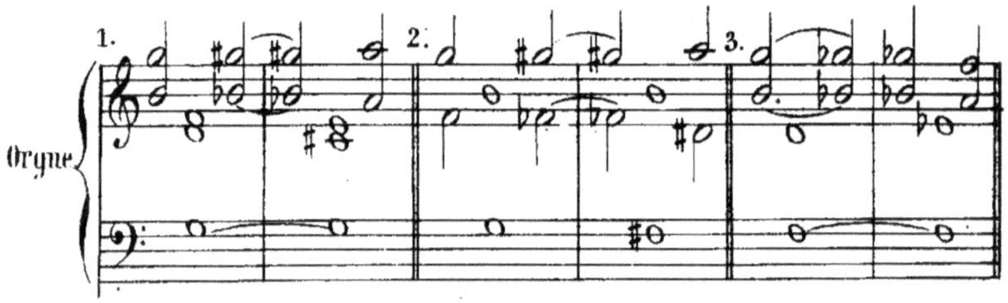

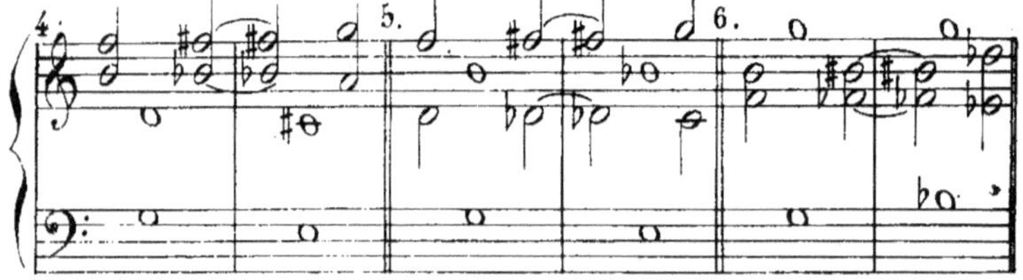

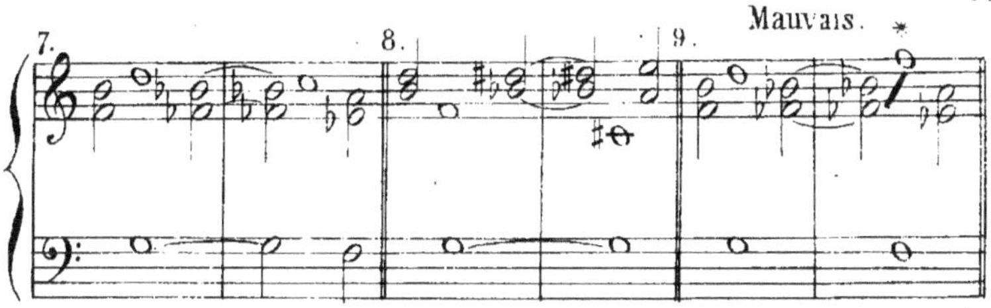

201. L'exemple 9 est défectueux, le *fa* marqué d'un astérisque formant contre *fa* b un intervalle de seconde diminuée (§ 98).

PROLONGATIONS D'ALTÉRATIONS TRIPLES.

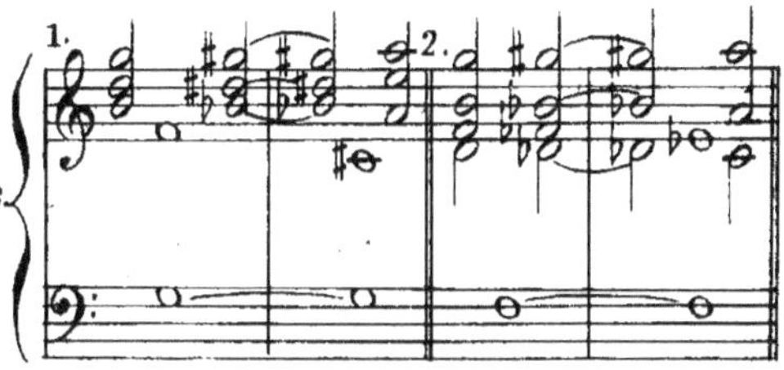

202. Nous verrons aux §§ 295 à 383 que la plupart des accords avec altérations prolongées, que nous venons de former (§§ 184 à 201), peuvent être rangés dans la catégorie des accords que l'on obtient en réunissant les notes appogiatures d'un accord donné, et que très-souvent ces notes appogiatures peuvent être attaquées sans préparation.

DES PROGRESSIONS.

203. On appelle *progression* une formule harmonique donnée se reproduisant symétriquement à un intervalle supérieur ou inférieur.

204. Etant donnée la formule  on peut réaliser les progressions suivantes :

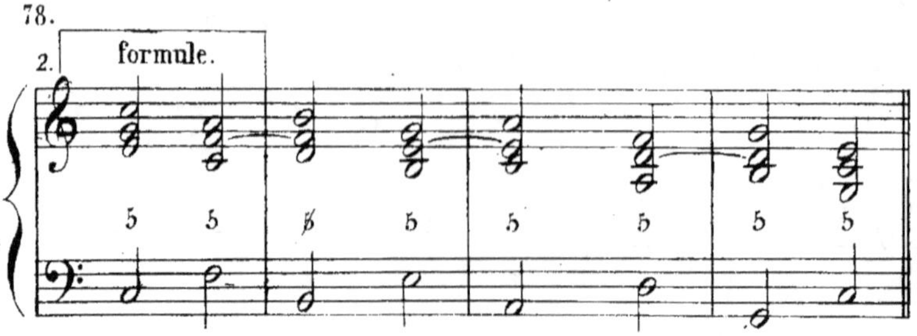

205. La formule d'une progression ne doit pas être longue : elle est le plus souvent composée de deux, trois ou quatre accords. Dans un mouvement vif, elle peut même en avoir un plus grand nombre. Ex. :

FORMULES DE DEUX ACCORDS.

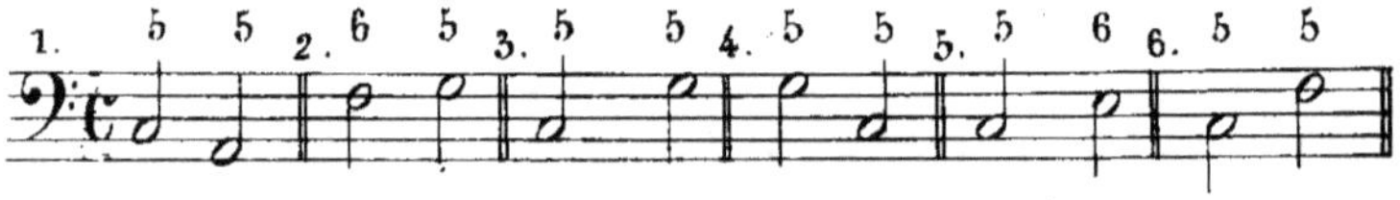

FORMULES DE TROIS ACCORDS.

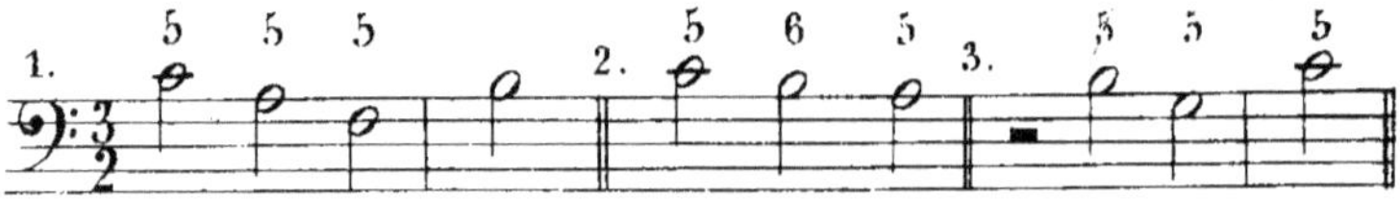

FORMULES DE QUATRE ACCORDS.

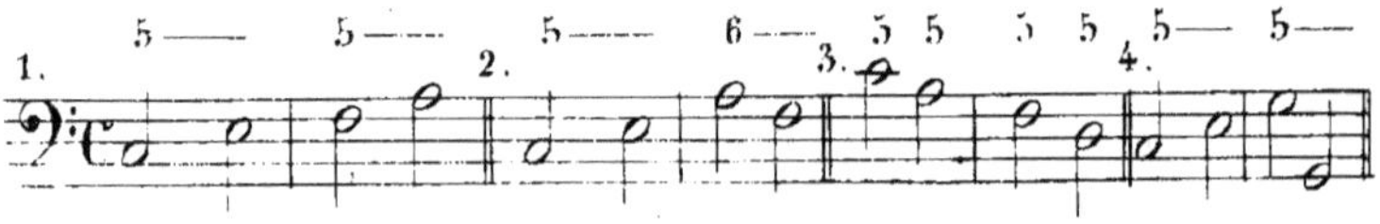

FORMULES DE SIX ACCORDS.

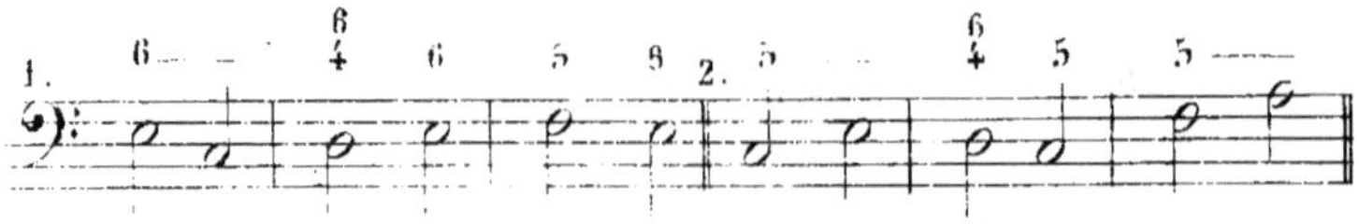

206. Il y a deux sortes de progressions : les *progressions tonales* et les *progressions modulantes*.

207. Dans les progressions tonales, les accords de la formule ayant été déterminés, les répétitions de cette formule à un intervalle plus haut ou plus bas doivent comporter les mêmes accords. Ex. :

208. Les progressions tonales commencent et finissent dans le même ton ; on ne doit donc pas ajouter d'accidents étrangers à la tonalité.

209. Lorsque la basse d'une progression est ascendante, comme dans l'exemple précédent, il faut que toutes les autres parties soient ascendantes et en progression. Si la basse était descendante, toutes les autres parties devraient suivre le même mouvement.

EXEMPLES DE PROGRESSIONS TONALES DANS LES ACCORDS CONSONNANTS.

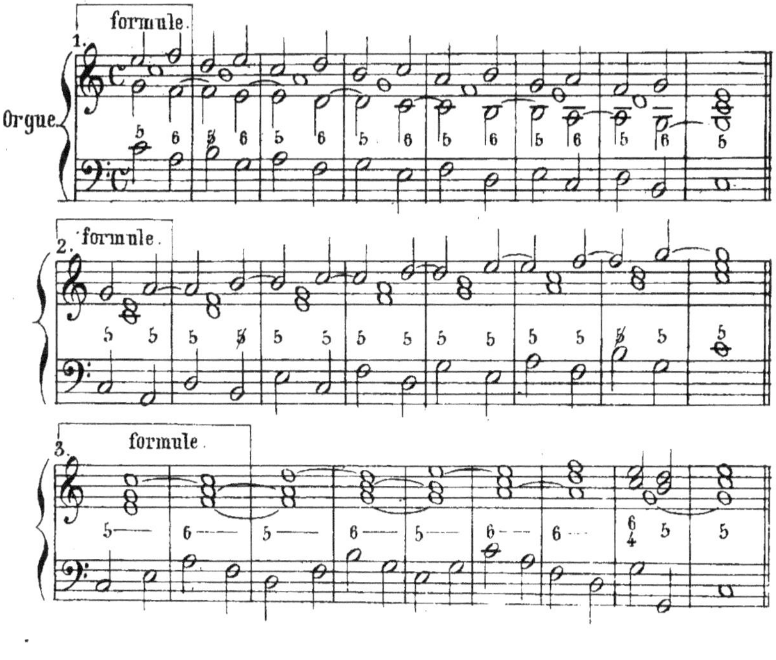

210. Les progressions modulantes parcourent diverses tonalités.

EXEMPLES DE PROGRESSIONS MODULANTES DANS LES ACCORDS CONSONNANTS.

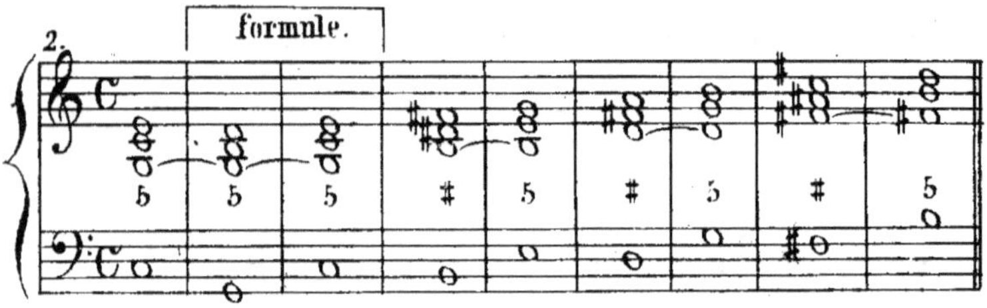

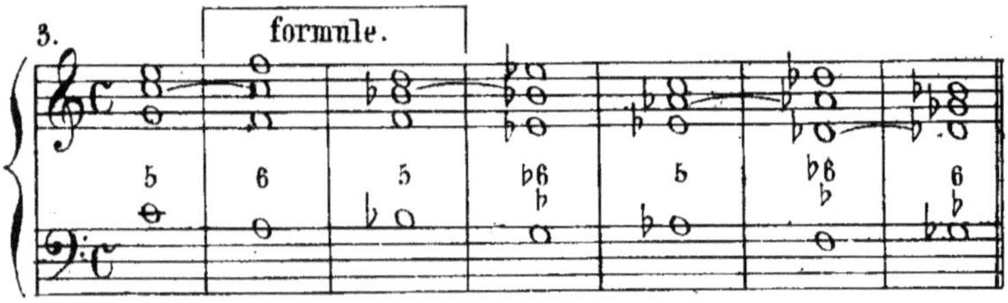

DES PROGRESSIONS MODULANTES DANS LES ACCORDS DISSONANTS.

211. Dans un mouvement de basse descendant de quinte et montant de quarte, on peut placer sur chacune des notes de cette marche de basse une suite d'accords de septième dominante Ex. :

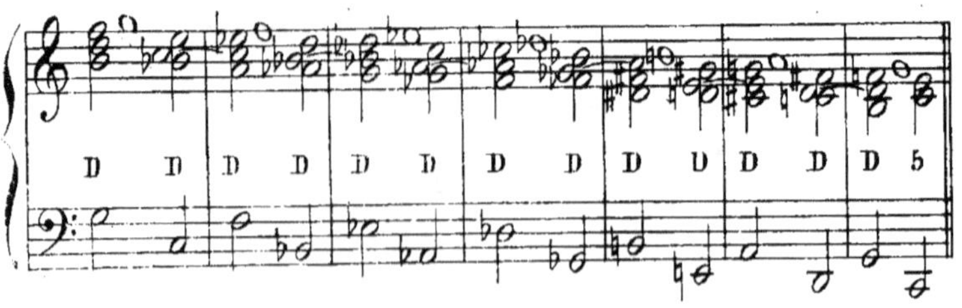

212. Lorsque l'on écrit cette progression à quatre parties, l'un des accords est complet, et l'on supprime la quinte de celui qui le suit. Ex. :

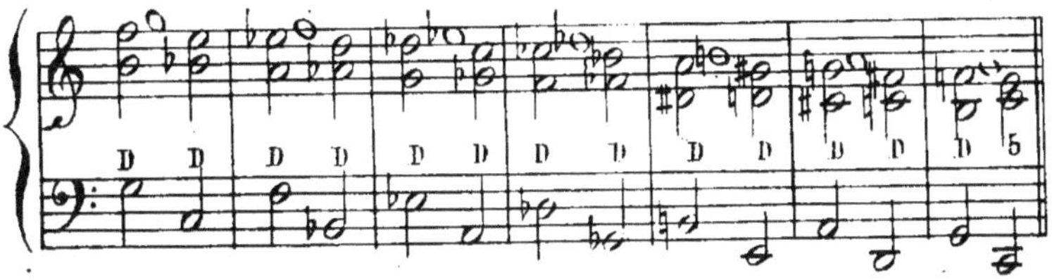

213. On obtient, par le renversement de l'exemple précédent, les progressions suivantes :

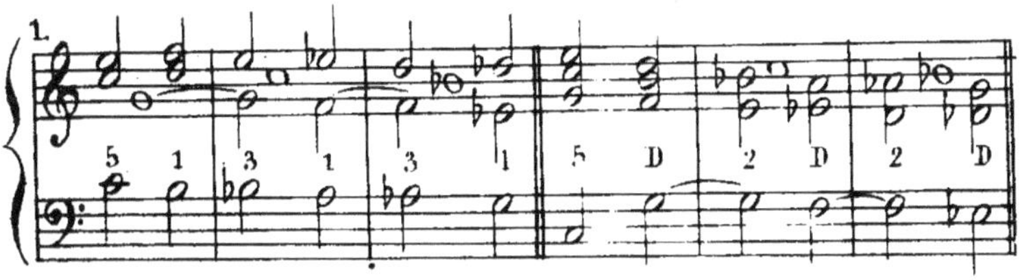

214. Il est possible de faire un grand nombre de progressions au moyen de l'accord de septième dominante et de ses renversements unis aux accords consonnants ; en voici quelques exemples :

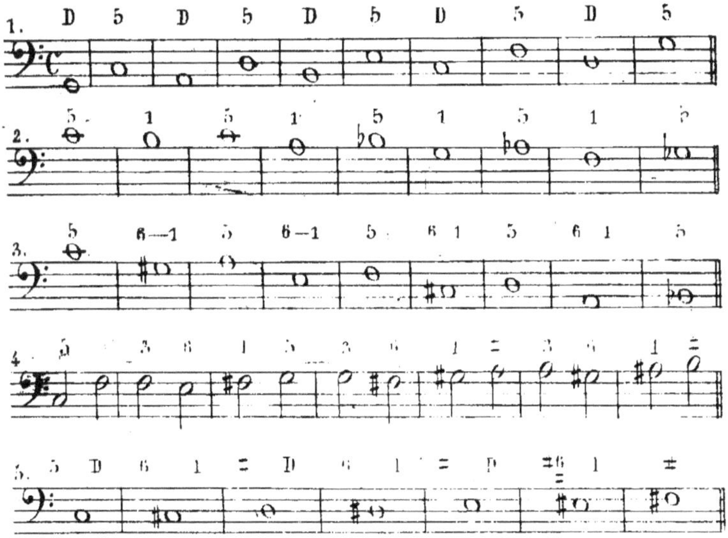

215. Lorsque la basse procède par demi-tons, soit en montant, soit en descendant, on peut faire une progression d'accords $\frac{1}{s}$, $\frac{2}{s}$, $\frac{3}{s}$, et $\frac{D}{sb}$.

Ces accords étant composés des mêmes intervalles, toutes les parties doivent procéder par demi-tons en suivant le mouvement de la basse. Ces accords se désignent indistictement par un 7 barré. Ex. :

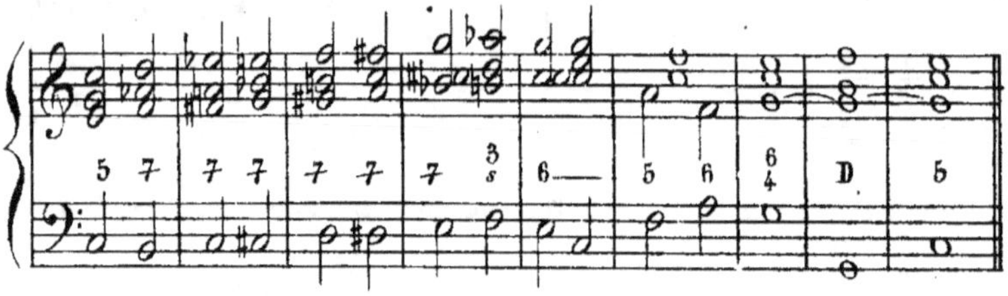

2.

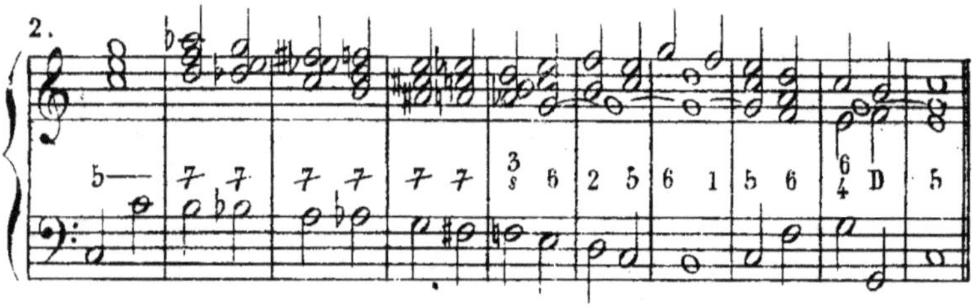

Ces suites d'accords de septième diminuée s'appellent ***progressions d'accords de septième diminuée.***

DES PROGRESSIONS TONALES DANS LES ACCORDS DISSONANTS.

216. Dans un mouvement de basse procédant par quarte en montant et par quinte en descendant, lorsque toutes les notes de cette basse appartiennent à un seul ton, on peut faire une progression tonale de septième en employant des accords de septième sur tous les degrés de la gamme. Ex. :

217. Tous les accords de septième tonale, quelle que soit la position qu'ils occupent sur les degrés de la gamme, se désignent indistinctement par 7.

218. Si l'on écrit une progression tonale d'accords de septième à quatre parties, l'un des accords de septième est complet, et l'on supprime la quinte de celui qui le suit, et cela alternativement. Ex. :

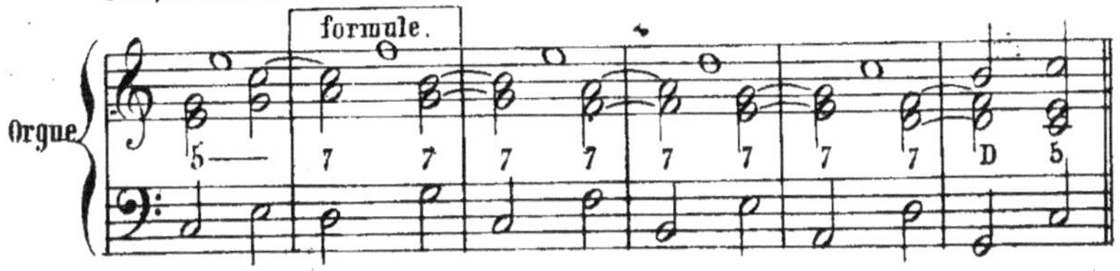

219. La septième des accords précédents doit être préparée.

220. On emploie quelquefois des progressions d'accords de septième tonale pour passer d'un ton aux tons qui lui sont relatifs. Ex. :

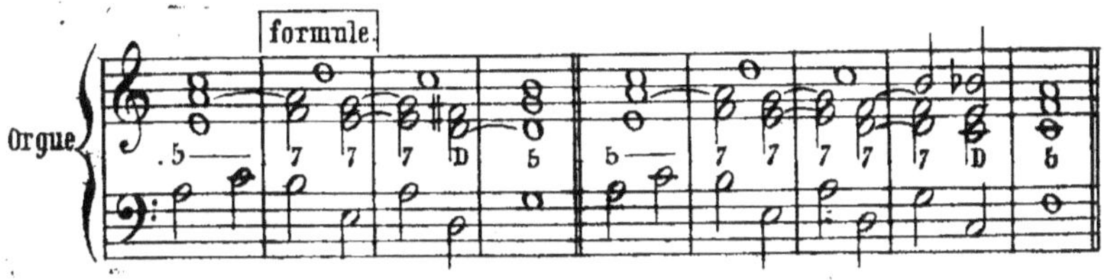

221. Les progressions tonales d'accords de septième peuvent être renversées. Ex.

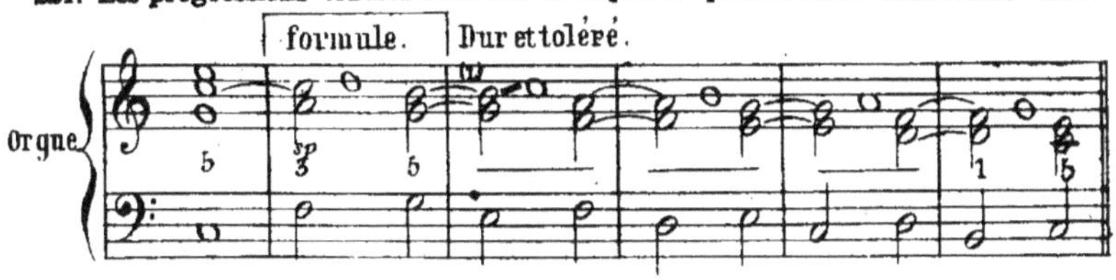

(1) La dissonance de seconde mineure *si* contre *ut* dont l'effet est un peu dur, est tolérée en progression. (Voyez, dans l'exemple suivant, les dissonances de seconde mineure *si* contre *ut* et *mi* contre *fa*.)

222. Dans les progressions tonales, un trait horizontal suffit pour indiquer les répétitions de la formule.

223. Les progressions tonales de septième, lorsque ces progressions ont une certaine durée, ne peuvent s'employer dans le mode mineur, ce mode ne pouvant se maintenir pendant toute la durée de la progression.

FIN DE LA DEUXIÈME PARTIE.

TROISIÈME PARTIE.

CHAPITRE XI.

DES NOTES ÉTRANGÈRES A L'HARMONIE.

224. Entre les notes réelles (1), on peut introduire, dans la mélodie ou les parties d'accompagnement, des *notes étrangères* à l'harmonie.

Il y a trois espèces de notes étrangères à l'harmonie, savoir : 1° la *note de passage;* 2° l'*anticipation ;* 3° l'*appogiature.*

DES NOTES DE PASSAGE.

225. On désigne ainsi une ou plusieurs notes étrangères à l'harmonie placées entre deux notes réelles et procédant par degrés conjoints. Ex. :

226. On ne quitte pas une note de passage en sautant; il faut toujours qu'elle se résolve sur une note de l'harmonie et par degré conjoint. Ex. :

L'exemple suivant est vicieux, les notes de passage *ré* et *mi* (voyez les notes marquées du signe*) n'étant pas résolues par degré conjoint sur l'une des notes de l'harmonie. Ex. :

(1) On entend par notes réelles, celles qui font partie intégrante d'un accord.

227. On ne fait pas entendre une note de passage en sautant. Ex. :

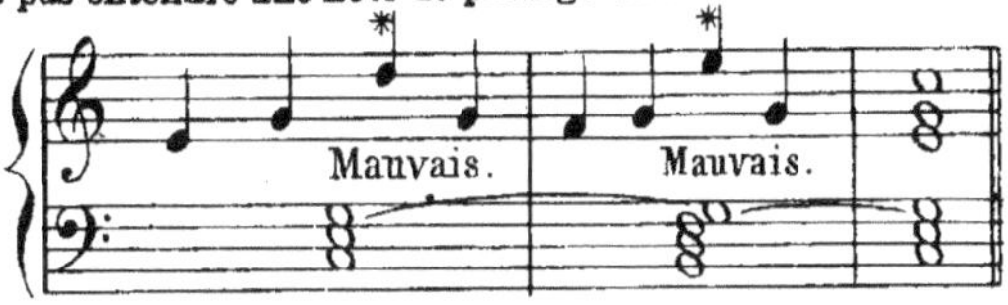

Le *ré* marqué du signe *, ne faisant pas partie de l'accord *ut, mi, sol,* ne peut être pris et laissé en sautant. Pour la même raison, le *mi* * est fautif.

228. Plusieurs notes de passage peuvent être entendues successivement; mais il faut qu'elles soient placées entre deux notes réelles, et qu'elles procèdent par degrés conjoints. Ex. :

229. Les notes de passage employées simultanément dans plusieurs parties marchent par tierces, par sixtes (ex. 1), par tierces et sixtes (ex. 2 et 3), par quartes et sixtes (ex. 4), ou par mouvement contraire. Ex. :

DES ANTICIPATIONS.

230. **Dans une suite de deux accords, on appelle *anticipation* une note réelle du second accord se faisant entendre sur le premier, auquel elle est étrangère.**

L'anticipation peut avoir lieu par mouvement conjoint et doit être de courte durée. Ex. :

231. **L'anticipation peut se faire dans toutes les parties successivement et simultanément.**

DES APPOGIATURES.

232. **On distingue deux espèces d'appogiatures, savoir : l'*appogiature mélodique* et l'*appogiature harmonique*.**

DE L'APPOGIATURE MÉLODIQUE.

233. **L'*appogiature mélodique* est une note étrangère à l'harmonie que l'on place à un degré au-dessus ou au-dessous d'une note réelle dont elle prend momentanément la place. Elle diffère de la note de passage en ce qu'elle peut être prise par mouvement disjoint. Elle doit se résoudre, comme la note de passage, sur une note réelle. Ex. :**

234. Dès que l'appogiature mélodique monte, elle est produite par le demi-ton inférieur. (Voyez l'exemple précédent.)

235. Les appogiatures mélodiques ascendantes peuvent être étrangères à la gamme diatonique du ton (1). Ex. :

Le *fa* ♯ et le *ré* ♯ sont étrangers à la gamme diatonique du ton d'*ut* majeur.

236. Les appogiatures mélodiques descendantes sont produites par le ton ou le demi-ton supérieur. (Voyez l'exemple du § 233.)

237. Lorsque les appogiatures descendantes sont produites par le demi-ton supérieur, elles peuvent être étrangères à la gamme diatonique du ton; si, au contraire elles sont produites par le ton supérieur, elles doivent appartenir à l'une des notes de cette gamme. Ex. :

L'appogiature descendante *fa* ♯ du premier exemple est vicieuse, parce qu'elle n'appartient pas à la gamme diatonique du ton d'*ut* majeur. Il en est de même de l'appogiature descendante *la* naturel du deuxième exemple, cette appogiature ne faisant pas partie de la gamme descendante du ton d'*ut* mineur.

238. L'appogiature mélodique, comme son nom l'indique, étant un *accent mélodique*, se place le plus souvent dans la partie supérieure. Elle trouve cependant aussi son emploi dans les parties intermédiaires et même à la basse. Ex. :

(1) Quoique généralement on considère quelques-unes des appogiatures ascendantes et descendantes comme étant des notes étrangères au ton où elles se trouvent, on verra aux appogiatures harmoniques (voyez le tableau page 22?) qu'elles y remplissent une fonction tonale, et qu'elles ne sont nullement étrangères au ton.

239. On peut faire entendre la note réelle en même temps que son appogiature, mais celle-ci doit se trouver à une distance de septième ou de neuvième de la première. (Voyez les exemples précédents.)

240. Les dissonances produites par les appogiatures mélodiques peuvent être attaquées sans préparation. (Voyez les exemples précédents.)

241. Certains harmonistes ne considèrent pas comme appogiatures de telles dissonances si elles sont préparées, Nous rangeons ces appogiatures dans la catégorie des appogiatures harmoniques. (Voyez §§ 249 et 250.)

DES APPOGIATURES MÉLODIQUES SUCCESSIVES DOUBLES.

242. Chaque note d'un accord ayant une appogiature ascendante et une et quelquefois deux appogiatures descendantes, il est possible de les faire entendre successivement. Ex. :

DES APPOGIATURES MÉLODIQUES SIMULTANÉES DOUBLES.

243 Les appogiatures peuvent être entendues simultanément dans deux parties qui marchent par tierces, par sixtes ou par mouvement contraire. Ex. :

EXERCICES SUR LES NOTES DE PASSAGE ET APPOGIATURES.

244. Ces exercices consistent à prendre une basse aussi simple que possible de *quatre*, de *huit*, de *douze* ou de *seize mesures* (1); de placer successivement dans chacune des parties de l'harmonie que peut comporter cette basse, des notes de passage et des appogiatures, en cherchant à écrire chaque partie avec élégance.

Prenons pour exemple la basse suivante :

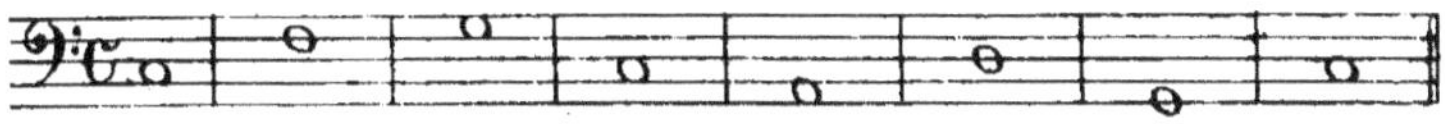

On peut harmoniser la basse précédente de cette manière :

On commence par travailler la partie supérieure en y introduisant des notes de passage et des appogiatures. Ex. :

(1) Le nombre des mesures d'une basse n'est pas limité et doit être tel qu'il satisfasse aux exigences rhythmiques de la mélodie. Les nombres 4, 6, 8, 12, 16, 20 et 24 sont bons, parce qu'ils sont pour la plupart divisibles par 2, 3, 4, 6 ou 8, et qu'ils permettent de former des rhythmes de 2, 3, 4, 6 ou 8 mesures très favorables à la mélodie.

Après ce travail préliminaire, on ajoute les deux parties qui manquent, de manière à avoir autant que possible tous les accords complets.

NOTES DE PASSAGE ET APPOGIATURES DANS LA PARTIE SUPÉRIEURE.

On introduit dans une partie intermédiaire ou à la basse des notes de passage et des appogiatures en faisant un travail analogue au précédent. Ex. :

NOTES DE PASSAGE ET APPOGIATURES DANS LA BASSE

NOTES DE PASSAGE ET APPOGIATURES DANS UNE PARTIE INTERMÉDIAIRE.

NOTES DE PASSAGE ET APPOGIATURES DANS TOUTES LES PARTIES.

La mélodie et chacune des autres parties d'accompagnement peuvent être variées de différentes manières, de telle sorte que, sur la simple basse donnée primitivement (voyez § 244), on peut placer un grand nombre de mélodies et varier à l'infini les formes d'accompagnement.

La basse précédente peut être écrite à trois temps et travaillée par l'élève à *une*, *deux*, *trois* ou *quatre parties*, comme nous venons de le faire (§ 244).

EXERCICE.

AUTRE EXERCICE.

BASSE DONNÉE

Andante.

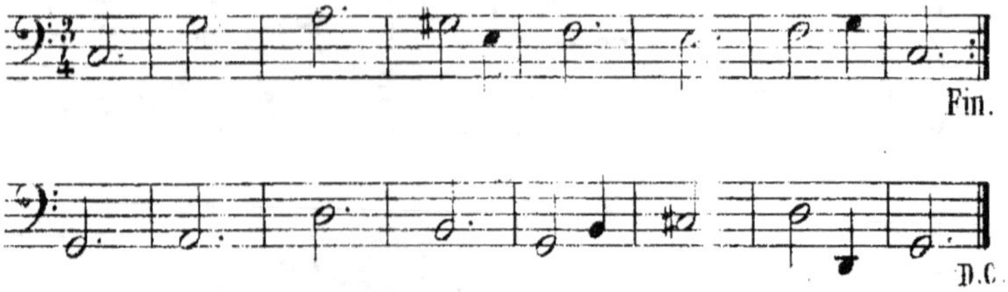

MÉLODIE TROUVÉE SUR LA BASSE PRÉCÉDENTE.

Andante.

L'élève doit chercher sur la basse précédente d'autres mélodies, et travailler successivement et simultanément chaque partie en procédant comme nous l'avons fait au § 244. Il travaillera ensuite la même basse écrite à quatre temps. Ex. :

EXERCICE

La basse suivante doit être travaillée à *une, deux, trois* et *quatre parties* en procédant comme nous l'avons fait au § 244.

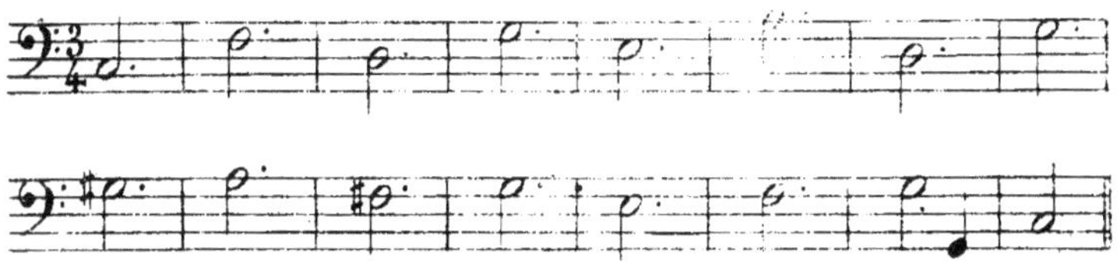

AUTRE EXERCICE.

MÊME BASSE QUE LA PRÉCÉDENTE, ÉCRITE A QUATRE TEMPS.

Les différentes basses que nous venons de donner comme exercices peuvent encore être transposées dans d'autres tons ou écrites en mesures à $^2/_4$ ou à $^6/_8$. L'élève doit s'exercer à trouver sur ces basses ainsi modifiées des mélodies et travailler successivement et simultanément toutes les parties de l'harmonie comme nous l'avons fait au § 244.

245. Jusqu'à présent nous avons établi l'harmonie d'après une basse donnée ; il nous reste à savoir comment il faut procéder pour trouver l'harmonie d'un chant ou d'une partie supérieure donnée.

On doit examiner avec soin la mélodie ou le chant que l'on doit accompagner et fixer les différentes tonalités qui peuvent se présenter. On dégage ensuite la mélodie de ses notes de passage, appogiatures ou anticipations

Il devient alors facile d'établir l'harmonie qui convient à la mélodie ainsi analysée.

Pour que l'harmonie soit bonne, il faut qu'elle soit régulière et conforme aux lois de la tonalité. (Voyez les règles posées aux §§ 21 à 25.)

Prenons pour exemple le chant suivant :

Les tonalités ayant été fixées, on dégage le chant des notes qui doivent rester étrangères à l'harmonie.

Mélodie précédente dégagée de ses notes de passage et appogiatures.

HARMONIE QUE PEUT COMPORTER L'EXEMPLE PRECÉDENT.

En rétablissant la mélodie primitive avec ses notes de passage, appogiatures, anticipations, et en y adjoignant l'harmonie trouvée, on aura l'exemple suivant :

En travaillant l'harmonie de l'exemple qui précède comme nous l'avons fait au paragraphe 244, on peut introduire successivement et simultanément dans les quatre parties des notes de passage, des appogiatures et des anticipations.

246. Il est des mélodies qui demandent une ***harmonie serrée;*** d'autres, au contraire une ***harmonie espacée***, c'est-à-dire qu'un seul accord suffit pour accompagner plusieurs mesures d'une mélodie.

Comme il convient de varier autant que possible les formes d'accompagnement, on comprend toute la monotonie qui serait produite inévitablement, si l'on accompagnait les mélodies qui demandent une harmonie espacée avec des accords plaqués. Pour obvier à cet inconvénient, on brise et l'on arpége les accords. Voici quelques formules généralement usitées lesquelles peuvent trouver leur emploi dans tous les genres de musique qui se distinguent par un intérêt purement mélodique, et où l'harmonie ne joue qu'un rôle secondaire.

1.

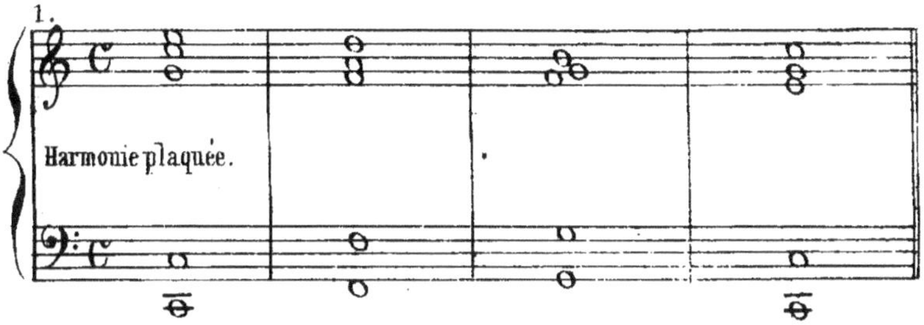

2.

3.

4.

Même harmonie brisée.

5.

Même harmonie arpégée.

6.

Même harmonie arpégée.

7.

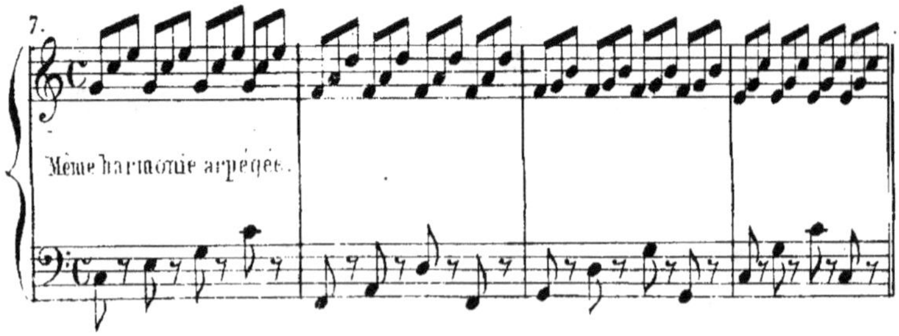
Même harmonie arpégée.

8.

9.

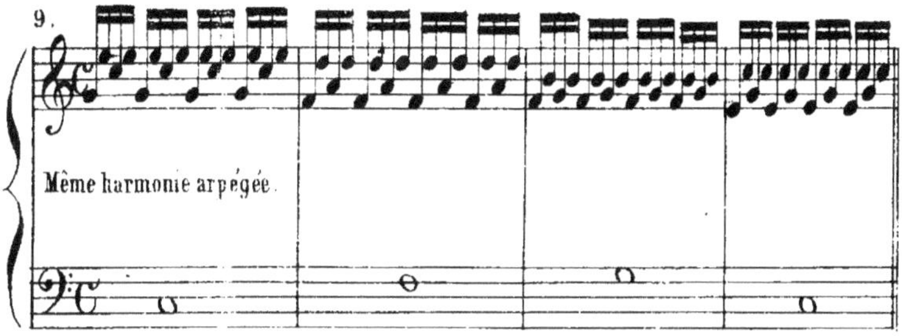

10.

247. Dès qu'on a trouvé l'harmonie qui doit accompagner une mélodie (voyez § 245), rien n'est plus facile que de varier l'accompagnement en brisant les accords ou en les arpégeant.

EXEMPLE D'UNE MÉLODIE ACCOMPAGNÉE DE PLUSIEURS

1.
2.
3.
4.
5.

248. Il est une remarque très-importante à faire et que tous les compositeurs expérimentés connaissent, c'est qu'il est possible d'introduire dans l'harmonie brisée ou arpégée des notes de passage et des appogiatures, formant contre les notes de l'harmonie des dissonances de seconde mineure qui seraient très-dures et impossibles si l'harmonie était plaquée. Ex. :

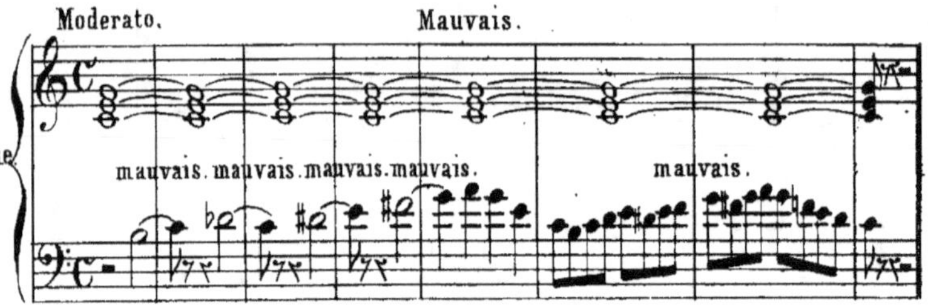

Même harmonie brisée et arpégée.

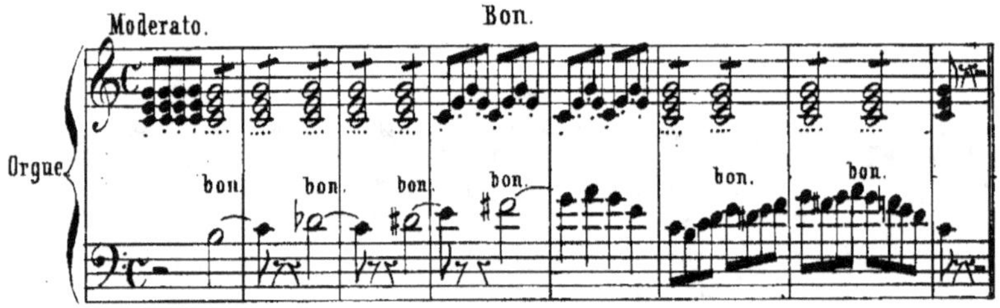

La raison de ce phénomène, c'est qu'en brisant ou en arpégant les accords le battement qui a lieu par le choc de deux sons voisins, et dont l'effet est si désagréable à l'oreille, n'a pas le temps nécessaire de se produire. (Voyez aux notes des §§ 98 et 190 ce que nous disons relativement au battement.)

Il n'est pas nécessaire de briser toutes les notes de l'accord dans lequel se fait entendre le battement ; il suffit de briser l'une des notes qui le produisent. Ex. :

EXERCICE.

CHANT DONNÉ.

L'élève doit commencer par fixer les tonalités du chant précédent et le dégager ensuite des notes de passage et des appogiatures. Dès qu'il aura trouvé l'harmonie plaquée que doit recevoir cette mélodie, il cherchera à varier l'accompagnement en brisant et en arpégeant de plusieurs manières différentes les accords de cette mélodie. L'harmonie trouvée sur le chant précédent pourra servir, abstraction faite du chant, comme exercice, en introduisant successivement dans chaque partie des notes de passage et des appogiatures.

CHAPITRE XII.

DES APPOGIATURES HARMONIQUES.

249. *L'appogiature harmonique*, de même que l'*appogiature mélodique*, est formée par le *demi-ton inférieur* ou par le *ton* ou le *demi-ton supérieur*.

250. La première se distingue de la seconde en ce que l'on peut prolonger l'appogiature harmonique pendant une et quelquefois plusieurs mesures, tandis que l'appogiature mélodique doit être de très-courte durée.

Dans les appogiatures harmoniques, on évite le plus souvent de faire entendre en même temps une note réelle et son appogiature (1), et les dissonances, dans plusieurs cas, doivent être préparées.

Les règles concernant les appogiatures mélodiques (voyez §§ 235 à 237) s'appliquent aussi aux appogiatures harmoniques.

(1) Lorsqu'on écrit à un grand nombre de parties, on voit très-souvent la note réelle et son appogiature frappées en même temps ; mais elles doivent être placées à une distance d'octave ou de septième. (Voyez les exemples des §§ 434 à 453.)

CONSTITUTION DES MODES MAJEUR ET MINEUR ET ORIGINE DES ACCORDS APPARTENANT A CHACUN DE CES DEUX MODES.

MODE MAJEUR.

251. ***Étant donné un accord parfait majeur, on peut, au moyen de ce seul accord entendu de prime abord, trouver l'origine et la résolution naturelle de tous les accords appartenant au mode majeur, et assigner à chacun d'eux la place qu'il peut occuper sur les degrés de l'échelle chromatique de la gamme.***

Prenons pour exemple l'accord parfait majeur *ut, mi, sol;* nous allons avec cet accord constituer le ton d'*ut* majeur.

Nous trouvons l'origine des accords les plus généralement usités, en faisant entendre successivement et simultanément les appogiatures de chacune des notes de l'accord parfait *ut, mi, sol,* entendu de prime abord.

EXEMPLES DES APPOGIATURES DE L'ACCORD PARFAIT *ut, mi, sol.*

APPOGIATURES HARMONIQUES SIMULTANÉES DOUBLES.

252. **En réunissant les appogiatures simples des exemples précédents 4 et 6 dans l'accord *ut, mi, sol,* on obtient un accord avec appogiatures simultanées doubles. Ex. :**

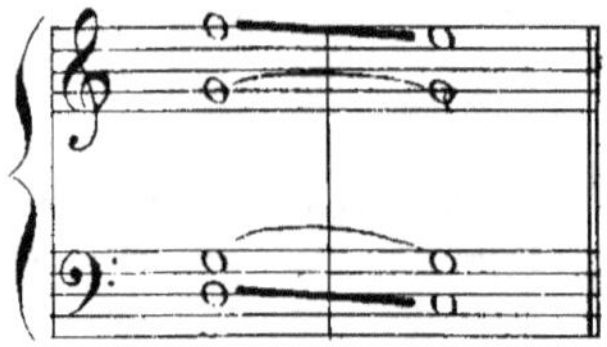

Les renversements nous donnent les accords suivants :

253. Quoique les accords précédents soient souvent accompagnés de la note sensible, ils n'en constituent pas moins, tels qu'ils sont écrits, des accords complets.

Il s'agit de savoir ce que l'on entend par un accord complet. Il est évident que l'accord ***sol, si, ré, fa***, est moins complet que l'accord ***do, sol, si, ré, fa, la***. Pour fixer nos idées à cet égard, nous disons qu'un accord est complet ou suffisant, lorsque chacune des notes de l'accord d'où il tire son origine, y est représentée soit par la note réelle, soit par l'une des appogiatures de cette note.

EXEMPLES D'ACCORDS COMPLETS OU SUFFISANTS

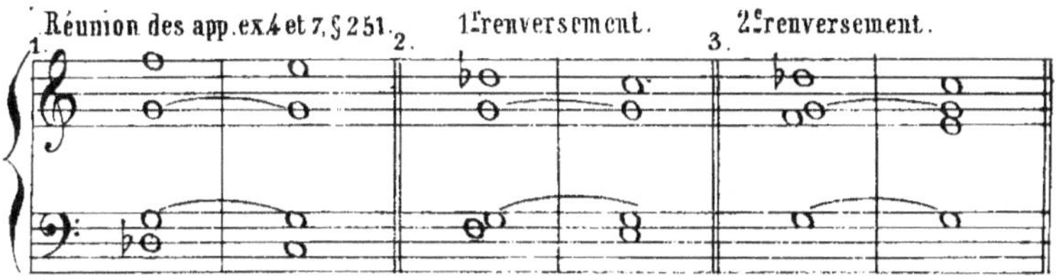

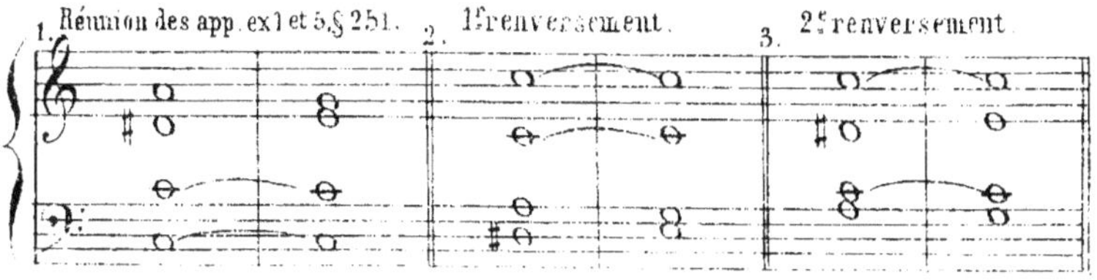

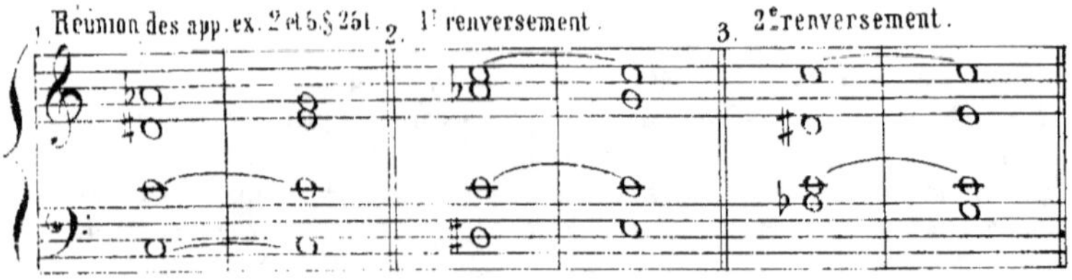

L'accord suivant *ut*, *fa* ♯, *la*, doit être considéré comme incomplet, toutes les notes de l'accord parfait *ut*, *mi*, *sol*, d'où il tire son origine, n'y étant pas représentées. Le *fa* ♯, et le *la* naturel y représentent le *sol*; l'*ut* y représente l'*ut*, et le *mi* n'y est pas représenté. Ex. :

APPOGIATURES HARMONIQUES SIMULTANÉES TRIPLES.

254. Si l'on réunit dans l'accord parfait *ut*, *mi*, *sol*, les trois appogiatures simples des exemples 4, 6 et 8 du § 251, on obtient un accord avec trois appogiatures simultanées. Ex. :

. Les renversements nous donnent les accords suivants

Le *sol* de l'exemple 3 précédent, n'étant pas une note appogiature, peut rester en place ou aller à la tonique. Ex. :

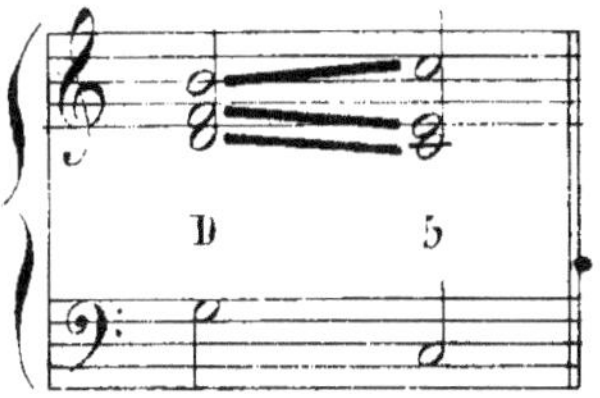

Telle est l'*origine de l'accord de septième dominante*.

255. On rencontre quelquefois l'appogiature **ascendante** à la distance d'un ton de sa résolution. Cela n'a lieu que si elle est acompagnée d'une seconde appogiature marchant dans le même sens. Les exemples suivants font exception à la règle énoncée au § 234.

256. Dans l'accord parfait *ut*, *mi*, *sol*, si l'on réunit les appogiatures des exemples 4, 5, 8 et 4, 7, 8 (voyez ces exemples § 251), on obtient : 1° le premier renversement de l'accord de septième dominante avec altération ascendante du deuxième degré (§ 148) ; 2° le deuxième renversement du même accord avec altération descendante du deuxième degré. Ex. :

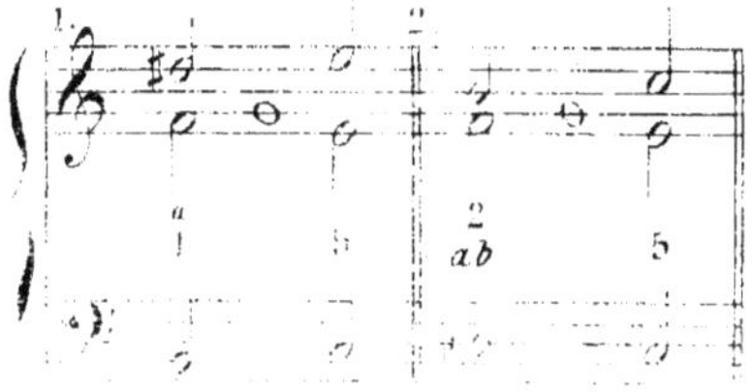

Les renversements des exemples précédents nous donnent l'accord de septième dominante et ses autres dérivés avec altération ascendante ou descendante du deuxième degré.

257. L'altération ascendante du deuxième degré peut encore se désigner par appogiature ascendante du troisième degré, et l'altération descendante du deuxième degré se nomme aussi appogiature descendante mineure du premier degré.

258. L'accord parfait suivant avec appogiatures simultanées triples est composé des mêmes intervalles que l'accord de septième diminuée et s'obtient en réunissant les appogiatures des exemples 1, 3 et 5 du § 251.

Les renversements nous donnent les accords de septième diminuée suivants, ainsi que leur résolution naturelle (§ 275). Ex. :

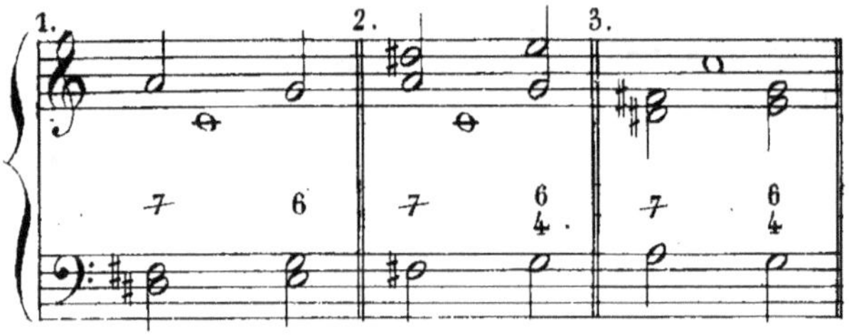

259. En réunissant les appogiatures simples des exemples 2, 3 et 5 (voyez ces exemples au § 251), on obtient un accord parfait avec appogiatures simultanées triples, composé des mêmes intervalles que le premier renversement de l'accord de septième dominante. Ex. :

RENVERSEMENTS.

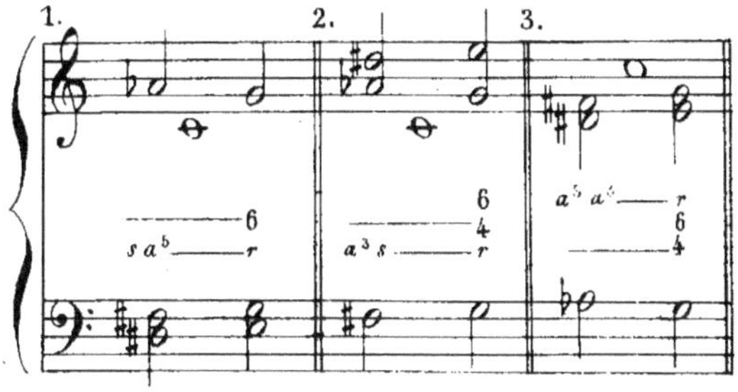

Ces accords sont respectivement composés des mêmes intervalles que les accords 1, 2, 3 et D ; ils ne se distinguent de ceux-ci que par leur résolution et la place qu'ils occupent sur l'un des degrés de l'échelle chromatique de la gamme. L'accord $\overline{a^5\,a^3\text{—}r}\ \genfrac{}{}{0pt}{}{6}{4}$ (voyez l'exemple 3 précédent), que les harmonistes désignent sous le nom d'*accord de quinte et sixte augmentée*, tire son origine de l'accord de sixte et quarte avec appogiatures simultanées triples. (Voyez aux §§ 340 et 341 comment on indique les différentes notes appogiatures d'un accord.)

APPOGIATURES HARMONIQUES SIMULTANÉES QUADRUPLES.

260. En réunissant les appogiatures simples des exemples 1, 4, 6, 8 et 2. 4, 6, 8 (voyez § 251), on obtient les accords suivants et leur résolution naturelle.

(*) Le *ré* marqué d'un astérisque peut être l'appogiature de l'*ut* ou du *mi*. (Voyez § 255.)

Les renversements nous donnent l'accord de septième dominante et ses dérivés avec substitution majeure ou mineure.

261. Les substitutions majeures et mineures peuvent encore se désigner par appogiatures descendantes majeures ou mineures du cinquième degré.

262. De ce qui précède, nous concluons que les accords dont nous venons de donner l'analyse (§ 252 à 260) tirent tous leur origine de l'accord parfait *ut, mi, sol,* primitivement entendu (§ 251).

Une raison qu'on peut invoquer à l'appui de ce que nous venons de dire sur l'origine de l'accord de septième dominante (§ 254), c'est que jusqu'à présent on n'a pas expliqué pourquoi on devait altérer le septième degré du mode mineur dans cet accord; cependant, dans le mode mineur, la note sensible n'est éloignée de la tonique que d'un demi-ton, tandis qu'elle devrait en être à la distance d'un ton.

Cette anomalie s'explique par la raison que l'appogiature ascendante est produite par le demi-ton inférieur (§ 234).

Prenons pour exemple l'accord parfait *ut, mi* b, *sol.* Le *si* bémol quoique appartenant au ton d'*ut* mineur, ne saurait être l'appogiature ascendante de l'*ut*. Ex. :

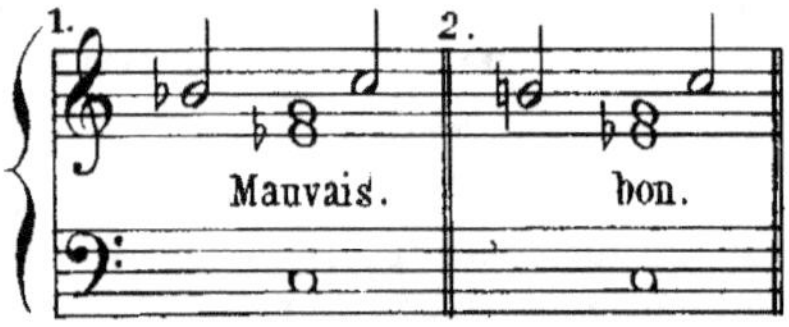

Si le *si* b pouvait être l'appogiature ascendante de l'*ut*, il serait possible d'écrire l'accord de septième dominante du ton d'*ut* mineur avec un *si* b, ce qui évidemment serait faux. Ex. :

263. Une autre raison non moins péremptoire que celle qui précède, c'est que les substitutions majeures ne s'emploient que dans le mode majeur, tandis qu'on fait usage des substitutions mineures dans les deux modes (§ 95).

Pour donner une explication satisfaisante de cette règle, prenons pour exemples les accords de septième dominante du ton d'*ut* avec substitution majeure ou mineure ; nous aurons les accords et

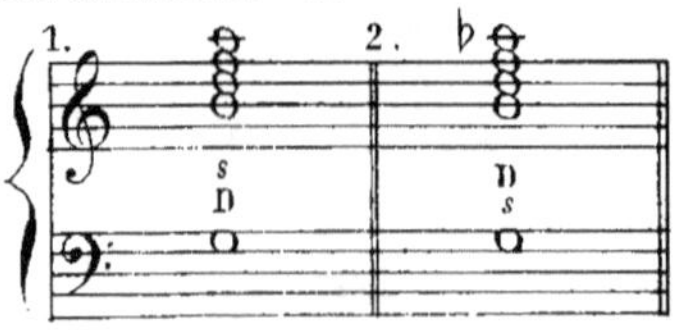

Dans le mode majeur, le *la* naturel substitution majeure et le *la* bémol substitution mineure peuvent être les appogiatures descendantes du *sol*; mais le *la* naturel dans le ton d'*ut* mineur, n'appartenant pas à la gamme descendante de ce ton, ne saurait être l'appogiature descendante du *sol* (voyez § 237).

264. On peut voir aux §§ 317, 335, 336 et 339 l'appogiature descendante mineure du deuxième degré employée dans le mode majeur, ce qui vient encore confirmer la règle contenue dans le § 237.

ORIGINE DES ACCORDS CONSONNANTS PLACÉS SUR CHACUN DES DEGRÉS DE LA GAMME.

265. Nous avons donné aux paragraphes 21 à 25 les positions que l'on assigne aux accords consonnants sur chacun des degrés de la gamme; il nous reste à démontrer le fondement des règles que nous avons posées.

266. Un accord parfait, pris isolément, donne le sentiment du repos absolu. Tous les autres accords consonnants ou dissonants qui viennent à sa suite sont dépourvus de ce caractère.

267. Le premier accord parfait qui est entendu indique le ton, et sa note de basse en est le premier degré.

268. Le mode est majeur si la tierce du premier accord est majeure. Il est mineur si sa tierce est mineure.

269. Les accords parfaits placés sur le deuxième, le quatrième, le cinquième et le sixième degré, de même que les accords de sixte, de sixte et quarte et tous les accords dissonants étant dépourvus du caractère du repos, on ne peut s'y arrêter longtemps, et l'on doit faire succéder à ces accords d'autres harmonies, pour arriver finalement à l'accord parfait du repos du premier degré, dont ils dérivent presque tous, soit directement, soit indirectement.

270. Il a été démontré (§§ 254 à 263) que l'accord de septième dominante et ses renversements, ces mêmes accords avec substitution et altération dérivent de l'*accord parfait du premier degré*.

Les accords consonnants ont la même origine.

Nous avons dit au § 21 qu'on place sur le premier degré de la gamme l'accord parfait et quelquefois l'accord de sixte et quarte; on obtient celui-ci en réunissant les appogiatures simples de l'accord parfait du premier degré. (Exemples 1 et 4.)

271. APPOGIATURES SIMPLES DE L'ACCORD PARFAIT DU PREMIER DEGRÉ.

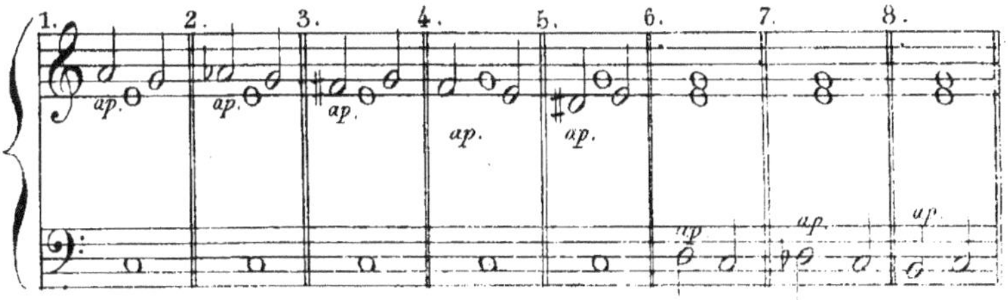

272. Accord de sixte et quarte et ses renversements formés au moyen des appogiatures simples des exemples 1 et 4 du paragraphe précédent.

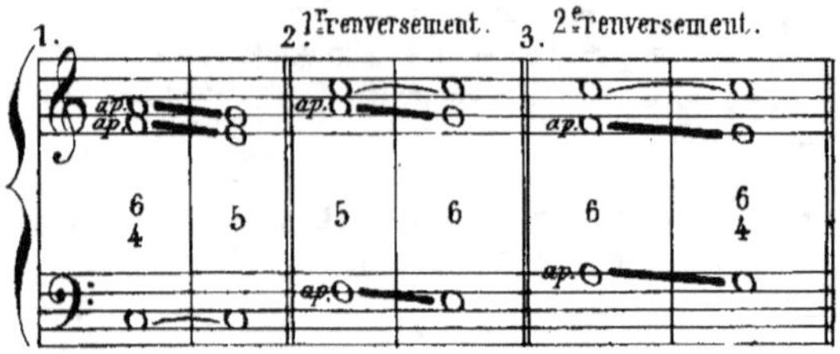

Les renversements nous donnent l'accord parfait placé sur le quatrième degré (voyez l'exemple 2 précédent) et l'accord de sixte du sixième degré (voyez l'exemple 3).

273. L'accord parfait du premier degré avec appogiature, exemple 1 du § 271, nous donne l'accord de sixte placé sur le premier degré. Par le renversement, on obtient l'accord de sixte et quarte du troisième degré et l'accord parfait mineur du sixième degré. Ex. :

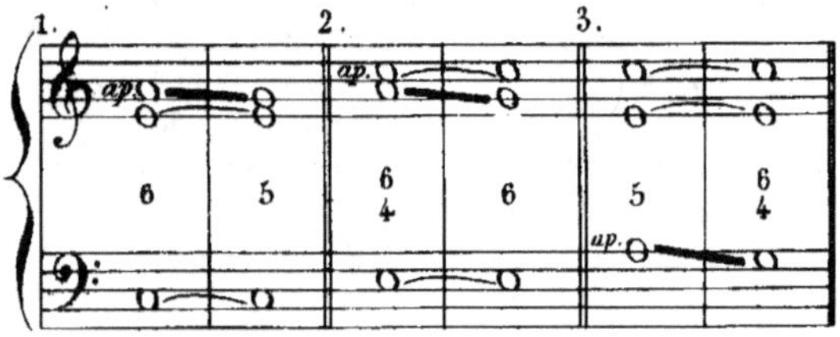

Le premier et le deuxième exemple sont peu usités. L'exemple 3 s'écrit souvent avec lab appogiature descendante mineure du cinquième degré.

274. En réunissant les appogiatures des exemples 4, 6 et 8 du § 271, on obtient l'accord de quinte mineure placé sur le septième degré. Les renversements de cet accord nous donnent l'accord de sixte du deuxième degré, l'accord de sixte et quarte majeure du quatrième degré et leur résolution naturelle (§ 275). Ex. :

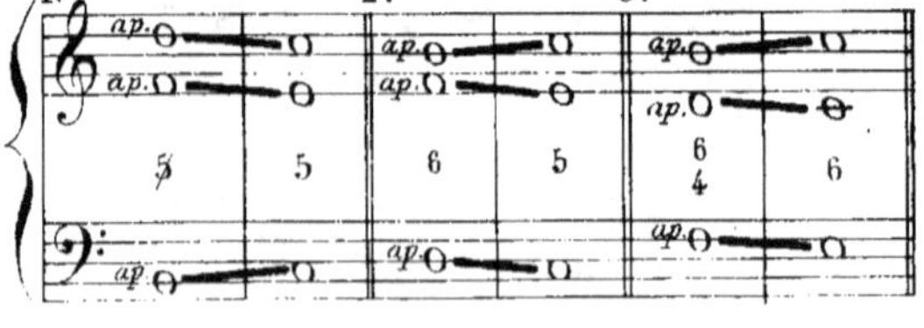

Ces trois accords sont incomplets (voyez au § 253 les conditions qu'un accord doit remplir pour qu'il soit complet), parce qu'en réunissant les appogiatures des exemples 4, 6 et 8 (§ 271) de l'accord parfait du premier degré, nous avons négligé la quinte *sol*, qui devrait faire partie de ces accords, et nous n'avons réuni que les appogiatures du *mi* et de l'*ut*. Le premier et le troisième exemple sont peu usités

275. On dit qu'un accord fait sa résolution naturelle, lorsque les appogiatures qui entrent dans la composition de cet accord reviennent à leur note réelle.

Nous marquons la résolution naturelle des notes appogiatures par un trait (—).

276. On obtient, au moyen des appogiatures des exemples 1, 4 et 6 du § 271, l'accord parfait mineur, placé sur le deuxième degré. Le premier et le deuxième renversement de cet accord nous donnent l'accord de sixte du quatrième degré et l'accord de sixte et quarte du sixième degré.

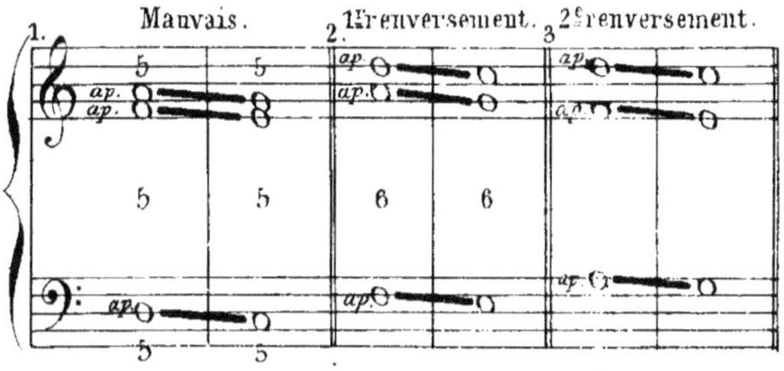

L'accord de sixte du deuxième exemple peut seul faire sa résolution naturelle. Le troisième exemple est inusité, parce que l'on est entraîné à faire deux quartes de suite entre la basse et une partie haute. La résolution naturelle (§ 275) du premier exemple, donnant lieu à deux quintes successives, ne peut être employé, comme nous le verrons aux §§ 293 et 294, que lorsque le deuxième degré n'est pas suivi du premier.

277. L'accord parfait avec appogiature (exemple 8 du § 271) nous donne l'accord de sixte et quarte du septième degré, l'accord parfait du troisième degré et l'accord de sixte de la dominante. Ex. :

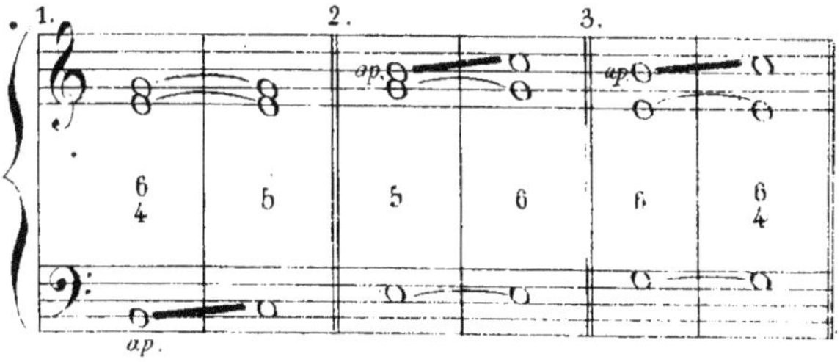

278. Les trois accords précédents ne sont guère employés qu'en progression.

279. En réunissant les appogiatures des exemples 6 et 8 du § 271, on obtient l'accord de **sixte** placé sur le septième degré. Le premier et le deuxième renversement nous donnent l'accord de sixte et quarte placé sur le deuxième degré et l'accord parfait du cinquième degré. Ex. :

Le *ré* peut être l'appogiature **ascendante** du *mi*. (Voyez § 255.)

280. Lorsque l'on écrit à quatre parties, et que dans un accord on double une note appogiature, l'une doit se résoudre sur sa note réelle, l'autre peut monter ou descendre. Ex. :

281. Le signe ~~~~ indique les appogiatures doublées qui ne se résolvent pas sur leur note réelle.

282. Nous avons trouvé au § 274 l'origine de l'accord de sixte placé sur le deuxième degré faisant sa résolution naturelle (§ 275) sur un accord incomplet.

Si l'on écrit à quatre parties, on peut, en doublant l'une des notes appogiatures résoudre l'accord de sixte du deuxième degré sur un accord complet. Ex. :

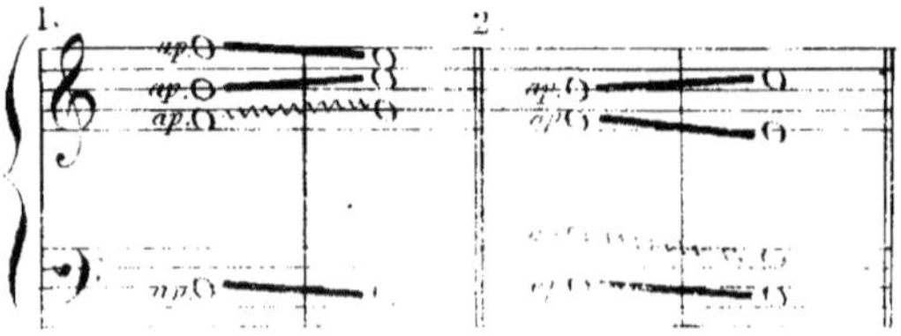

283. EXEMPLES D'APPOGIATURES DOUBLÉES DANS L'ACCORD DE SIXTE ET QUARTE PLACÉ SUR LE DEUXIÈME DEGRÉ.

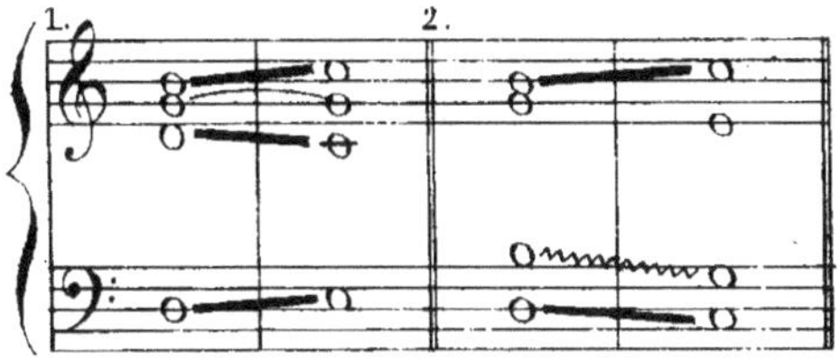

284. Très-souvent on passe du quatrième au cinquième degré en plaçant sur ce dernier un accord de sixte et quarte ; on doit autant que possible doubler la note de basse du premier accord en observant la règle énoncée au § 280. Ex. :

285. Il n'est pas toujours possible, lorsque l'on passe du quatrième au cinquième degré, de doubler le quatrième degré. Les exemples suivants sont tolérés :

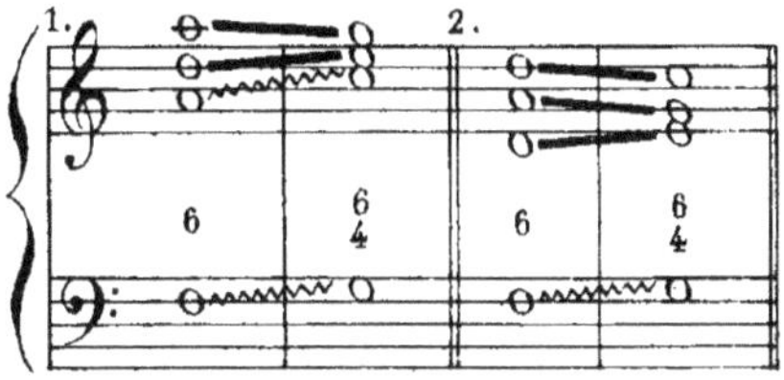

286. AUTRES RÉSOLUTIONS NATURELLES DE L'ACCORD PARFAIT ET DE L'ACCORD DE SIXTE PLACÉS SUR LE QUATRIÈME DEGRÉ.

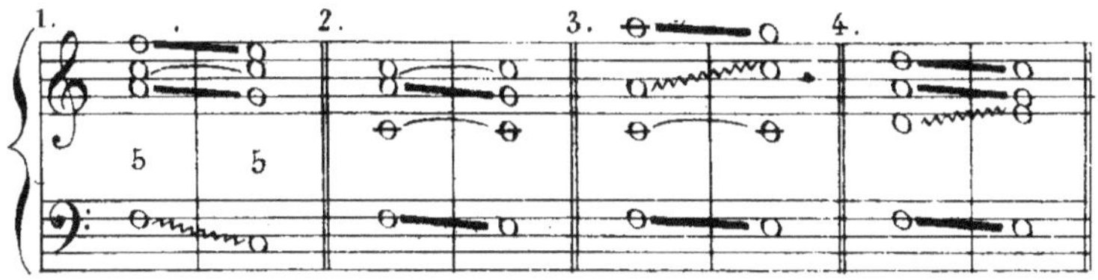

287. RÉSOLUTIONS NATURELLES DE L'ACCORD PARFAIT PLACÉ SUR LE CINQUIÈME DEGRÉ.

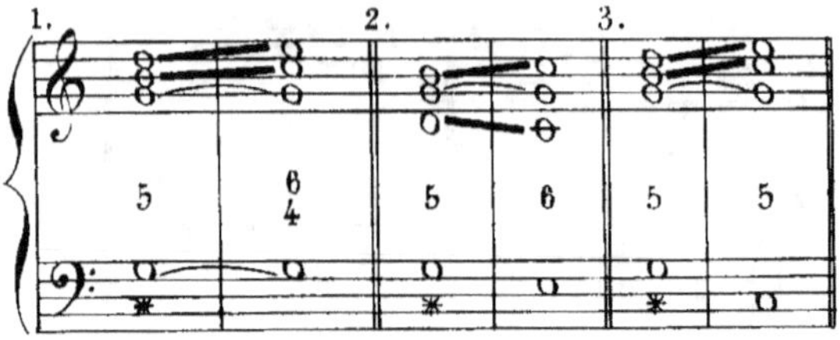

Les notes *sol* marquées d'un astérisque sont libres de rester en place, de monter ou de descendre, parce qu'elles ne sont pas à l'état d'appogiatures.

288. RÉSOLUTIONS NATURELLES DE L'ACCORD PARFAIT ET DE L'ACCORD DE SIXTE PLACÉS SUR LE SIXIÈME DEGRÉ.

289. RÉSOLUTIONS NATURELLES DE L'ACCORD DE SIXTE PLACÉ SUR LE SEPTIÈME DEGRÉ.

290. Il est à remarquer que les accords consonnants, formés au moyen des appogiatures simples de chacune des notes de l'accord parfait du premier degré, font tous leur résolution naturelle sur cet accord ou sur l'un de ses renversements ; au moment de la résolution, toutes les notes appogiatures doivent autant que possible revenir à leur note réelle, à moins qu'elles ne soient doublées. (Voyez § 280.)

291. En réunissant et en faisant entendre simultanément les appogiatures d'un accord parfait mineur, nous pouvons trouver, comme nous venons de le faire pour le mode majeur, l'origine de tous les accords du mode mineur qui dérivent directement de l'accord parfait mineur du premier degré.

292. Si l'on fait succéder à un accord consonnant formé par la réunion de plusieurs appogiatures de l'accord parfait du premier degré, un autre accord composé de la même manière, c'est-à-dire d'un accord formé au moyen des appogiatures de l'accord parfait du premier degré, les appogiatures du premier accord sont libres de monter ou de descendre par degré conjoint, et même de sauter de plus d'un degré. Ex. :

293. Nous avons vu au § 276 qu'on ne peut faire usage de l'accord parfait placé sur le deuxième degré suivi du premier, sans donner lieu à deux quintes de suite ; lorsque l'on écrit à quatre parties, il est possible, en doublant la note de basse de cet accord, de l'employer quand le deuxième degré monte au troisième.

RÉSOLUTION NATURELLE DE L'ACCORD PARFAIT DU DEUXIÈME DEGRÉ.

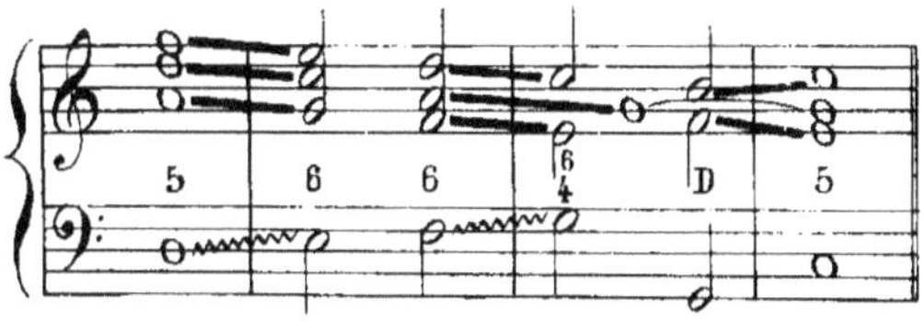

294. On peut employer l'accord parfait placé sur le deuxième degré, lorsque cet accord ne fait pas sa résolution naturelle (§ 292). Ex. :

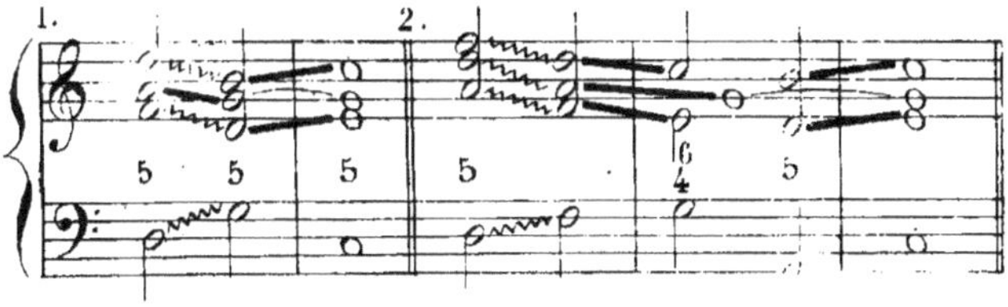

294 bis. En introduisant des notes appogiatures dans les accords dont nous venons de donner l'origine (voyez du § 251 au § 279), il est possible de former une nouvelle série d'accords.

Les accords que nous allons traiter avec appogiatures qui offrent le plus d'intérêt, sont : 1° l'accord de septième dominante ; 2° l'accord parfait du deuxième degré ; 3° l'accord parfait du quatrième degré ; 4° l'accord parfait du cinquième degré ; 5° l'accord de septième diminuée du premier degré.

DE L'ACCORD DE SEPTIÈME DOMINANTE ET SES DÉRIVÉS AVEC APPOGIATURES.

295. L'accord de septième dominante et ses dérivés, formés par la réunion des appogiatures de l'accord parfait du premier degré (voyez § 254), ont aussi, pour chacune de leurs notes, des appogiatures au moyen desquelles on peut former une série d'accords que nous allons examiner.

296. Si nous prenons pour exemple l'accord de septième dominante *sol, si, ré, fa* du ton d'*ut*, nous obtenons pour chacune des notes de cet accord les appogiatures suivantes :

APPOGIATURES DE L'ACCORD DE SEPTIÈME DOMINANTE, ET NOMS QUE L'ON DONNE A CHACUNE D'ELLES.

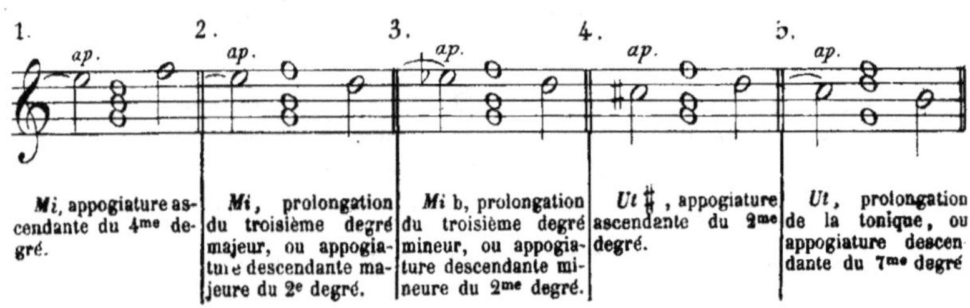

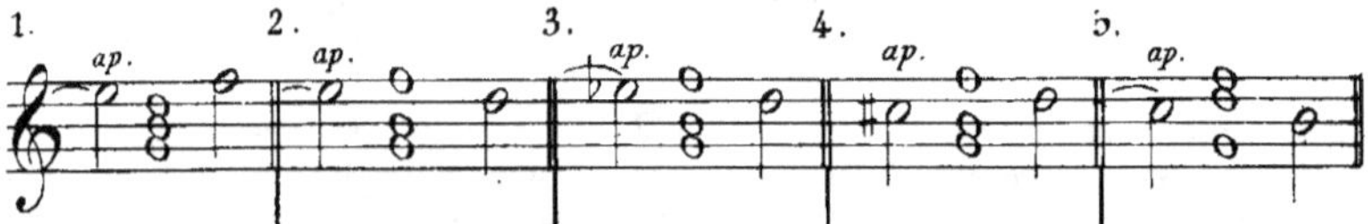

1.	2.	3.	4.	5.
Mi, appogiature ascendante du 4me degré.	***Mi***, prolongation du troisième degré majeur, ou appogiature descendante majeure du 2e degré.	***Mi*** b, prolongation du troisième degré mineur, ou appogiature descendante mineure du 2me degré.	***Ut*** ♯, appogiature ascendante du 2me degré.	***Ut***, prolongation de la tonique, ou appogiature descendante du 7me degré

6.	7.	8.	9.	10.	11.
La ♯, appogiature ascendante du 7me degré.	***La***, substitution majeure, ou appogiature descendante majeure du 5me degré.	***La*** b, substitution mineure, ou appogiature descendante mineure du 5me degré.	***Fa*** ♯, appogiature ascendante du 5me degré.	***Sol***, appogiature descendante majeure du 4me degré.	***Sol*** b, appogiature descendante mineure du 4me degré.

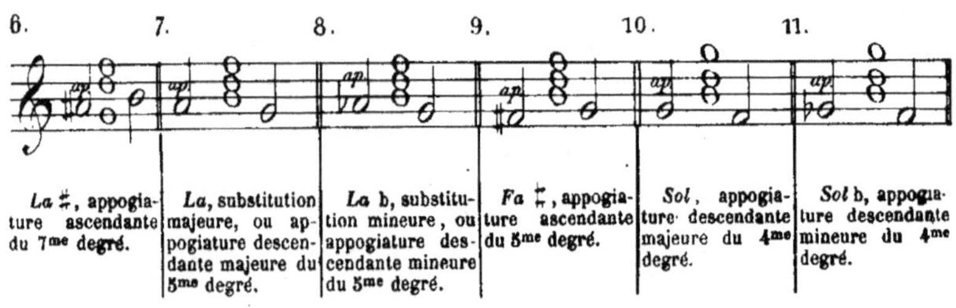

297. En introduisant dans l'accord de septième dominante et ses dérivés des notes appogiatures, il en est qui sont à l'état de dissonances, et, parmi celles-ci, les unes doivent être préparées (voyez les appogiatures exemples 1, 2, 3 et 5 précédents), les autres n'ont pas besoin de cette préparation ; tels sont les exemples 4, 7 et 8.

298. Les dissonances appogiatures ascendantes font leur résolution naturelle (§ 275) en montant d'un demi-ton.

299. Les dissonances produites par les appogiatures descendantes, la font en descendant d'un ton ou d'un demi-ton pour revenir à la note réelle.

DE L'APPOGIATURE ASCENDANTE DU DEUXIÈME DEGRÉ (*voyez* § 296, *ex.* 4; ut *dièse se résolvant sur* ré) **DANS L'ACCORD DE SEPTIÈME DOMINANTE** [1].

300. Quoique l'*ut* dièse soit à l'état de dissonance contre *si*, ces deux notes peuvent être entendues sans être préparées, soit qu'elles forment entre elles un intervalle de seconde (ex. 5), de septième (ex. 3), ou de neuvième (ex. 2). Ex. :

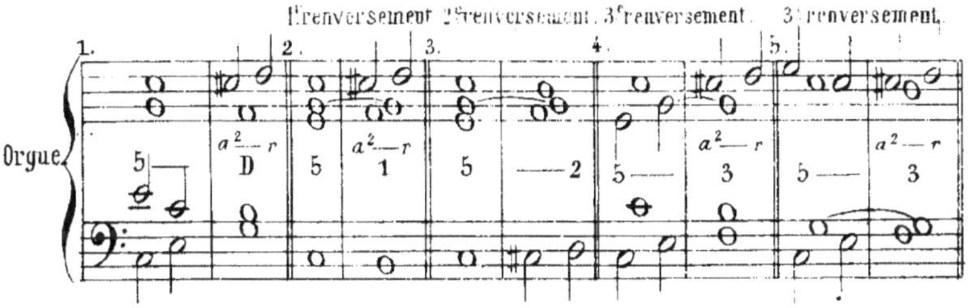

DE L'APPOGIATURE ASCENDANTE DU QUATRIÈME DEGRÉ (*voyez* § 296, *ex.* 1; mi *se résolvant sur* fa) **DANS L'ACCORD DE SEPTIÈME DOMINANTE.**

301. L'appogiature *mi*, dissonante contre *ré*, doit être préparée.

302. Afin d'éviter une dissonance de septième préparée par la note inférieure (§ 116), on doit placer l'appogiature *mi* au-dessus du *ré*, et à la distance de neuvième. Ex. :

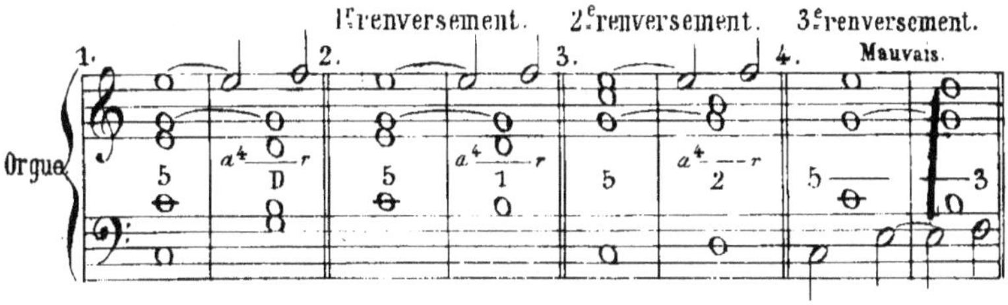

303. L'appogiature *mi* du quatrième exemple précédent ne peut être placée dans la basse, parce qu'il en résulte une dissonance de septième préparée par la note inférieure (§ 116). En préparant le *ré*, l'inconvénient disparaît. Ex. :

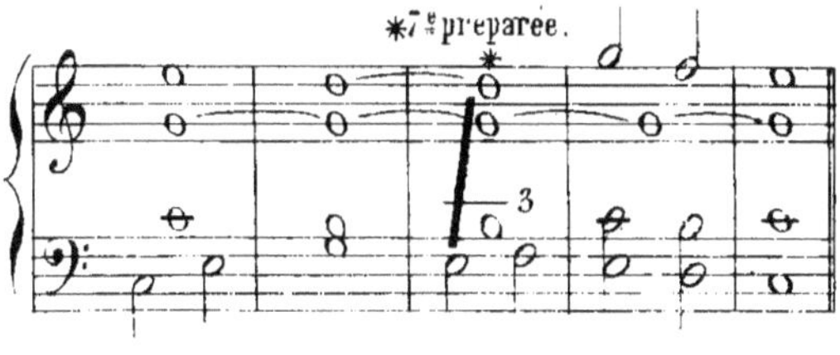

(1) Voyez au paragraphe 340 les signes dont nous nous servons pour désigner les appogiatures.

304. Si l'on ne plaçait pas le *mi* à la distance de neuvième du *ré*, comme nous venons de le dire au § 302, il en résulterait une dissonance de seconde préparée par la note supérieure, tandis que cette préparation doit avoir lieu par la note inférieure (§ 116). Ex.

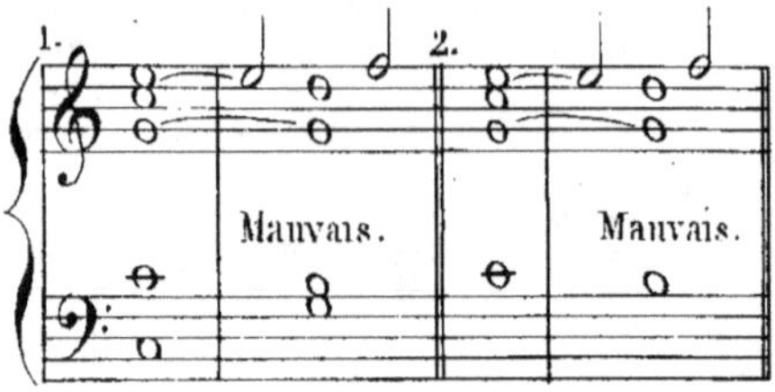

305. L'appogiature descendante du deuxième degré (voyez § 296, ex. 2, *mi* se résolvant sur *ré*) ayant été traitée antérieurement sous le nom de prolongation du troisième degré majeur dans l'accord de septième dominante et ses renversements (voyez §§ 97 à 99), nous n'avons plus à nous en occuper ici. Il en est de même de l'appogiature descendante mineure du deuxième degré. (Voyez § 100, *mi* b se résolvant sur *ré*.)

306. L'appogiature descendante du quatrième degré (voyez § 296, ex. 10) ne donnant lieu à aucune combinaison harmonique nouvelle, nous ne nous en occuperons que lorsqu'elle sera unie à d'autres appogiatures de l'accord de septième dominante. (Voyez les exemples des §§ 315, 317, 322, 326, 328, 329, 330, 338 et 339.)

307. Les appogiatures descendantes majeure et mineure du cinquième degré (voyez § 296, ex. 7 et 8) ont été traitées aux §§ 80 à 94 sous le nom de substitutions majeure et mineure.

308. L'appogiature ascendante du cinquième degré dans l'accord de septième dominante et ses dérivés (§ 296, ex. 9), *fa* ♯ se résolvant sur *sol*, étant contre *fa* à l'état de seconde diminuée ou de neuvième mineure (§ 185), ne peut être employée que comme appogiature mélodique, ou bien encore comme altération ascendante du quatrième degré (§ 159).

309. L'appogiature descendante du septième degré (voyez § 296, ex. 5, *ut* se résolvant sur *si*) a été traitée au § 96 sous le nom de prolongation de la tonique.

310. DE L'APPOGIATURE ASCENDANTE DU SEPTIÈME DEGRÉ (voyez § 296, ex. 6, *la* ♯ se résolvant sur *si*) DANS L'ACCORD DE SEPTIÈME DOMINANTE.

DES APPOGIATURES SIMULTANÉES DOUBLES

311. **RÉUNION DES APPOGIATURES ASCENDANTES DU 2me ET DU 4me DEGRÉ** (§ 296, ex. 1 et 4).

312. L'appogiature *mi*, unie à l'appogiature *ut* dièse, n'étant plus à l'état de dissonance contre *ré*, est susceptible d'être entendue sans préparation. (Voyez les exemples précédents.)

313. **APPOGIATURE ASCENDANTE DU QUATRIÈME DEGRÉ, UNIE A LA SUBSTITUTION MINEURE.** (Voyez § 296, ex. 1 et 8.)

314. Le *ré* marqué d'un astérisque (ex. 4), formant dissonance de septième contre *mi*, peut être attaqué sans préparation, l'accord dont il est une partie intégrante étant le même que celui de septième dominante du ton de *la*.

315. **RÉUNION DE L'APPOGIATURE DESCENDANTE MAJEURE DU 2me DEGRÉ ET DE L'APPOGIATURE DESCENDANTE MAJEURE DU 4me DEGRÉ.** (*Voyez* § 296, *ex.* 2 *et* 10.)

316. En réunissant les appogiatures *mi* et *sol* dans l'accord de septième dominante et ses dérivés, le *mi*, n'étant plus à l'état de dissonance contre *fa*, peut être attaqué sans préparation. (Voyez les exemples précédents et ceux qui suivent.)

317. **RÉUNION DE L'APPOGIATURE DESCENDANTE MINEURE DU 2me DEGRÉ ET DE L'APPOGIATURE DESCENDANTE MAJEURE DU 4me DEGRÉ.** (*Voyez* § 296, *ex.* 3 *et* 10.)

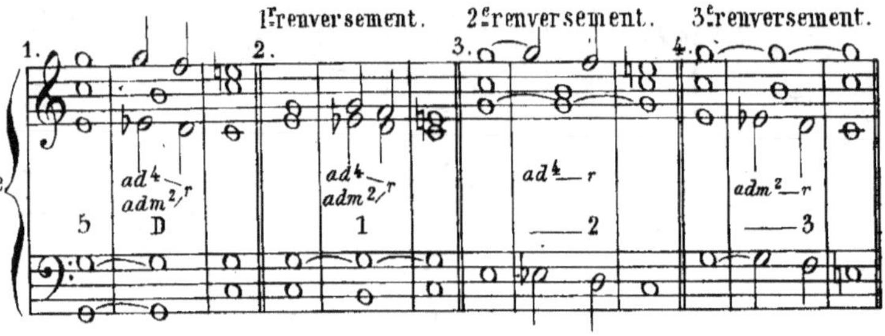

L'appogiature descendante mineure du deuxième degré peut être employée dans les deux modes; l'accent de tristesse de cette appogiature a quelque chose de plus poignant dans le mode majeur que dans le mode mineur.

318. **APPOGIATURE ASCENDANTE DU 2me DEGRÉ, UNIE A LA PROLONGATION DE LA TONIQUE** (*voyez* § 296, *ex.* 4 *et* 5) **DANS L'ACCORD DE SEPTIÈME DOMINANTE.**

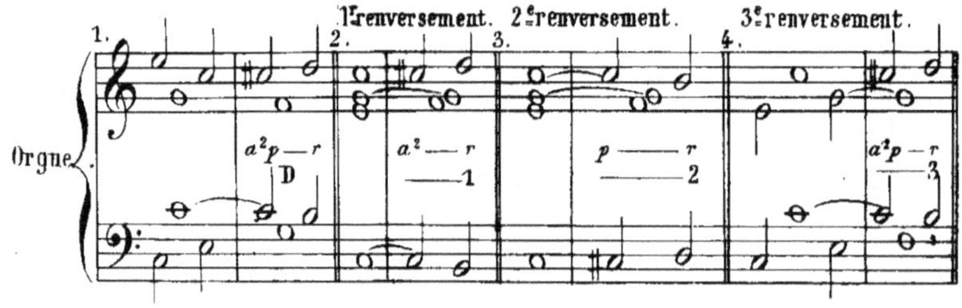

319. Dans les exemples précédents, on doit éviter l'octave diminuée en plaçant l'*ut* dièse au-dessus de l'*ut* naturel. Lorsque l'*ut* dièse se trouve dans la basse (voyez l'exemple 3 précédent), l'octave diminuée est tolérée. Les exemples suivants sont vicieux :

320. RÉUNION DES APPOGIATURES ASCENDANTES DU 2me ET DU 7me DEGRÉ (§ 296, *ex.* 4 *et* 6) DANS L'ACCORD DE SEPTIÈME DOMINANTE.

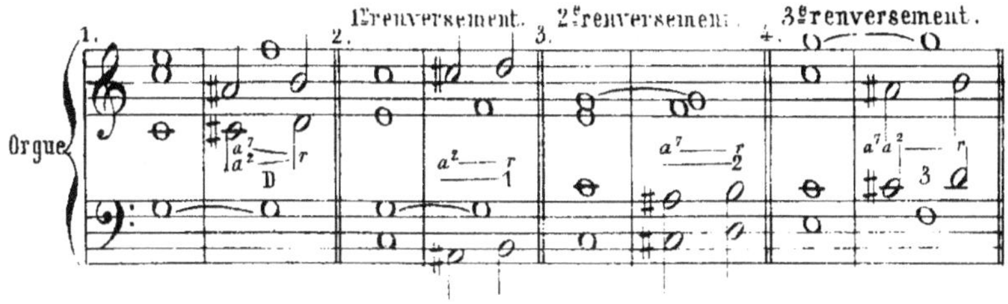

321. APPOGIATURE ASCENDANTE DU 2me DEGRÉ, UNIE A LA SUBSTITUTION MINEURE. (*Voyez* § 296, *ex.* 4 *et* 8)

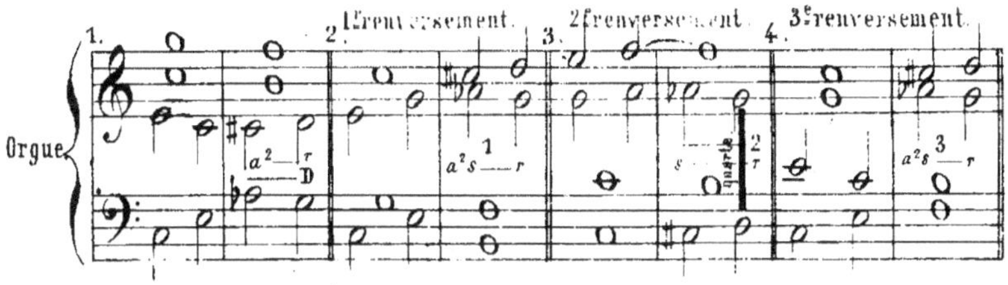

La quarte non préparée (voyez l'exemple 3 précédent) peut être tolérée, parce qu'elle a lieu par mouvement conjoint et contraire. (Voyez un autre exemple de la quarte non préparée § 337, ex. 3.)

322. APPOGIATURE ASCENDANTE DU DEUXIÈME DEGRÉ, UNIE A L'APPOGIATURE DESCENDANTE MAJEURE DU QUATRIÈME DEGRÉ. (*Voyez* § 296, *ex.* 4 *et* 10.)

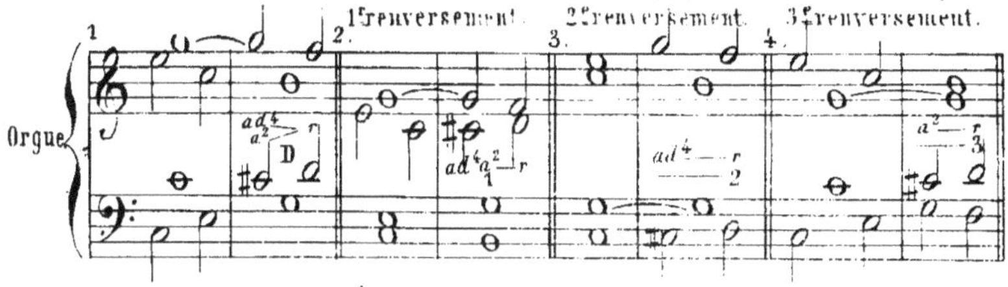

323. APPOGIATURE ASCENDANTE DU SEPTIÈME DEGRÉ, UNIE A LA SUBSTITUTION MAJEURE. (*Voyez* § 296, *ex.* 6 *et* 7.)

Dans les exemples précédents, la [illegible]

324. APPOGIATURE ASCENDANTE DU 7me DEGRÉ, UNIE A LA SUBSTITUTION MINEURE. (*Voyez* § 296, *ex.* 6 *et* 8.)

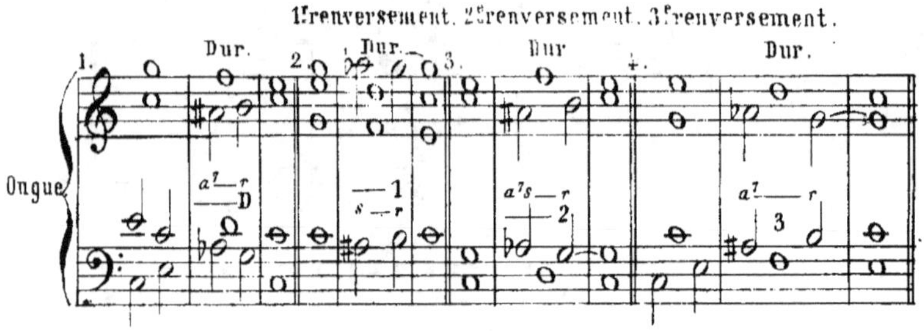

325. On ne peut guère faire usage de l'appogiature ascendante du septième degré unie à la substitution mineure, qu'en plaçant dans la basse la tonique ou la dominante (voyez § 423, ex. 10); sans cette adjonction, on semble vouloir moduler en *mi* bémol, et l'on tombe ainsi dans l'incertitude sur le ton.

326. APPOGIATURE DESCENDANTE MAJEURE DU 4me DEGRÉ, UNIE A LA SUBSTITUTION MINEURE. (*Voyez* § 296, *ex.* 8 *et* 10.)

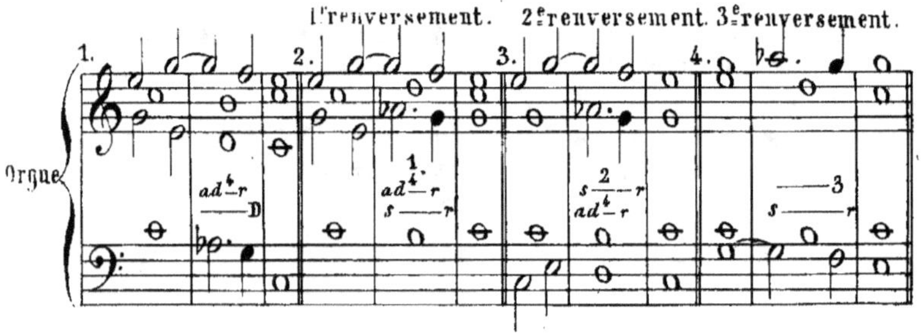

Le *sol* dissonant contre *la* b doit être préparé. (Voyez les quatre exemples précédents.

L'exemple suivant est vicieux :

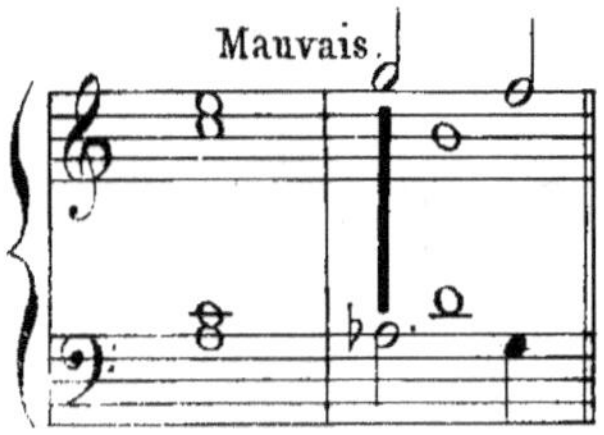

DES APPOGIATURES SIMULTANÉES TRIPLES DANS L'ACCORD DE SEPTIÈME DOMINANTE ET DANS SES RENVERSEMENTS.

327. RÉUNION DES APPOGIATURES ASCENDANTES DU 2me, DU 4me ET DU 7me DEGRÉ. (*Voyez* § 296, *ex.* 1, 4 *et* 6.)

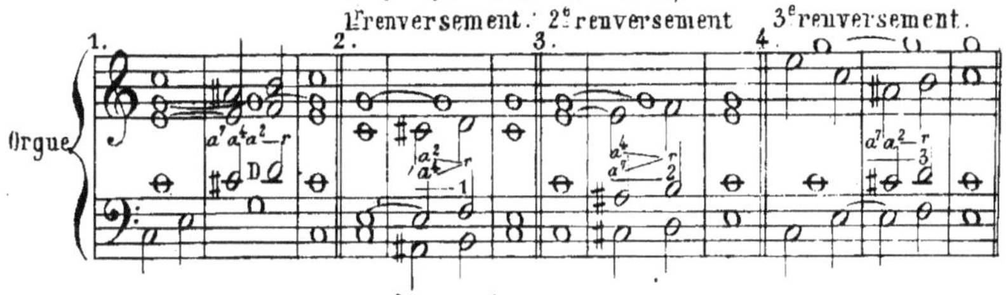

327 bis APPOGIATURE ASCENDANTE DU 4me DEGRÉ, UNIE A LA SUBSTITUTION MINEURE ET A LA PROLONGATION DE LA TONIQUE. (*Voyez* § 296, *ex.* 1, 5 *et* 8.)

328. RÉUNION DE L'APPOGIATURE ASCENDANTE DU 7me DEGRÉ ET DES APPOGIATURES DESCENDANTES MAJEURES DU 2me ET DU 4me DEGRÉ. (§ 296, *ex.* 2, 6 *et* 10.)

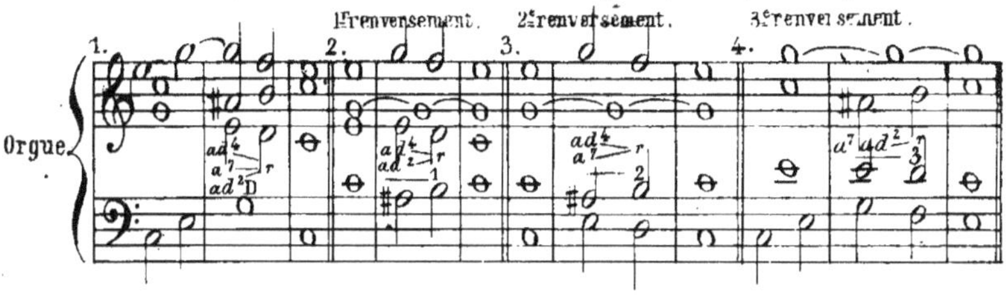

329. APPOGIATURE ASCENDANTE DU 7me DEGRÉ, UNIE A L'APPOGIATURE DESCENDANTE MAJEURE DU 4me DEGRÉ ET A L'APPOGIATURE DESCENDANTE MINEURE DU 2me DEGRÉ. (§ 296, *ex.* 3, 6 *et* 10.)

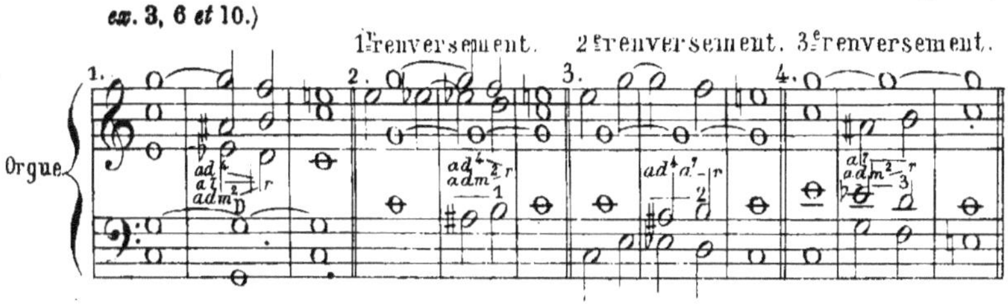

330. RÉUNION DES APPOGIATURES ASCENDANTES DU 2me ET DU 7me DEGRÉ ET DE L'APPOGIATURE DESCENDANTE MAJEURE DU 4me DEGRÉ. (§ 296, *ex.* 4, 6 *et* 10.)

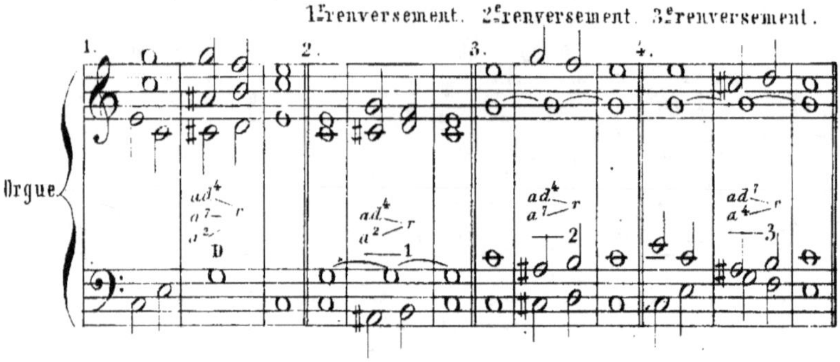

331. RÉUNION DE LA PROLONGATION DE LA TONIQUE, DE LA SUBSTITUTION MAJEURE ET DE L'APPOGIATURE DESCENDANTE MINEURE DU 4me DEGRÉ. (§ 296, *ex.* 5, 7 *et* 11.)

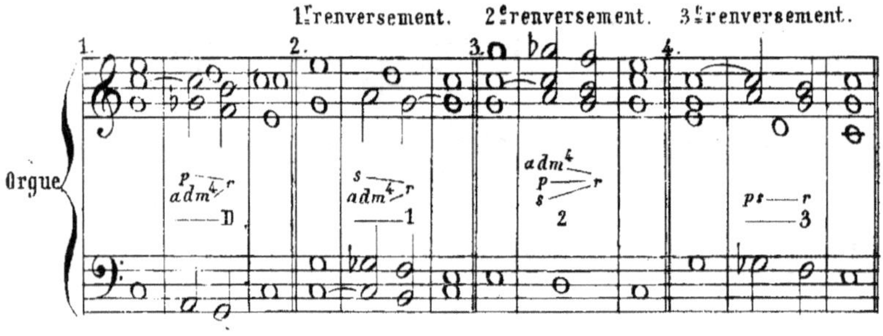

332. RÉUNION DE LA PROLONGATION DE LA TONIQUE, DE LA SUBSTITUTION MINEURE, ET DE L'APPOGIATURE DESCENDANTE MINEURE DU 4me DEGRÉ. (§ 296 *ex.* 5, 8 *et* 11.)

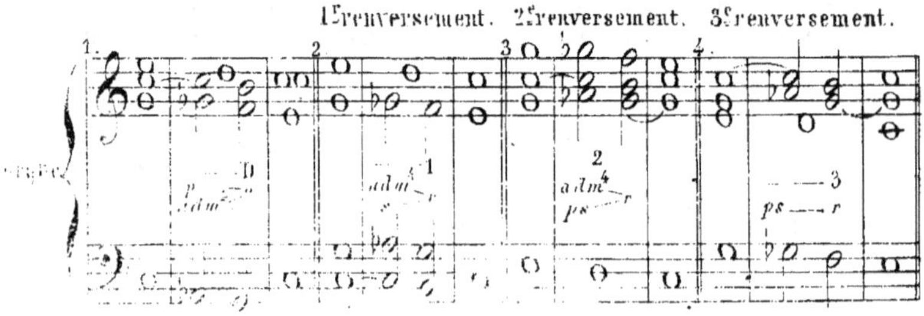

DES APPOGIATURES SIMULTANÉES QUADRUPLES DANS L'ACCORD DE SEPTIÈME DOMINANTE ET DANS SES RENVERSEMENTS.

333. APPOGIATURE DESCENDANTE MINEURE DU 4me DEGRÉ, APPOGIATURE DESCENDANTE MAJEURE DU 2me DEGRÉ, UNIES A LA SUBSTITUTION MAJEURE ET A LA PROLONGATION DE LA TONIQUE. (§ 296, *ex.* 2, 5, 7 *et* 11.)

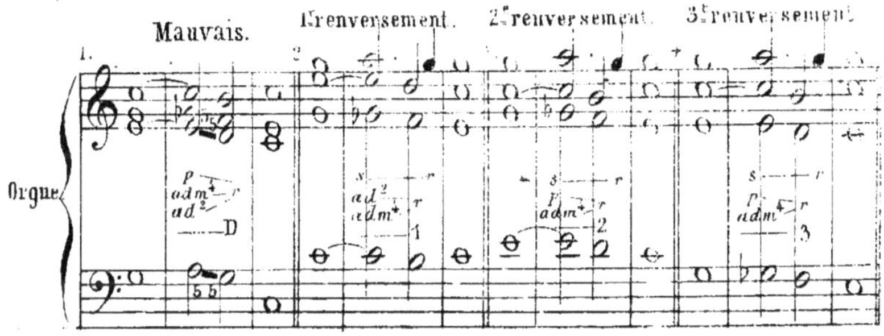

334. APPOGIATURE DESCENDANTE MINEURE DU 4me DEGRÉ, APPOGIATURE DESCENDANTE MAJEURE DU 2me DEGRÉ, UNIES A LA SUBSTITUTION MINEURE ET A LA PROLONGATION DE LA TONIQUE. (§ 296, *ex.* 2, 5, 8 *et* 11.)

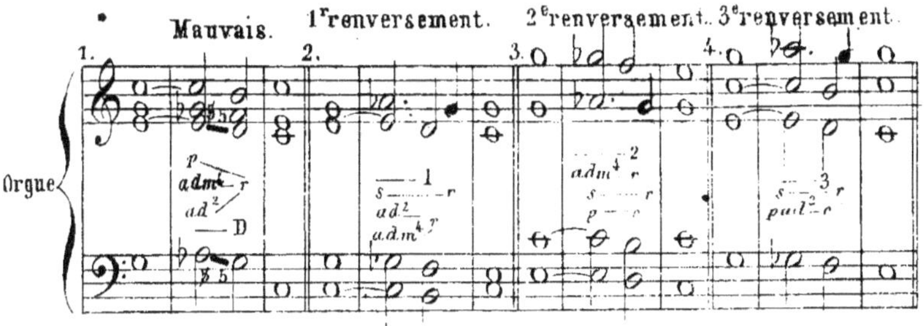

335. APPOGIATURES DESCENDANTES MINEURES DU 2me ET DU 4me DEGRÉ, UNIES A LA SUBSTITUTION MAJEURE ET A LA PROLONGATION DE LA TONIQUE. (§ 296, *ex.* 3, 5 7, *et* 11.)

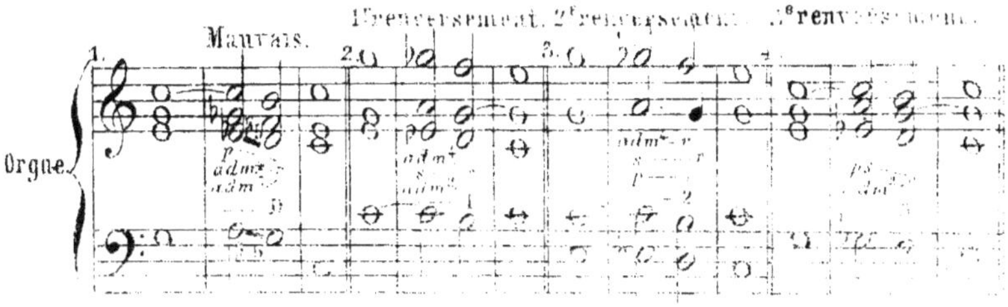

336. APPOGIATURES DESCENDANTES MINEURES DU 2me ET DU 4me DEGRÉ, UNIES A LA SUBSTITUTION MINEURE ET A LA PROLONGATION DE LA TONIQUE. (§ 296, *ex.* 3, 5, 8 *et* 11.)

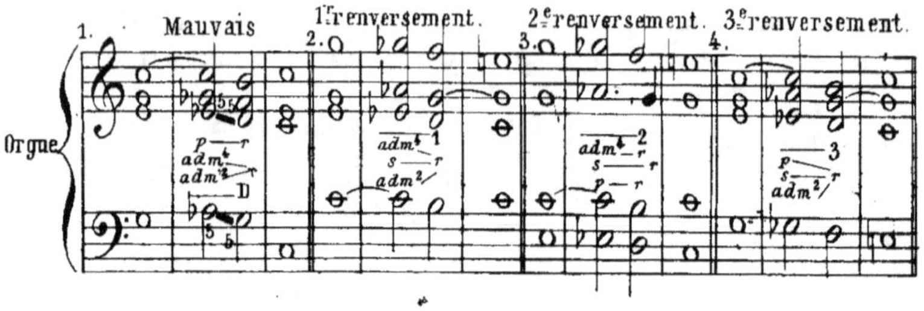

Les accords précédents avec appogiatures simultanées quadruples (§ 335 et 336) trouvent encore leur origine dans l'accord parfait du premier degré (voyez §§ 258 et 259); ils ne diffèrent que par leur résolution.

337. APPOGIATURES ASCENDANTES DU 2me, DU 4me ET DU 7me DEGRÉ, UNIES A LA SUBSTITUTION MAJEURE. (§ 296, *ex.* 1, 4, 6 *et* 7.)

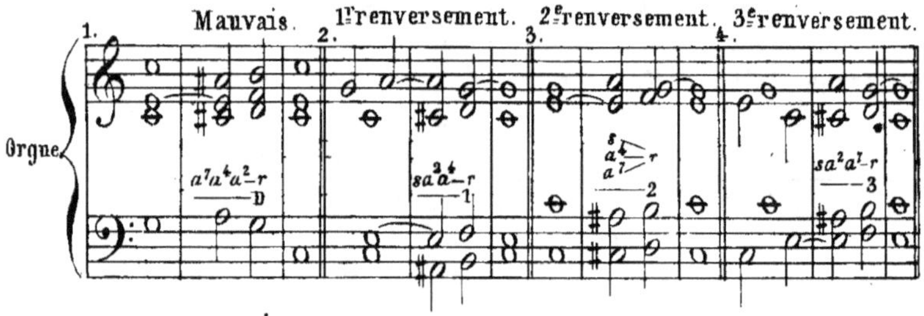

On doit éviter la seconde diminuée non préparée qui peut se produire entre *la* naturel et *la* dièse, en plaçant celui-ci au-dessous du *la* naturel. (Voyez les exemples 2, 3 et 4 précédents.)

L'exemple 1 précédent est défectueux.

338. APPOGIATURES ASCENDANTES DU 2me ET DU 7me DEGRÉ, UNIES AUX APPOGIATURES DESCENDANTES MAJEURES DU 2me ET DU 4me DEGRÉ. (§ 296, *ex.* 2, 4, 6 *et* 10.)

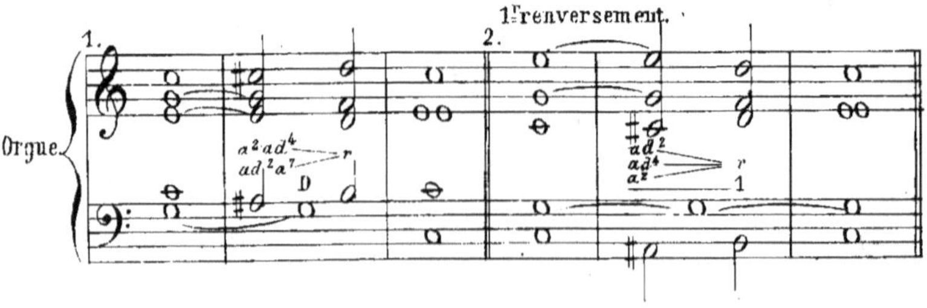

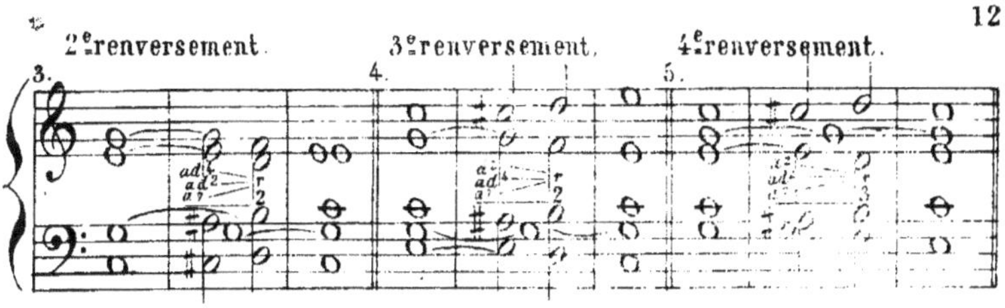

339. APPOGIATURES ASCENDANTES DU 2me ET DU 7me DEGRÉ, UNIES A L'APPOGIATURE DESCENDANTE MAJEURE DU 4me DEGRÉ ET A L'APPOGIATURE DESCENDANTE MINEURE DU 2me DEGRÉ. (§ 296, *ex.* 3, 4, 6 *et* 10.)

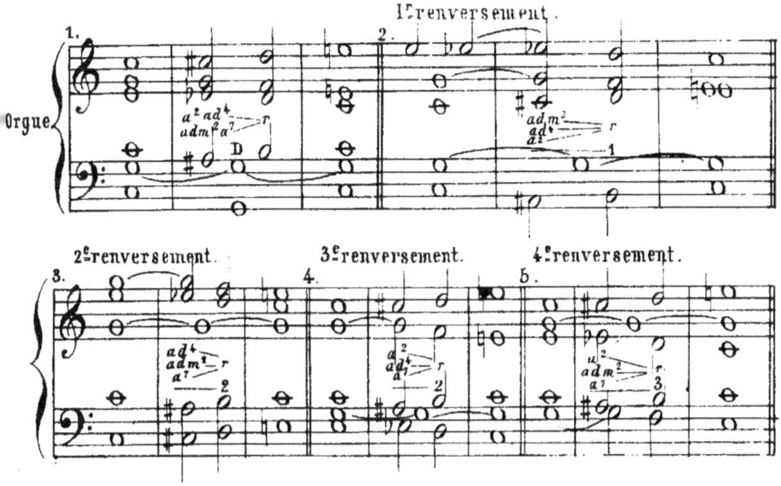

340. Les signes dont nous nous servons pour indiquer les notes appogiatures sont les suivants :

Les appogiatures ascendantes du deuxième, du quatrième et du septième **degré se désignent respectivement par** a^2, a^4, a^7.

L'appogiature descendante majeure du quatrième degré, *sol* se résolvant sur *fa* (voyez les exemples des paragraphes 315, 317, 322, 326, 328, 329, 338 et 339), se désigne par ad^4.

L'appogiature descendante mineure du quatrième degré, *sol* b se résolvant sur *fa* (voyez les exemples des paragraphes 331 à 336), se désigne par adm^4.

Lorsque l'appogiature descendante majeure du deuxième degré *mi*, se résolvant sur *ré*, ne doit pas être préparée (voyez les exemples des paragraphes 315, 328 et 330), au lieu de la désigner par *p*'' (voyez les exemples du paragraphe 99), il est plus rationnel de l'indiquer par ad^2, c'est-à-dire appogiature descendante majeure du deuxième degré.

La résolution naturelle des notes appogiatures se désigne par la lettre *r*.

341. Lorsque l'appogiature descendante du deuxième degré n'est séparée de sa note réelle que d'un demi-ton et que cette appogiature ne doit pas être préparée, on l'indique par adm^2, c'est-à-dire appogiature descendante mineure du deuxième degré. (Voyez les exemples des paragraphes 317, 323, 333, 336 et 339.)

DE L'ACCORD PARFAIT DU DEUXIÈME DEGRÉ ET DE SES RENVERSEMENTS AVEC APPOGIATURES.

342. EXEMPLES DES NOTES APPOGIATURES DE L'ACCORD PARFAIT DU 2me DEGRÉ (*ton d'ut majeur*).

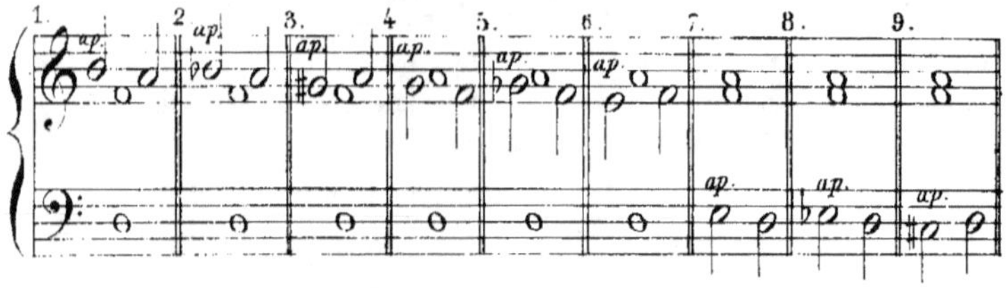

343. En réunissant les notes appogiatures d'un accord, on doit, comme nous l'avons fait précédemment, éviter les *fausses relations*, *les dissonances non préparées* (excepté toutefois celles qui peuvent être attaquées sans préparation), les intervalles de *seconde mineure*, de *tierce diminuée*, en un mot, toutes les successions vicieuses.

DES APPOGIATURES SIMULTANÉES DOUBLES DANS L'ACCORD PARFAIT DU DEUXIÈME DEGRÉ ET DANS SES RENVERSEMENTS.

344. RÉUNION DE L'APPOGIATURE DESCENDANTE MAJEURE DU 6me DEGRÉ ET DE L'APPOGIATURE ASCENDANTE DU 6me DEGRÉ. (§ 342, *ex.* 1 *et* 3.)

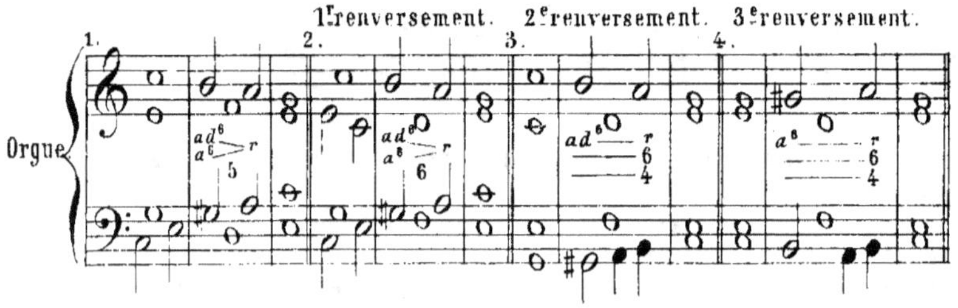

DES APPOGIATURES SIMULTANÉES TRIPLES DANS L'ACCORD PARFAIT DU DEUXIÈME DEGRÉ ET DANS SES RENVERSEMENTS.

345. RÉUNION DES APPOGIATURES DESCENDANTES MAJEURES DU 4me et DU 2me DEGRÉ ET DE L'APPOGIATURE ASCENDANTE DU 2me DEGRÉ. (§ 342, *ex.* 4, 7 *et* 9.)

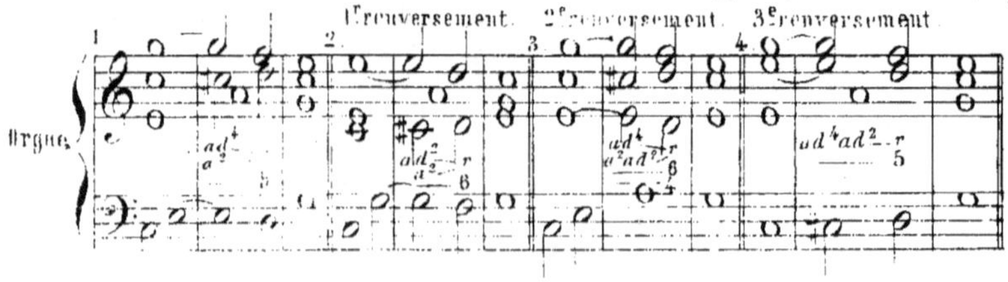

346. RÉUNION DE L'APPOGIATURE DESCENDANTE MAJEURE DU 4me DEGRÉ, DE L'APPOGIATURE DESCENDANTE MINEURE DU 2me DEGRÉ ET DE L'APPOGIATURE ASCENDANTE DU 2me DEGRÉ. (§ 342, *ex.* 4, 8 *et* 9.)

347. Dans les exemples précédents, on doit placer l'*ut* ♮ au-dessus du *mi* b, afin d'éviter l'intervalle de tierce diminuée. L'exemple 4 est toléré.

DES APPOGIATURES SIMULTANÉES QUADRUPLES DANS L'ACCORD PARFAIT DU DEUXIÈME DEGRÉ ET DANS SES RENVERSEMENTS.

348. RÉUNION DES APPOGIATURES DESCENDANTES MAJEURES DU 2me, DU 4me DEGRÉ, DE L'APPOGIATURE DESCENDANTE MINEURE DU 6me DEGRÉ, ET DE L'APPOGIATURE ASCENDANTE DU 2me DEGRÉ. (§ 342, *ex.* 2, 4, 7 *et* 9.)

La quarte *la, ré,* du quatrième exemple, peut être attaquée sans préparation, les deux notes *la, ré,* étant prises et laissées par mouvement conjoint.

349. L'exemple 2, vicieux dans le mode majeur, peut avoir lieu dans le mode mineur. Ex. :

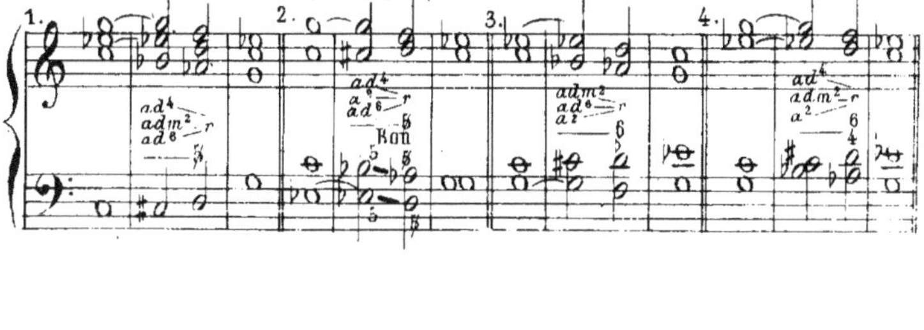

350. Il est possible, dans l'accord de sixte du quatrième degré, d'introduire des notes appogiatures, conjointement avec la dissonance de neuvième. Ex. :

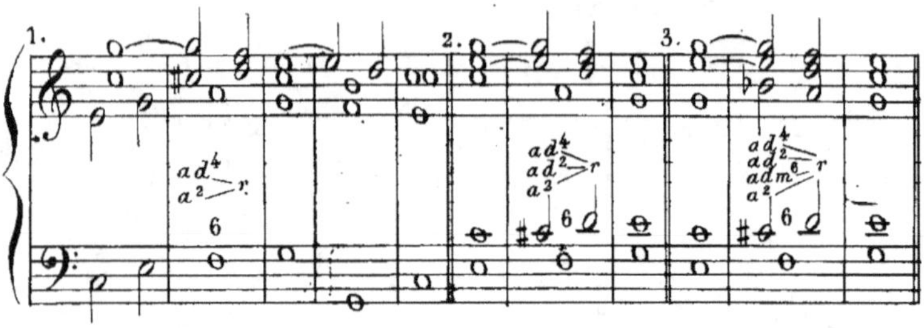

DE L'ACCORD PARFAIT DU QUATRIÈME DEGRÉ ET DE SES RENVERSEMENTS AVEC APPOGIATURES.

351. EXEMPLES DES NOTES APPOGIATURES DE L'ACCORD PARFAIT DE 4me DEGRÉ (*ton d'ut majeur*).

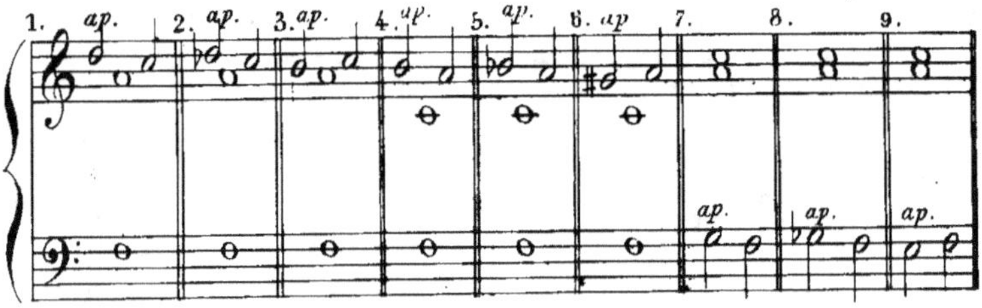

352. DES APPOGIATURES SIMULTANÉES DOUBLES DANS L'ACCORD PARFAIT DU QUATRIÈME DEGRÉ ET DANS SES RENVERSEMENTS.

RÉUNION DE L'APPOGIATURE DESCENDANTE DU PREMIER DEGRÉ ET DE L'APPOGIATURE ASCENDANTE DU 6me DEGRÉ. (§ 351, *ex.* 1 *et* 6.)

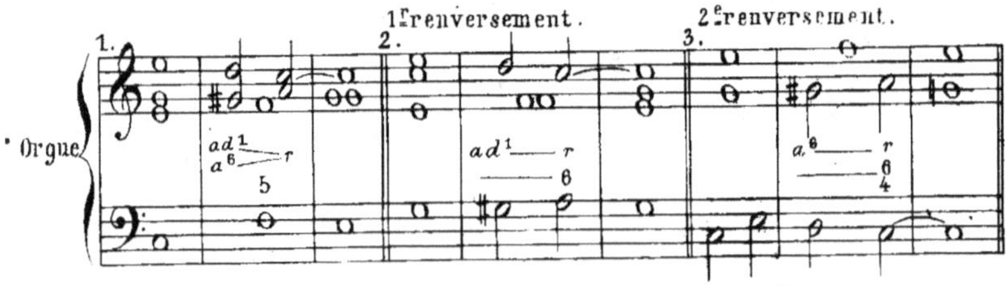

353. RÉUNION DES APPOGIATURES ASCENDANTE ET DESCENDANTE DU 6me DEGRÉ (§ 351, *ex.* 4 *et* 6.)

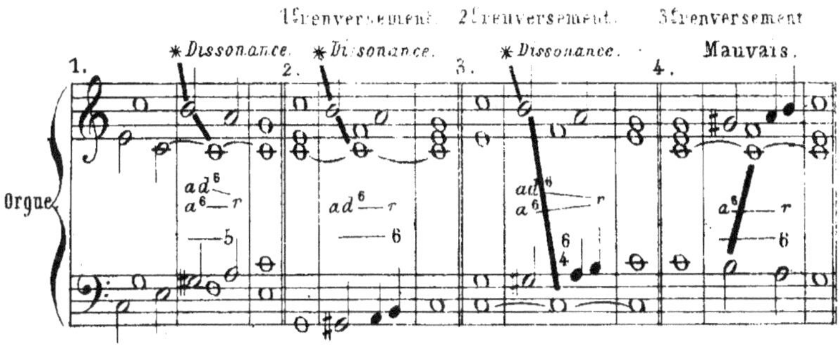

La dissonance de septième *si* contre *ut* peut être attaquée sans préparation, parce qu'elle est précédée d'une note formant avec cette dissonance un intervalle de seconde supérieure. (Voyez aux paragraphes 395 et 396 ce que nous disons relativement à la préparation de certaines dissonances.)

L'exemple 4 précédent est vicieux, le *si* formant contre l'*ut* un intervalle de seconde mineure dont l'effet désagréable n'est pas même supportable en préparant l'*ut*.

DES APPOGIATURES SIMULTANÉES TRIPLES DANS L'ACCORD PARFAIT DU QUATRIÈME DEGRÉ (*ton d'*ut *majeur*).

354. RÉUNION DES APPOGIATURES ASCENDANTES DU 4me ET DU 6me DEGRÉ ET DE L'APPOGIATURE DESCENDANTE DU 6me DEGRÉ. (§ 351, *ex.* 4, 6 *et* 9.)

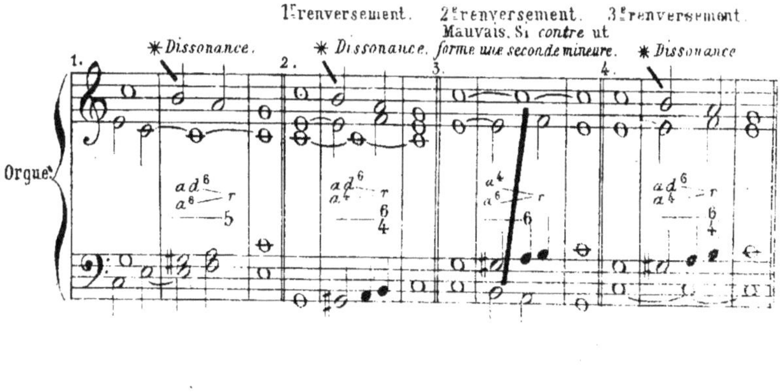

355. RÉUNION DES APPOGIATURES ASCENDANTES DU 4me ET DU 6me DEGRÉ ET DE L'APPOGIATURE DESCENDANTE DU 1er DEGRÉ. (§ 351, *ex.* 1, 6 *et* 9.)

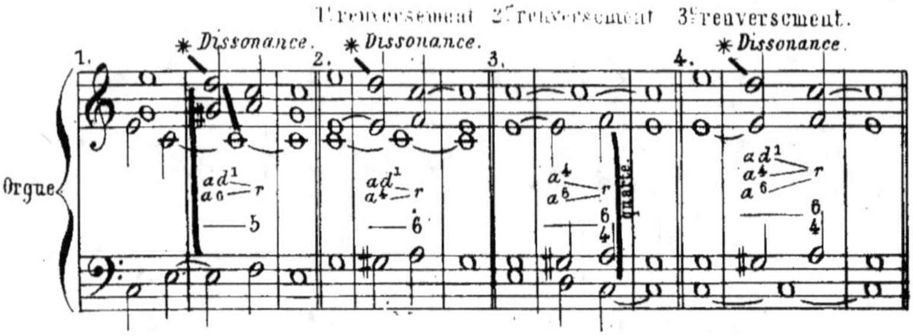

Les dissonances *ré* contre *ut*, et *ré* contre *mi*, peuvent être attaquées sans préparation (voyez § 395). Il en est de même de la quarte *ut*, *fa*, du troisième exemple, les deux notes *ut* et *fa* étant prises et laissées par mouvement conjoint.

DES APPOGIATURES SIMULTANÉES QUADRUPLES DANS L'ACCORD PARFAIT DU QUATRIÈME DEGRÉ (*ton d'ut majeur*).

356. RÉUNION DES APPOGIATURES ASCENDANTES DU 4me ET DU 6me DEGRÉ ET DES APPOGIATURES DESCENDANTES DU 1er ET DU 6me DEGRÉ. (§ 351, *ex.* 1, 4, 6 *et* 9.)

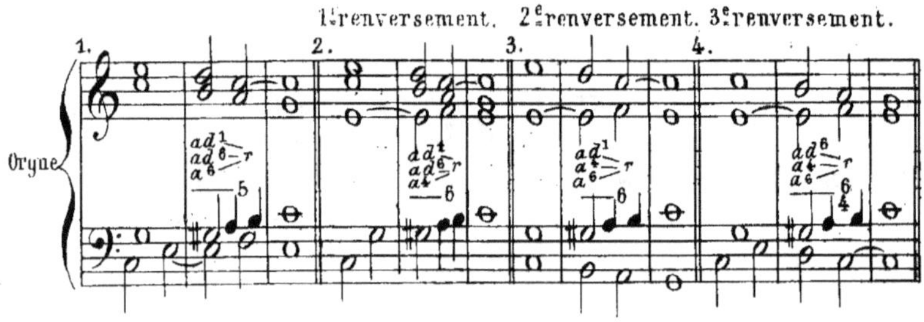

357. Dans l'accord de sixte et quarte du premier degré, on peut faire entendre simultanément quatre appogiatures. Ex. :

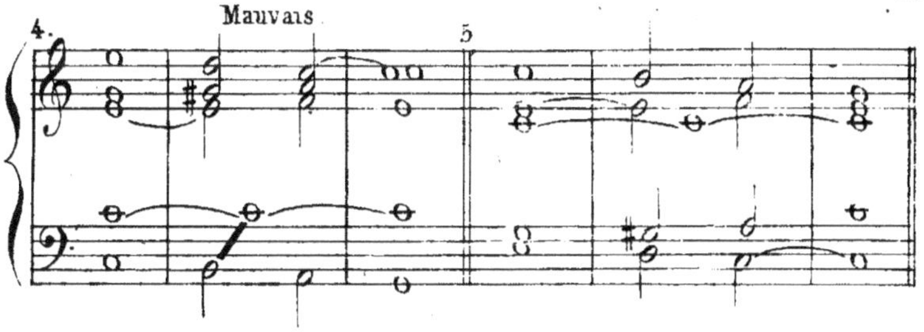

358. L'accord de sixte et quarte précédent avec appogiatures (ex. 1) peut aussi être considéré comme un accord parfait du quatrième degré avec appogiatures quadruples et adjonction de la tonique dans la basse. (Voyez § 427, ex. 5 et supprimez la dominante *sol*.)

DE L'ACCORD PARFAIT DU CINQUIÈME DEGRÉ AVEC APPOGIATURES.

359. EXEMPLES DES APPOGIATURES DE L'ACCORD PARFAIT DU 5me DEGRÉ (*ton d'*ut *majeur*).

360. Les accords formés au moyen de la réunion des appogiatures de l'accord parfait du cinquième degré ayant beaucoup d'analogie avec ceux que l'on obtient en réunissant les appogiatures de l'accord de septième dominante (voyez du § 300 au § 339), nous n'en donnerons que quelques exemples.

ACCORD PARFAIT DU CINQUIÈME DEGRÉ AVEC APPOGIATURES SIMPLES, DOUBLES ET TRIPLES.

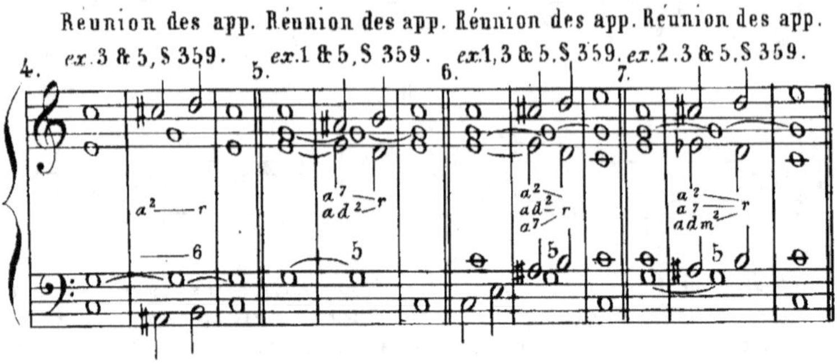

361. Nous négligeons de grouper ici les notes appogiatures dans l'accord parfait du troisième et du sixième degré, les harmonies qui en résultent jetant du doute sur la tonalité.

362. On a vu au paragraphe 274 que l'accord de quinte mineure du septième degré est incomplet, parce que dans la réunion des notes appogiatures de l'accord parfait du premier degré, d'où il tire son origine, la quinte de cet accord avait été supprimée.

On peut obtenir un grand nombre d'accords qui, naturellement, seront incomplets, en réunissant les notes appogiatures de l'accord de quinte mineure du septième degré; il suffit pour cela de prendre les accords formés au moyen des notes appogiatures de l'accord de septième dominante (voyez ces accords du § 300 au § 339), et de supprimer la dominante ou les appogiatures de cette note, partout où elles se trouvent.

DE L'ACCORD DE SEPTIÈME DIMINUÉE DU PREMIER DEGRÉ ET DE SES RENVERSEMENTS AVEC APPOGIATURES. (*Voyez l'origine de cet accord, § 258.*)

363. EXEMPLES DES NOTES APPOGIATURES DE L'ACCORD DE SEPTIÈME DIMINUÉE DU 1er DEGRÉ (*ton d'ut majeur*).

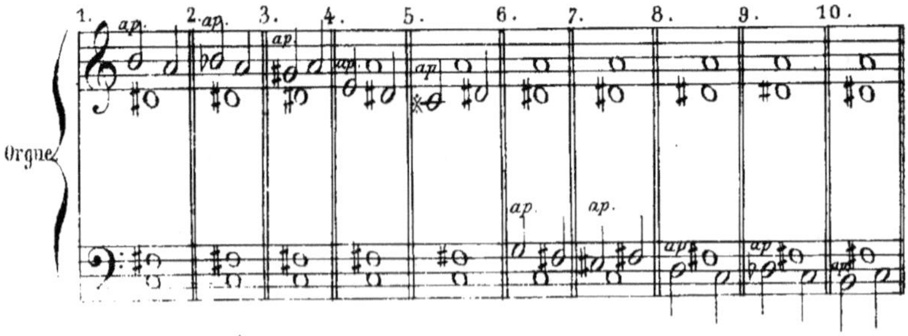

DES APPOGIATURES SIMPLES DANS L'ACCORD DE SEPTIÈME DIMINUÉE DU PREMIER DEGRÉ (*ton d'ut majeur*).

APPOGIATURE SIMPLE, *ex.* 1, § 363.

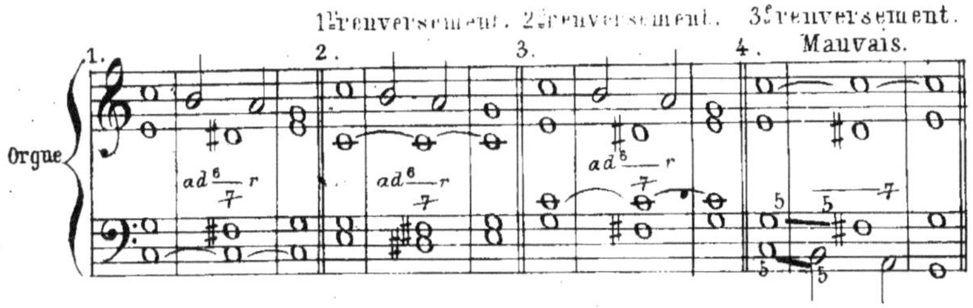

APPOGIATURE SIMPLE, *ex.* 3, § 363.

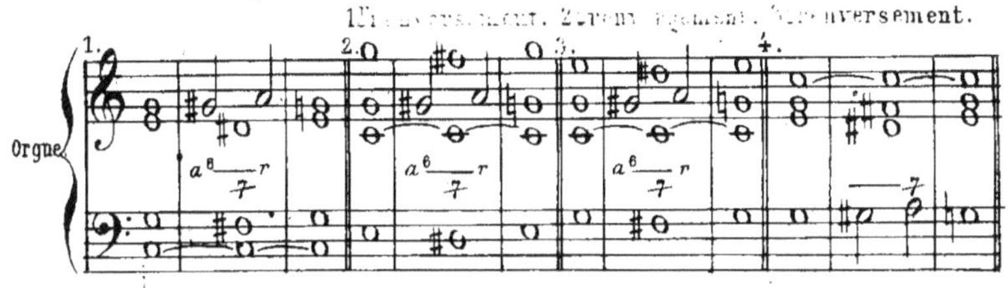

APPOGIATURE SIMPLE, *ex.* 4, § 363.

APPOGIATURE SIMPLE, *ex.* 5, § 363.

APPOGIATURE SIMPLE, *ex* 6, § 363.

APPOGIATURE SIMPLE, *ex* 7, § 363.

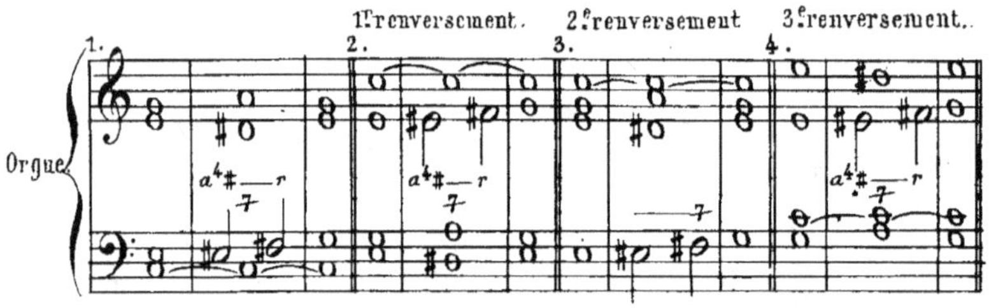

DES APPOGIATURES SIMULTANÉES DOUBLES DANS L'ACCORD DE SEPTIÈME DIMINUÉE DU PREMIER DEGRÉ (*ton d'ut majeur*).

APPOGIATURES DOUBLES, *ex.* 1, 4 *et* 1, 5, § 363.

APPOGIATURES DOUBLES, *ex.* 1 *et* 6, § 363.

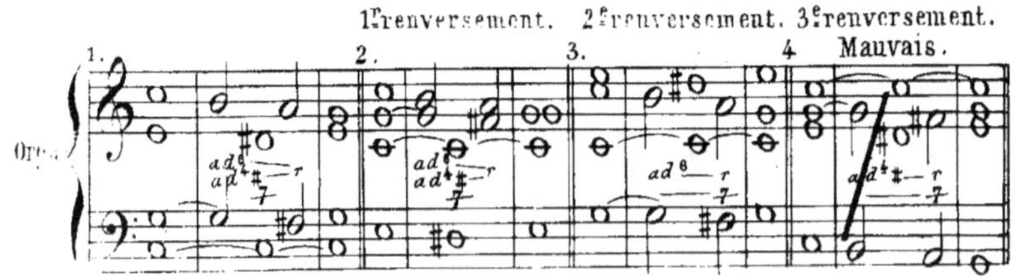

APPOGIATURES DOUBLES, *ex.* 3 *et* 5, § 363.

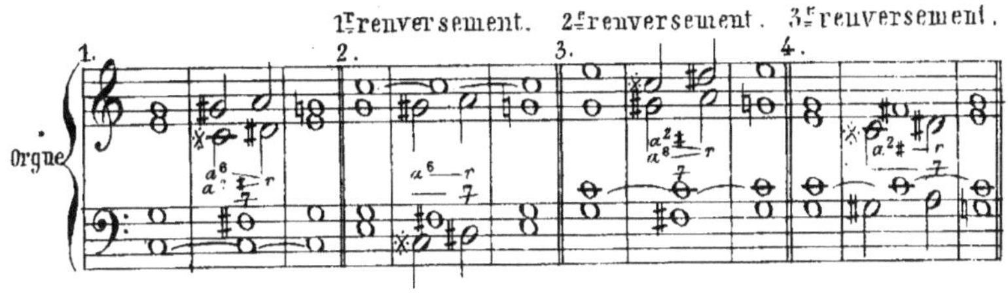

APPOGIATURES DOUBLES, *ex.* 4 *et* 6, § 363.

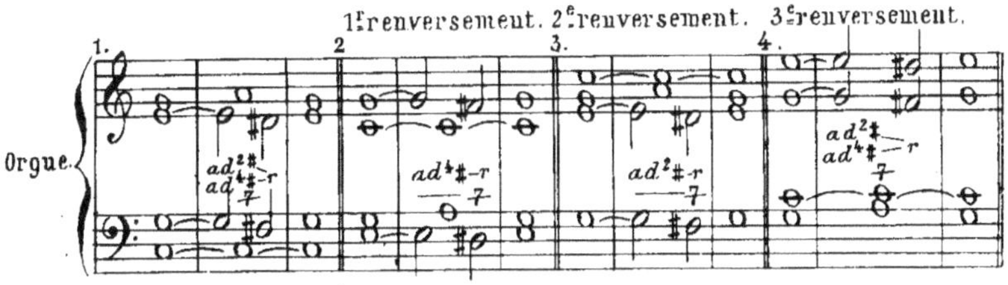

APPOGIATURES DOUBLES, *ex.* 4 *et* 7, § 363.

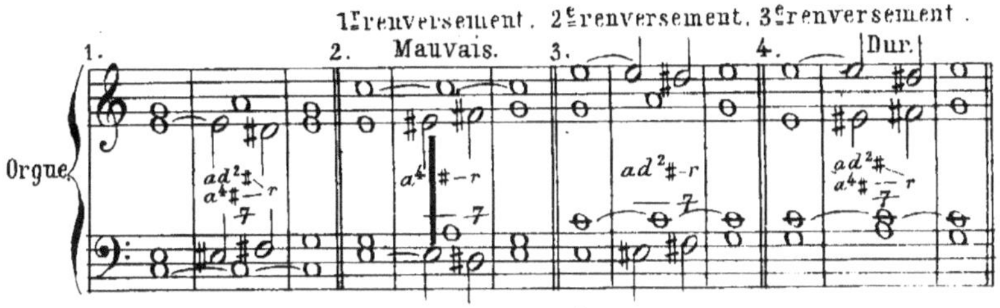

364. Dans les exemples qui précèdent, on doit placer le *mi* au-dessus du *mi* ♮.
L'exemple 2 est vicieux.

APPOGIATURES DOUBLES, *ex.* 5 *et* 6, § 363.

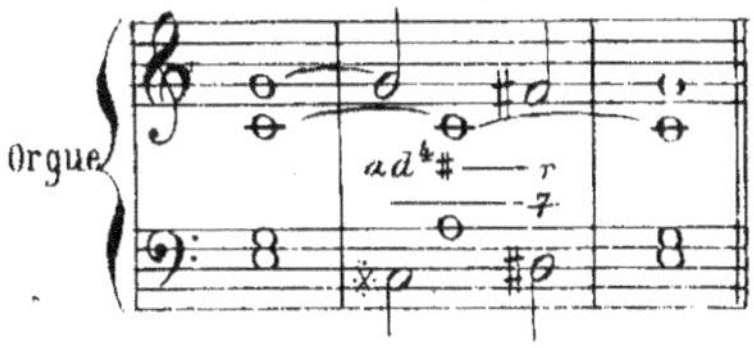

365. Les renversements de l'exemple précédent sont durs.

APPOGIATURES DOUBLES, *ex.* 5 *et* 7, § 363.

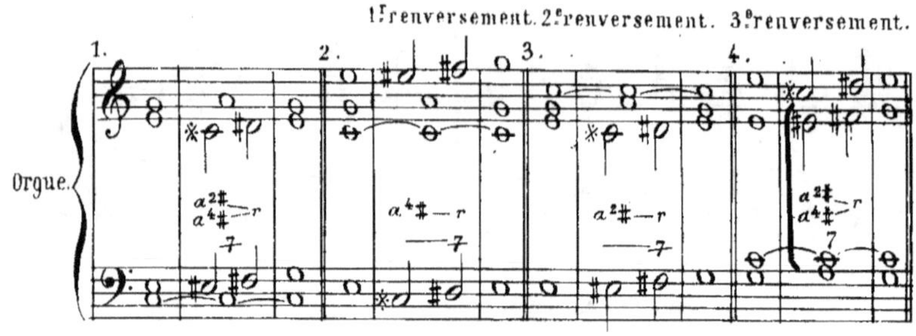

366. La quarte *la, ut* ⁎ ou *la, ré,* que l'on remarque dans l'exemple 4 précédent, peut être attaquée sans préparation, la tierce de l'accord où se trouve cette quarte étant préparée. (Voyez au § 74 une quarte non préparée dans des conditions à peu près identiques à la quarte de l'exemple précédent.)

DES APPOGIATURES SIMULTANÉES TRIPLES DANS L'ACCORD DE SEPTIÈME DIMINUÉE DU PREMIER DEGRÉ (*ton d'ut majeur*).

APPOGIATURES TRIPLES, *ex.* 1, 3 *et* 6, § 363.

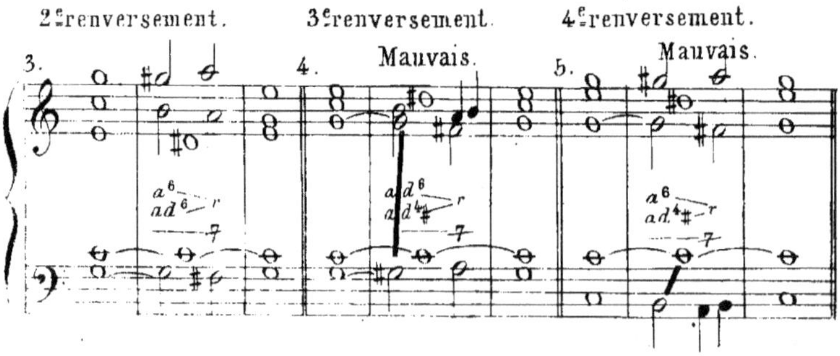

APPOGIATURES TRIPLES, *ex.* 1, 3 *et* 7, § 363.

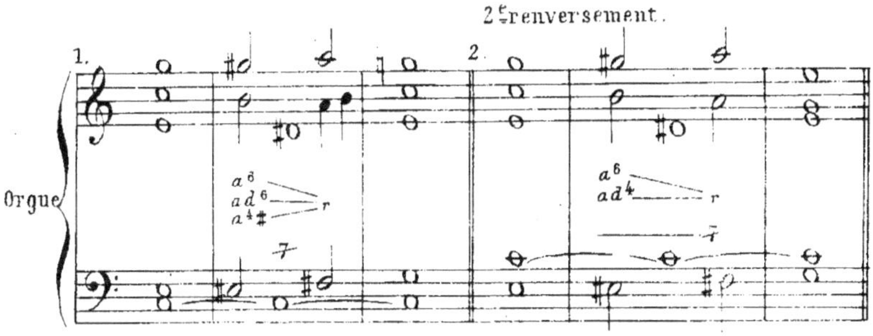

367. **Le premier, le troisième et le quatrième renversement sont durs et impraticables.**

APPOGIATURES TRIPLES, *ex.* 1, 4 *et* 6, § 363.

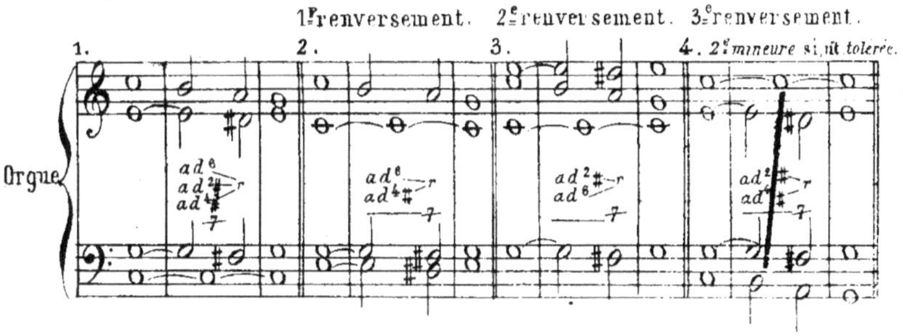

APPOGIATURES TRIPLES, *ex.* 1, 4 *et* 7, § 363.

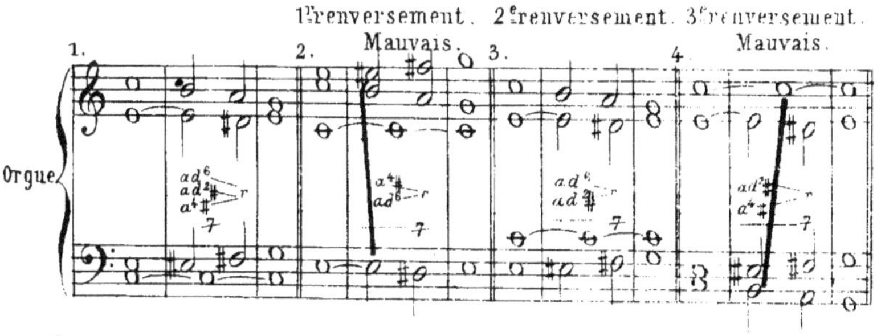

APPOGIATURES TRIPLES, *ex.* **1, 5** *et* **6, § 363.**

APPOGIATURES TRIPLES, *ex.* **1, 5** *et* **7, § 363.**

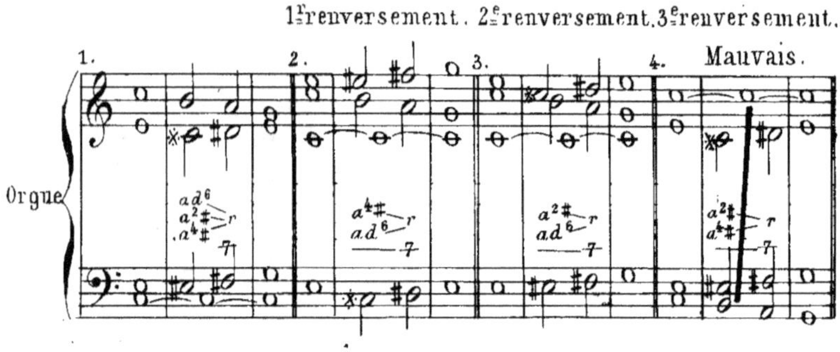

APPOGIATURES TRIPLES, *ex.* **3, 4** *et* **6, § 363.**

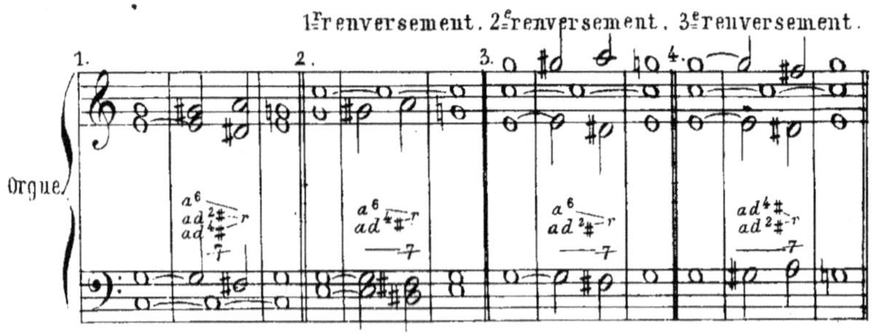

APPOGIATURES TRIPLES, *ex.* 3, 4 *et* 7, § 363.

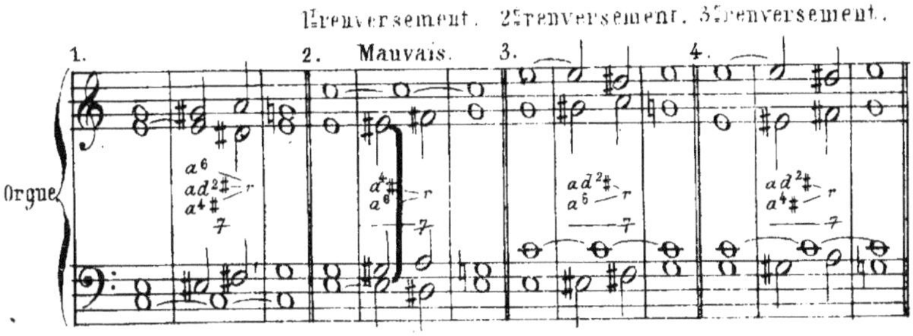

APPOGIATURES TRIPLES, *ex.* 3, 5 *et* 6, § 363.

APPOGIATURES TRIPLES, *ex.* 3, 5 *et* 7, § 363.

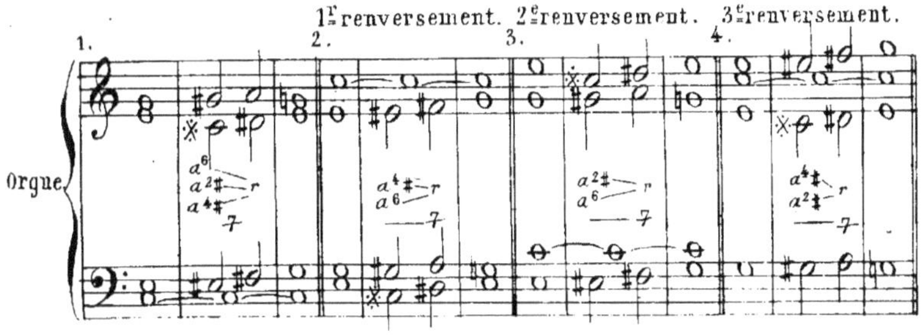

DES APPOGIATURES SIMULTANÉES QUADRUPLES DANS L'ACCORD DE SEPTIÈME DIMINUÉE DU PREMIER DEGRÉ (*ton d'ut majeur*).

APPOGIATURES QUADRUPLES, *ex.* 1, 3, 4 *et* 6, § 363.

Les renversements 3 et 4 sont durs et impraticables.

APPOGIATURES QUADRUPLES, *ex.* 1, 3, 4 *et* 7, § 363.

Les renversements de l'exemple précédent sont durs.

APPOGIATURES QUADRUPLES, *ex.* 1, 3, 5 *et* 6, § 363.

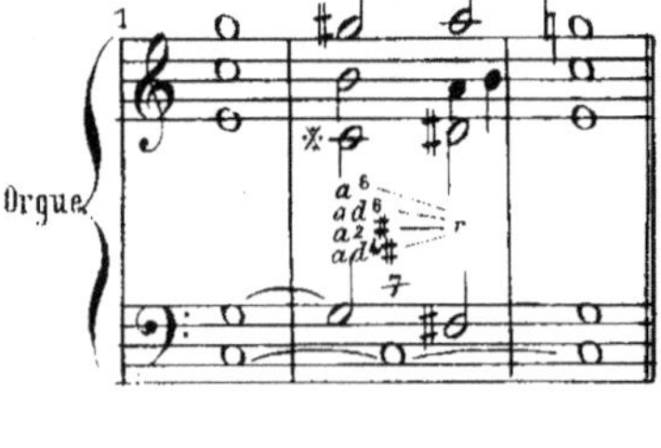

Les renversements de l'exemple précédent sont durs.

APPOGIATURES QUADRUPLES, *ex.* 1, 3, 5 *et* 7, § 363.

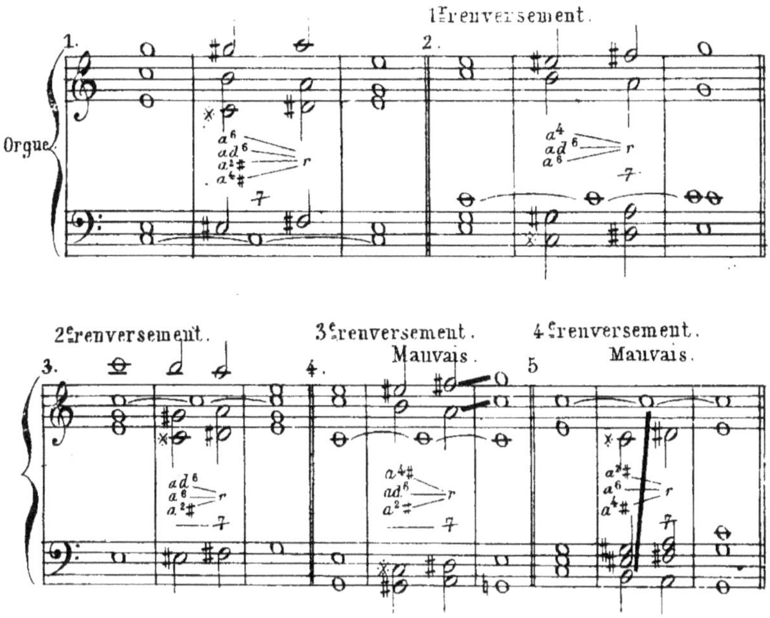

368. Dans les appogiatures simultanées quadruples, on doit combiner ces appogiatures de manière à ce qu'elles ne fassent pas toutes leur résolution par mouvement semblable. Les exemples suivants sont moins bons que ceux qui précèdent

Appogiatures Quadruples, *ex.* 1, 4, 6 & 8, § 363. Appogiatures Quadruples, *ex.* 1, 4, 6 & 9, § 363.

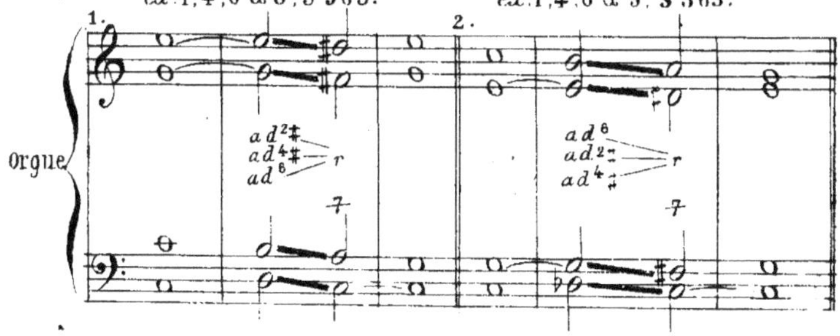

369. Les renversements des deux exemples précédents sont durs.

APPOGIATURES QUADRUPLES, *ex.* 3, 4, 6 *et* 10, § 363.

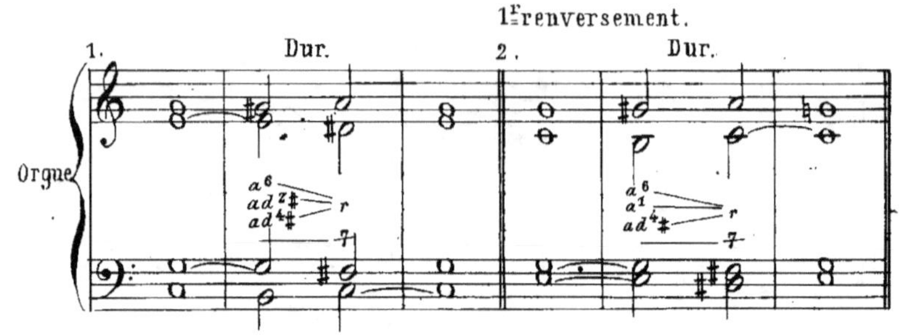

370. L'exemple précédent ne peut guère être employé que dans son deuxième renversement.

APPOGIATURES QUADRUPLES, *ex.* 3, 4, 7 *et* 10, § 363.

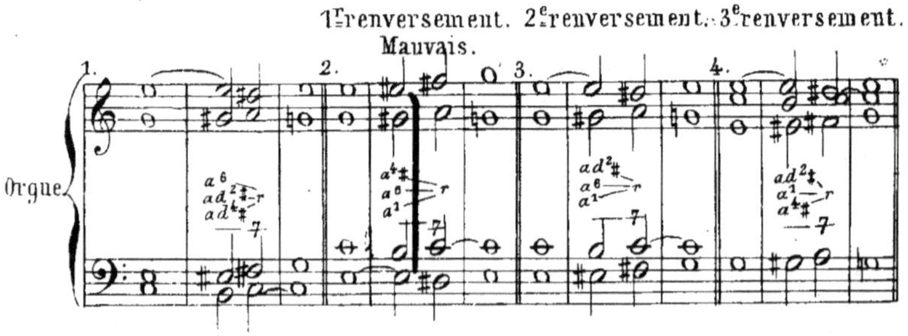

371. Dans les exemples précédents, on doit placer le *mi* au-dessus du *mi* ♯. L'exemple 2 est fautif.

APPOGIATURES QUADRUPLES, *ex.* 3, 5, 7 *et* 10, § 363

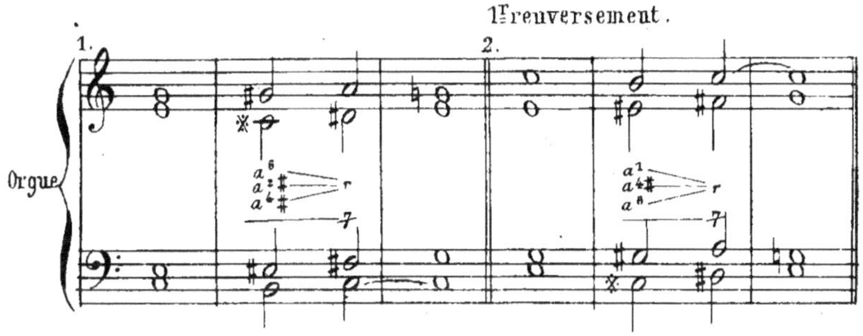

372. Les accords dont nous avons donné l'origine aux §§ 252 et 253 peuvent aussi être traités avec appogiatures. Nous croyons inutile d'en donner ici des exemples, ces accords étant de moindre importance que ceux indiqués au § 294 *bis*.

373. Dans l'accord de septième diminuée avec appogiatures, les signes a^2 ♯, a^4 ♯, ad^2 ♯ et ad^4 ♯, désignent respectivement les appogiatures ascendantes ou descendantes du deuxième ou du quatrième degré diésé.

374. Les accords de septième placés sur chacun des degrés de la gamme (voyez l'origine de ces accords, §§ 387 à 394) sont aussi susceptibles de recevoir des notes appogiatures.

Prenons pour exemple l'accord de septième du deuxième degré (ton d'*ut* majeur), et cherchons à introduire dans cet accord diverses notes appogiatures.

DES APPOGIATURES SIMPLES, DOUBLES ET TRIPLES DANS L'ACCORD DE SEPTIÈME DU DEUXIÈME DEGRÉ (*mode majeur*). (*Voyez l'origine de cet accord*, § 104, *ex.* 3, *et* § 390.)

375. EXEMPLES DES APPOGIATURES DE L'ACCORD DE SEPTIÈME DU 2me DEGRÉ (*ton d'ut majeur*).

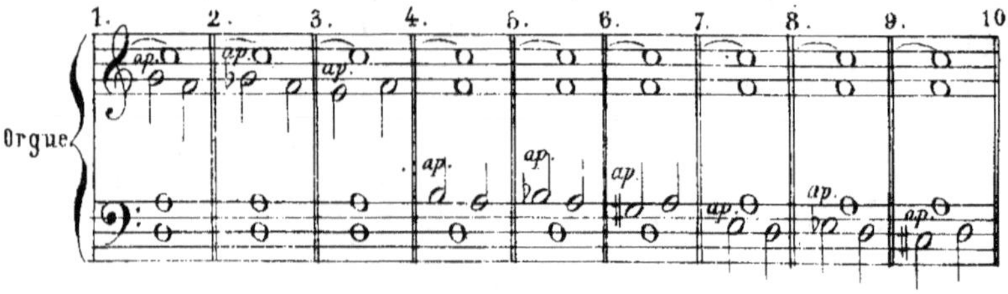

376. Dans les accords de septième, il en est qui exigent la préparation de la septième, il n'est dès lors pas possible de faire entendre les appogiatures de cette septième sans qu'il en résulte, à la résolution de ces appogiatures, une dissonance de septième non préparée.

APPOGIATURE SIMPLE, *ex.* 1, § 375.

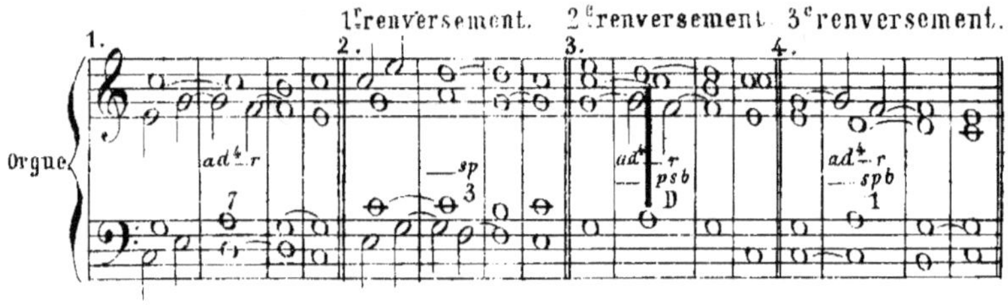

377. La quarte *la, ré* de l'exemple 3 précédent et de l'exemple 3 suivant peut être attaquée sans préparation, la tierce des accords où se trouve cette quarte étant préparée. (Voyez § 74.)

APPOGIATURE SIMPLE, *ex.* 2, § 375.

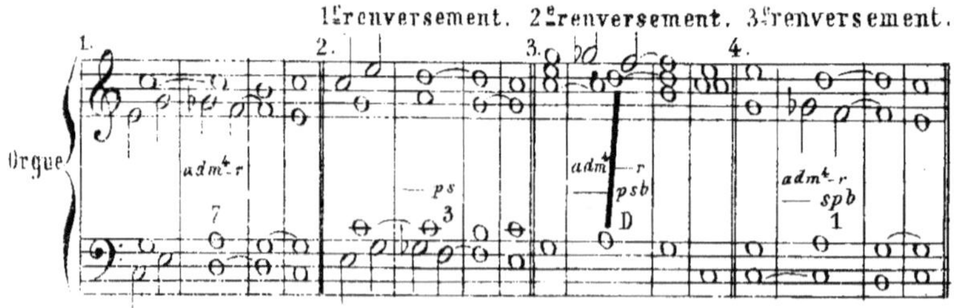

APPOGIATURE SIMPLE, *ex.* 4, § 375.

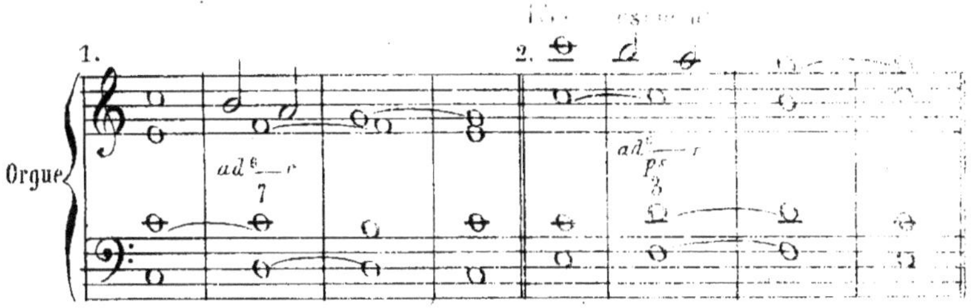

APPOGIATURE SIMPLE, *ex.* 6, § 375.

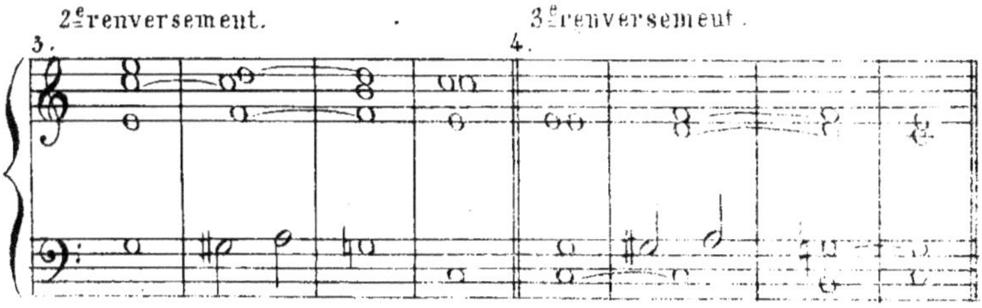

DES APPOGIATURES DOUBLES DANS L'ACCORD DE SEPTIÈME DU 2me DEGRÉ (*ton d'ut majeur*).

APPOGIATURES DOUBLES, *ex.* 1 *et* 4, § 375.

APPOGIATURES DOUBLES, *ex.* 1 *et* 6, § 375.

APPOGIATURES DOUBLES, *ex.* 1 *et* 7, § 375.

APPOGIATURES DOUBLES, *ex.* 1 *et* 9, § 375.

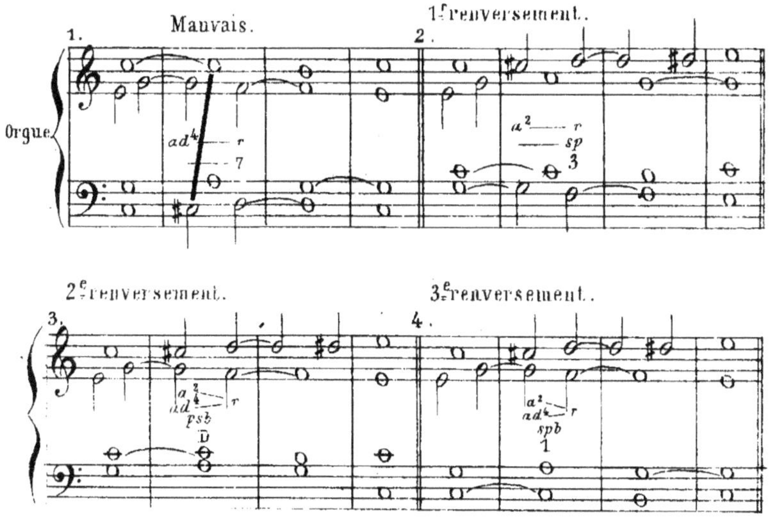

APPOGIATURES DOUBLES, *ex.* 2 *et* 3, § 375.

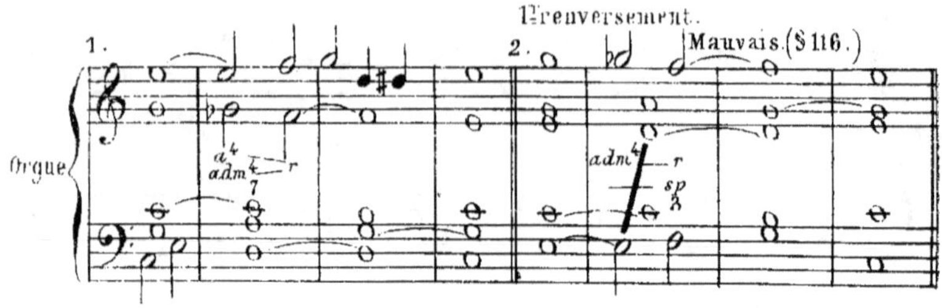

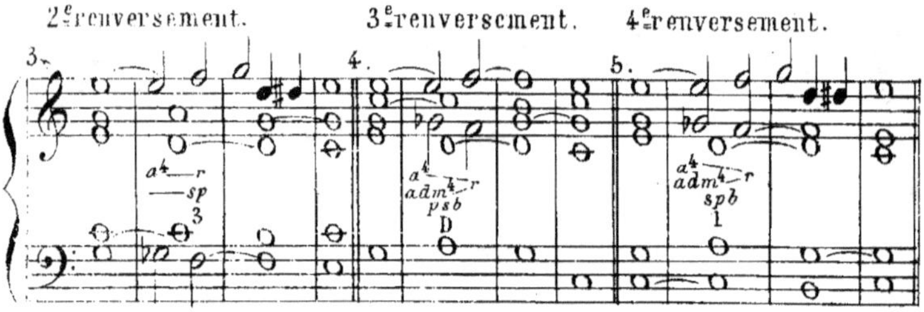

APPOGIATURES DOUBLES, *ex.* 2 *et* 6, § 375.

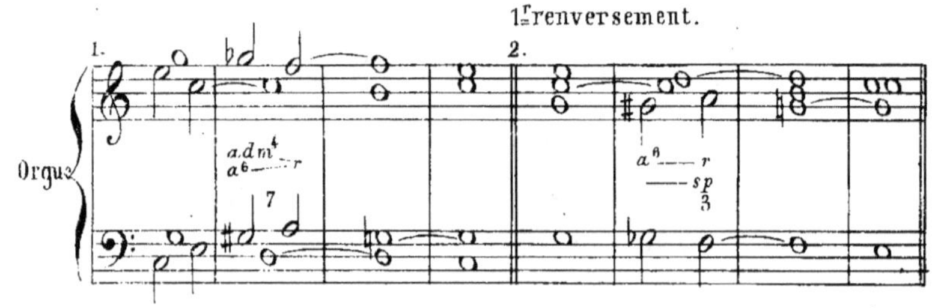

APPOGIATURES DOUBLES, *ex.* 2 *et* 7, § 375.

APPOGIATURES DOUBLES, *ex.* 2 *et* 8, § 375.

APPOGIATURES DOUBLES, *ex.* 3 *et* 4, § 375.

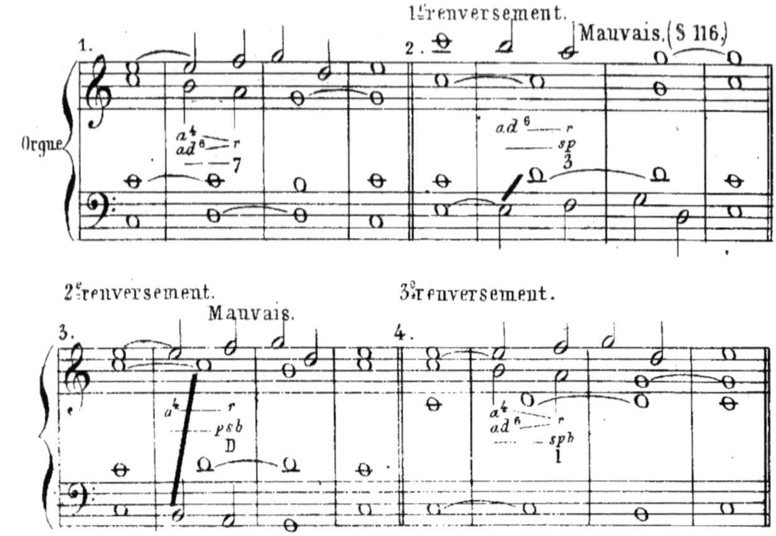

APPOGIATURES DOUBLES, *ex.* 4 *et* 6, § 375.

APPOGIATURES DOUBLES, *ex.* 4 *et* 9, § 375.

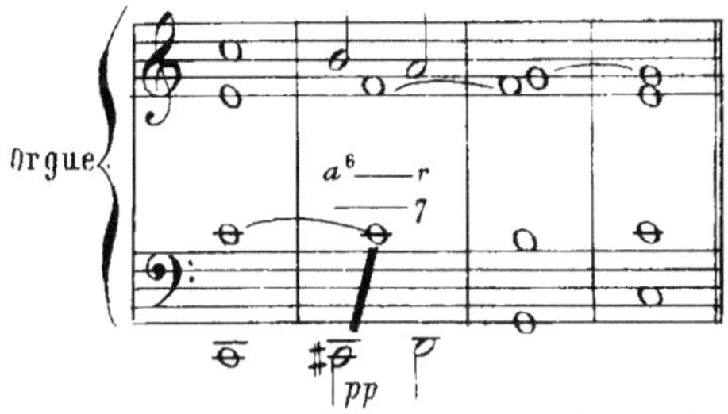

378. On doit exécuter l'exemple précédent pianissimo, afin d'atténuer le mauvais effet du battement (voyez la note du § 98) qui est produit par l'octave diminuée *ut* dièse et *ut* naturel. Les renversements sont durs ou impraticables.

APPOGIATURES DOUBLES, *ex.* 6 *et* 7, § 375.

APPOGIATURES DOUBLES, *ex.* 6 *et* 8, § 375.

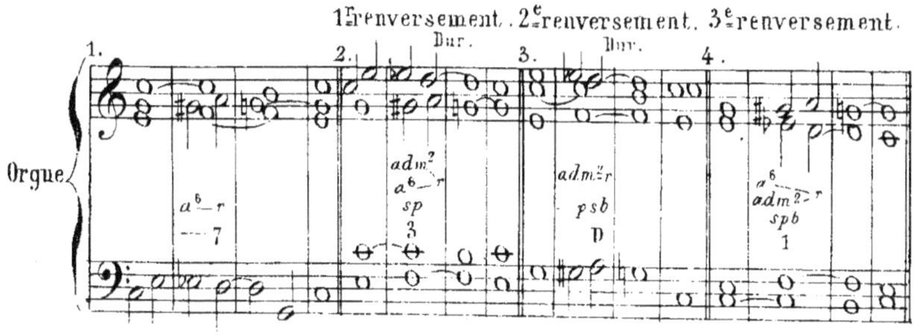

DES APPOGIATURES SIMULTANÉES TRIPLES DANS L'ACCORD DE SEPTIÈME DU 2me DEGRÉ (*ton d'ut majeur*).

APPOGIATURES TRIPLES, *ex.* 1, 3 *et* 4, § 375.

379. **Les renversements 1, 2 et 3 de l'exemple précédent sont durs ou impraticables.**

APPOGIATURES TRIPLES, *ex.* 1, 3 *et* 7, § 375.

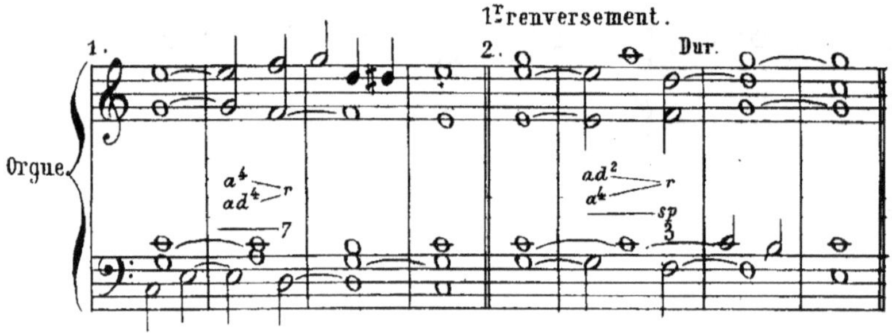

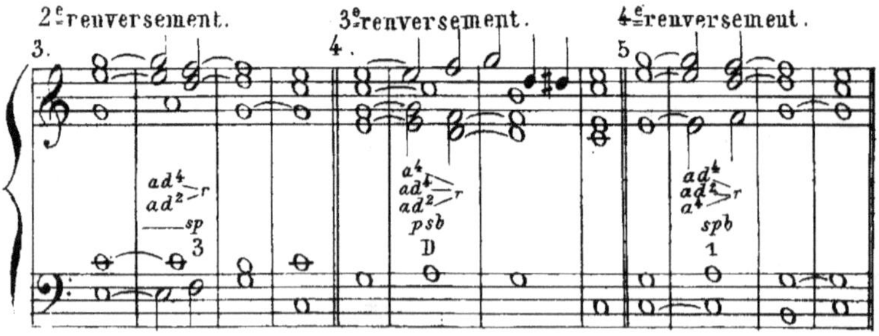

APPOGIATURES TRIPLES *ex.* 2, 6 *et* 8, § 375.

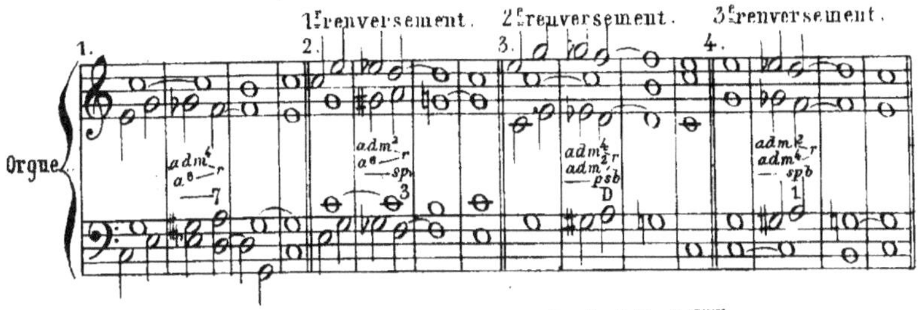

APPOGIATURES TRIPLES, *ex.* 3, 4 *et* 6, § 375.

Les renversements 1 et 3 de l'exemple précédent sont impraticables.

APPOGIATURES TRIPLES, *ex.* 3, 4 *et* 9, § 375.

APPOGIATURES QUADRUPLES, *ex.* 1, 3, 4 *et* 9, § 375.

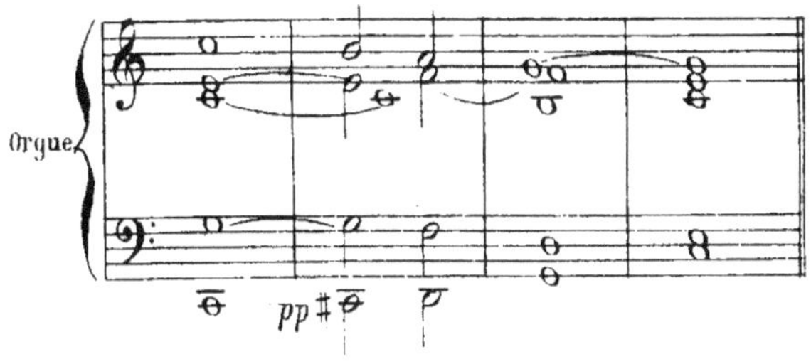

DE L'ACCORD DE SEPTIÈME DU 4me DEGRÉ AVEC APPOGIATURES SIMPLES, DOUBLES ET TRIPLES. (*Voyez l'origine de cet accord*, § 392 *et* § 110, *ex.* 4.)

380. EXEMPLES DES APPOGIATURES DE L'ACCORD DE SEPTIÈME DU 4me DEGRÉ (*ton d'ut majeur*).

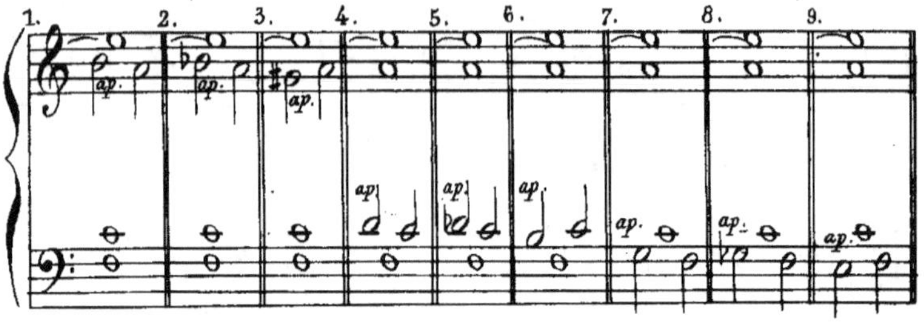

381. L'accord de septième du 4me degré avec appogiatures est moins fécond en résultats que l'accord de septième du 2me degré, que nous venons de traiter (§§ 375 à 379). Nous nous contenterons de donner ici quelques exemples de l'accord de septième du 4me degré avec appogiatures. Ex. :

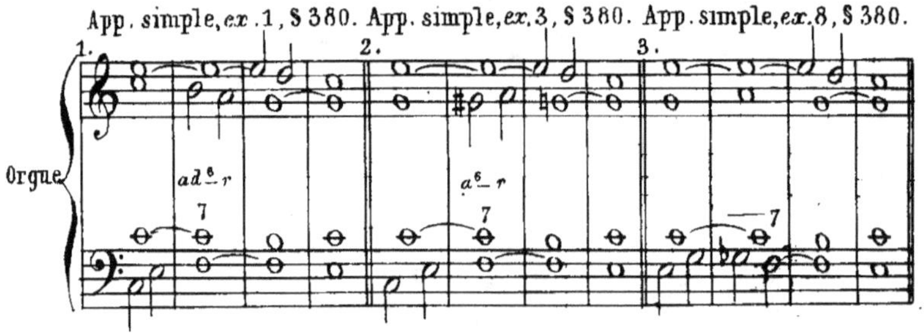

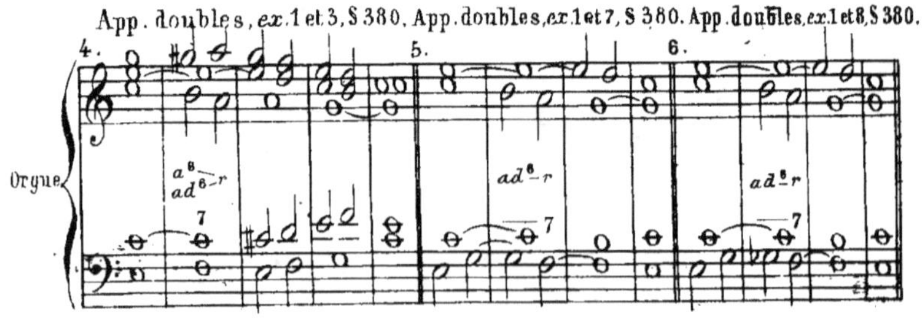

App. doubles, *ex*. 1 et 9, § 380. App. doubles, *ex*. 3 et 7, § 380. App. doubles, *ex*. 3 et 9, § 380.

App. triples, *ex*. 1, 3 et 7, § 380. App. triples, *ex*. 1, 3 et 9, § 380.

Les exemples précédents peuvent se renverser.

382. Nous pourrions donner beaucoup d'autres exemples de la réunion des notes appogiatures dans les différents accords que nous venons de traiter, mais les exemples précédents suffiront pour faire comprendre le mécanisme au moyen duquel, étant donné un accord, on peut former une série d'accords faisant tous leur résolution naturelle sur l'accord donné, en introduisant dans celui-ci une ou plusieurs notes appogiatures.

383. En réunissant les notes appogiatures de l'accord parfait mineur du 1er degré du mode mineur, il est possible de trouver l'origine de tous les accords consonnants et de l'accord de septième dominante, appartenant au mode mineur.

On peut ensuite, dans les accords qui tirent directement leur origine de l'accord parfait mineur du premier degré et dans les accords de septième tonale du mode mineur, introduire des notes appogiatures, comme nous l'avons fait pour les accords consonnants et dissonants du mode majeur (voyez du § 300 au § 381); on ajoute ensuite au-dessous de tous ces accords ainsi formés, la tonique et la dominante, successivement et simultanément, et l'on obtient de cette manière *toutes les combinaisons harmoniques appartenant au mode mineur*.

384. L'accord de septième dominante et ses dérivés avec appogiatures simples, doubles, triples et quadruples font, comme on peut le voir dans les exemples donnés aux §§ 300 à 339, leur résolution naturelle sur l'accord de septième dominante ou sur l'un de ses renversements; si l'on fait ensuite la résolution naturelle de ces derniers, on arrive sur l'accord parfait du premier degré ou sur l'un de ses renversements. Il en est de même des accords consonnants et dissonants avec appogiatures, qui, de résolution naturelle en résolution naturelle, doivent toujours finalement venir se résoudre sur l'accord parfait du premier degré ou sur l'un de ses renversements.

385. Lorsqu'un accord vient faire sa résolution naturelle sur l'accord de sixte ou de sixte et quarte, premier ou deuxième renversement de l'accord parfait du premier degré, et que l'on veut arriver à l'état de repos absolu, on doit le faire par un acte de cadence conduisant à l'accord parfait du premier degré, qui, seul, donne le sentiment du repos absolu dont rien n'indique la perturbation. Ex. :

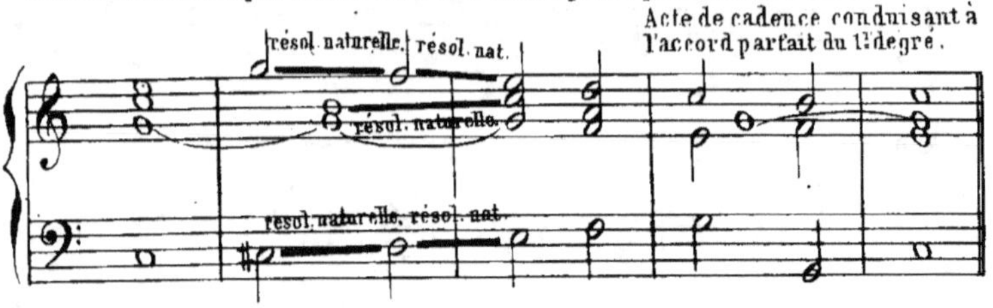

386. Quoique dans un grand nombre d'accords avec appogiatures, on semble vouloir moduler (§ 472) dans d'autres tons que celui indiqué par l'accord primitivement entendu, ces accords n'en subissent pas moins l'influence attractive de l'accord parfait du premier degré, à moins cependant que l'on ne rompe cette attraction par un acte de cadence conduisant à un ton autre que celui indiqué par le début.

ORIGINE DES ACCORDS DE SEPTIÈME (§ 216) PLACÉS SUR TOUS LES DEGRÉS DE LA GAMME (*mode majeur*).

387. En plaçant sur chacun des degrés d'une gamme des accords parfaits qui seront naturellement majeurs, mineurs ou diminués, suivant la position qu'ils occuperont sur ces degrés, si l'on ajoute à ces accords une septième, on aura pour le mode majeur les accords suivants :

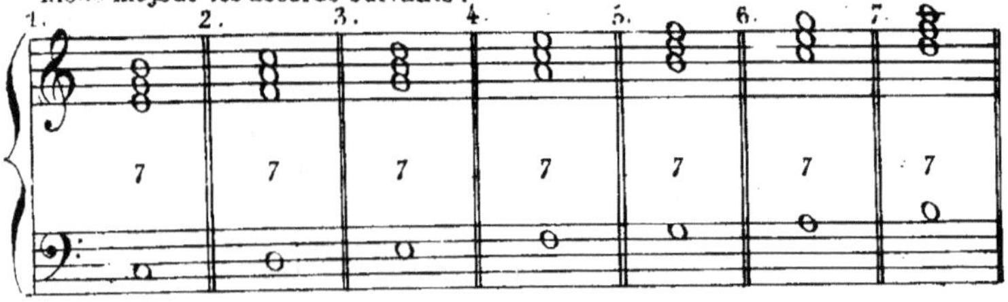

ORIGINE DE L'ACCORD DE SEPTIÈME PLACÉ SUR LE PREMIER DEGRÉ.

388. Dans l'accord parfait majeur du premier degré avec la note de basse doublée à l'octave supérieure, si l'on prend l'appogiature inférieure de celle-ci, on aura l'accord suivant :

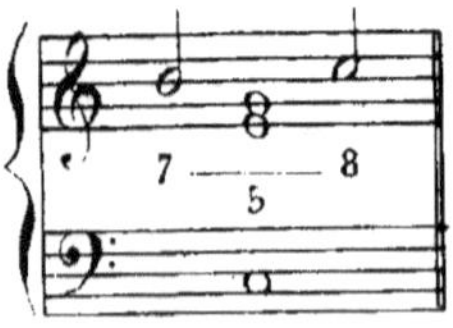

389. La septième doit être préparée et fait sa résolution naturelle (§ 275) en montant d'un demi-ton. Ex. :

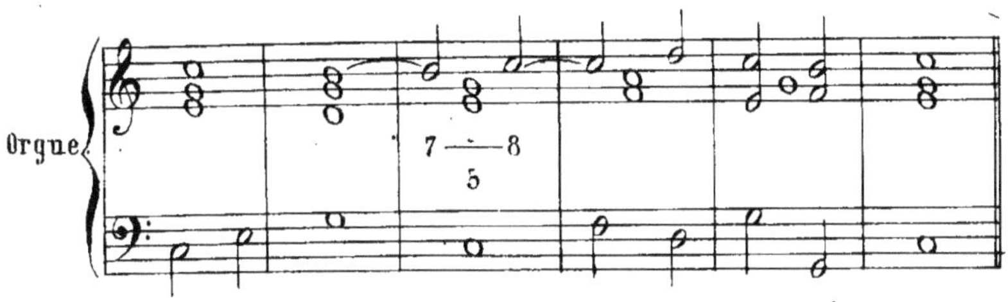

L'accord de septième du premier degré est dur et ne s'emploie guère qu'en progression. Il en est de même des renversements. (Voyez §§ 216 à 221.)

ORIGINE DE L'ACCORD DE SEPTIÈME DU DEUXIÈME DEGRÉ.

390. Nous avons vu au § 104, exemple 3, qu'en réunissant la substitution à la prolongation de la tonique, dans le deuxième renversement de l'accord de septième dominante, on obtient l'accord de septième du deuxième degré. Ex. :

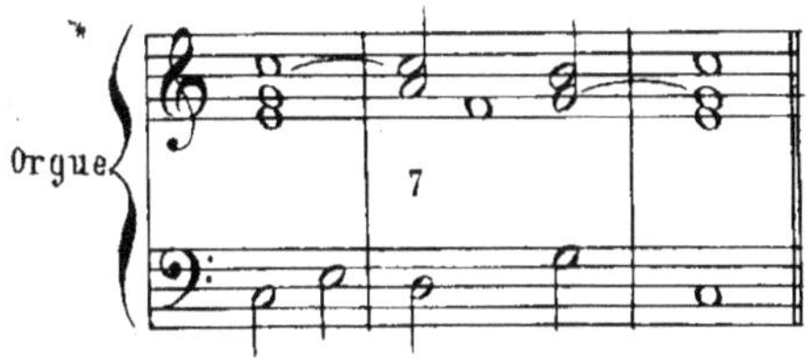

Voyez les renversements de cet accord au § 104, exemples 2, 4 et 6.

ORIGINE DE L'ACCORD DE SEPTIÈME PLACÉ SUR LE TROISIÈME DEGRÉ.

391. On trouve l'origine de cet accord en réunissant l'appogiature ascendante et descendante de l'*ut* (§ 251, ex. 6 et 8) dans l'accord de sixte du troisième degré, et l'on évite que les notes appogiatures fassent leur résolution sur l'unisson. Ex. :

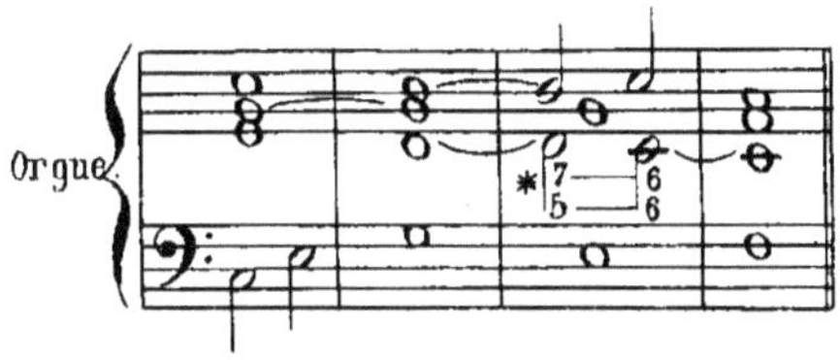

L'appogiature *ré**, dissonante contre *mi*, doit être préparée.

ORIGINE DE L'ACCORD DE SEPTIÈME PLACÉ SUR LE QUATRIÈME DEGRÉ.

392. L'origine de cet accord se trouve, comme nous l'avons déjà vu (§ 110, ex. 4) dans la réunion de la substitution, de la prolongation de la tonique et de la prolongation du troisième degré, dans l'accord de triton, troisième renversement de l'accord de septième dominante. (Voyez l'ex. 1er suivant.)

Cet accord peut encore tirer son origine de l'accord de sixte du troisième degré (voyez ex. 2). Le *la* est considéré comme l'appogiature descendante du *sol*, et le *fa* est l'appogiature descendante du *mi*.

Orgue.

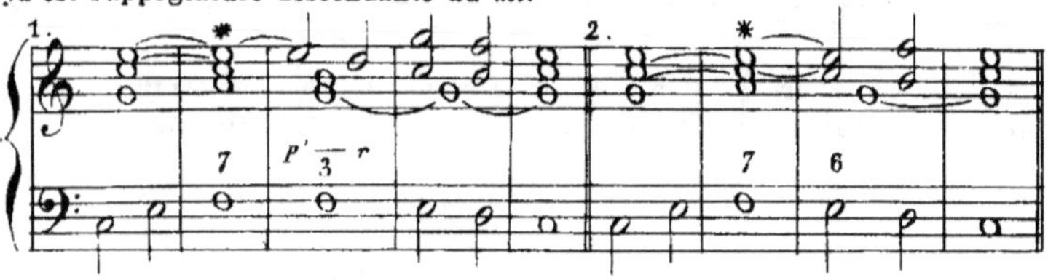

* Le *mi* dissonant contre *fa* doit être préparé. (Voyez les renversements de cet accord au § 110, ex. 2 et 3.)

393. L'accord de septième du quatrième degré peut s'employer avec la dissonance de neuvième. Ex. :

Orgue.

394. L'origine de l'accord de septième placé sur le cinquième degré ayant été donnée au § 254, de même que celle de l'accord de septième du septième degré (voyez § 260), il nous reste à trouver l'origine de l'accord de septième placé sur le sixième degré.

ORIGINE DE L'ACCORD DE SEPTIÈME PLACÉ SUR LE SIXIÈME DEGRÉ.

Si l'on fait entendre l'appogiature descendante majeure du 5me degré dans l'accord de sixte et quarte, deuxième renversement de l'accord parfait du premier degré, on a l'origine de l'accord de septième du sixième degré. Ex. :

Orgue.

* Le *sol* formant dissonance de septième contre *la* doit être préparé.

L'accord de septième du sixième degré peut encore tirer son origine de l'accord de septième dominante avec appogiatures simultanées triples. Ex. :

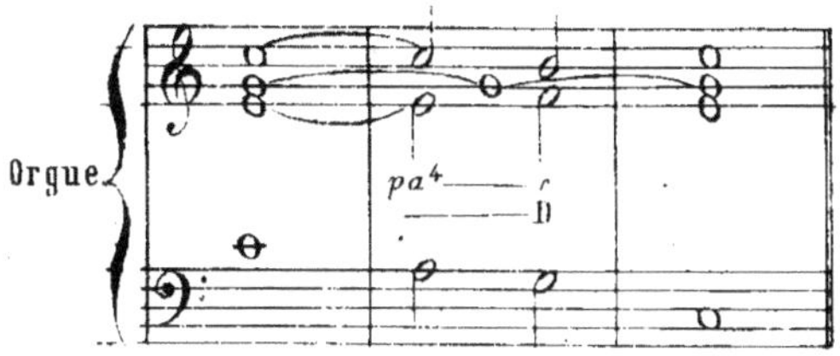

Nous croyons inutile de donner l'origine des accords de septième du mode mineur; on les obtient en procédant comme nous venons de le faire pour trouver l'origine des accords de septième du mode majeur.

DE LA NON-PRÉPARATION DES DISSONANCES, ET DES DISSONANCES PRÉPARÉES PAR UNE NOTE DE PASSAGE OU PAR UNE NOTE ALTÉRÉE.

395. Il se présente quelquefois en harmonie des cas où les dissonances, que nous avons considérées jusqu'ici comme devant être préparées, sont attaquées sans préparation. Cela a lieu lorsque la dissonance est précédée d'une note formant avec cette dissonance une seconde supérieure. Ex. :

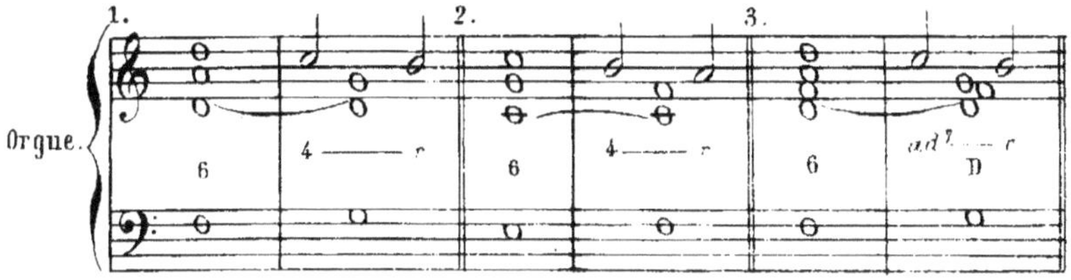

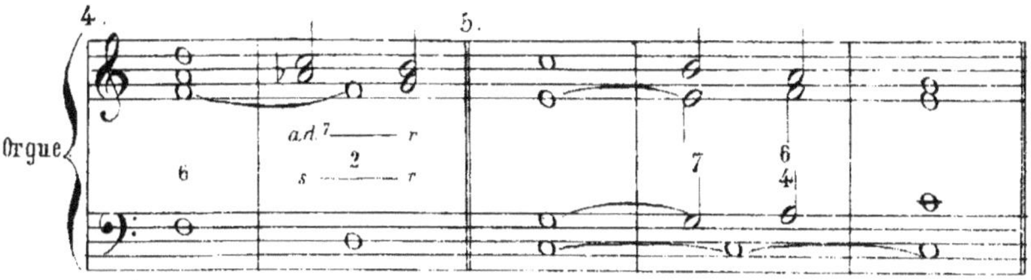

396. On peut quelquefois faire servir la note de passage pour préparer une dissonance.

Les harmonies suivantes étant données :

Orgue.

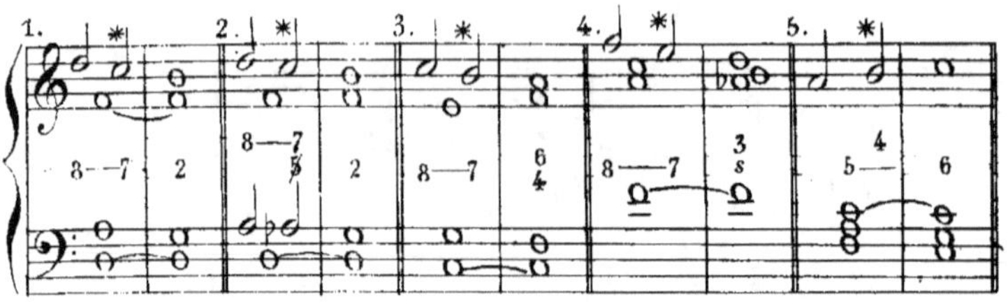

Il est possible d'employer chacune des notes de passage marquées du signe * pour préparer une dissonance. Ex. :

Orgue.

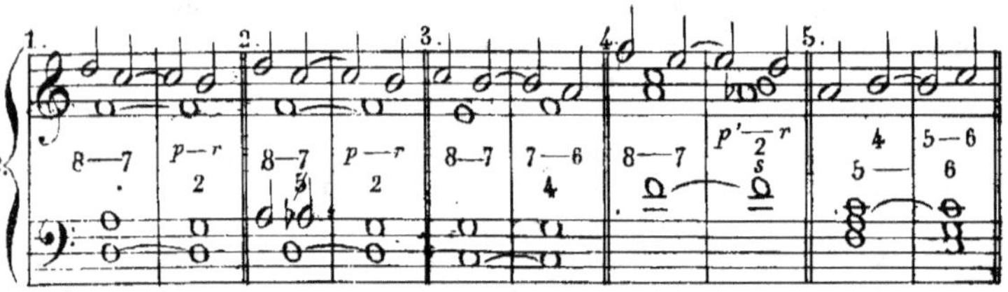

Les notes altérées peuvent aussi être employées pour préparer des dissonances. (Voyez au chapitre IX, page 70, , traitant des altérations prolongées, un grand nombre d'altérations servant à préparer les dissonances.)

DES DIFFÉRENTES MANIÈRES DE RÉSOUDRE LES DISSONANCES EN MONTANT OU EN DESCENDANT.

397. On a vu au paragraphe 292 que dans les accords formés au moyen des appogiatures de l'accord parfait du premier degré, lorsqu'ils ne font pas leur résolution naturelle (§ 275), les notes appogiatures sont libres de monter ou de descendre; ce qui se fait pour une appogiature à l'état de consonnance, peut aussi avoir lieu pour une appogiature à l'état de dissonance.

Prenons pour exemple, dans le ton d'*ut* majeur, l'accord de septième du 4me degré *fa, la, do, mi*. La résolution naturelle de cet accord a lieu sur l'accord de triton. Le *mi*, dissonant contre *fa*, doit se résoudre sur le *ré*; le *la*, substitution majeure, sur le *sol*, et l'*ut*, prolongation de la tonique, sur le *si*. Ex. :

398. Lorsque l'accord de septième du quatrième degré ne fait pas sa résolution naturelle sur le triton, les notes appogiatures, même lorsqu'elles sont à l'état de dissonances, peuvent descendre, monter ou se prolonger sur l'accord suivant. (Voyez les exemples du § 403.)

399. Pour trouver toutes les résolutions possibles d'un accord, sans sortir du ton auquel il appartient (nous verrons au chapitre des modulations comment on découvre les résolutions qui peuvent se présenter en modulant), on doit essayer de résoudre cet accord sur tous les accords appartenant à ce ton.

Voici quelques exemples de résolutions tonales d'accords de septième.

400. RÉSOLUTIONS TONALES DE L'ACCORD DE SEPTIÈME DU PREMIER DEGRÉ. (*Voyez au § 388 l'origine et la résolution naturelle de cet accord.*)

Résolution tonale sur l'accord parfait du 4e degré. Résolution tonale sur l'accord de sixte du 6e degré.

Résolution tonale sur l'accord de sixte et quarte du 1er degré. Résolution tonale sur l'accord parfait du 6e degré.

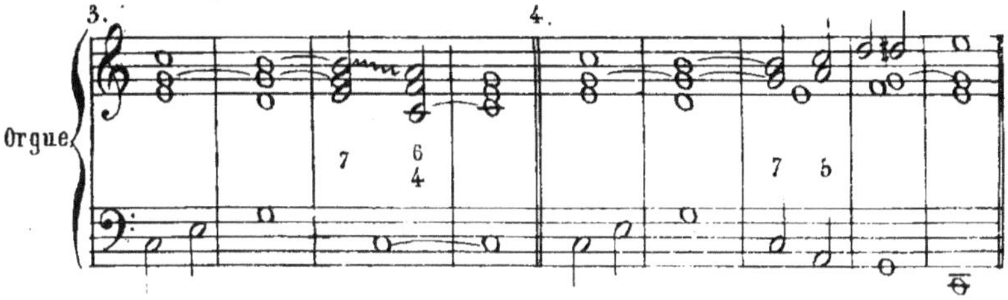

401. RÉSOLUTIONS TONALES DE L'ACCORD DE SEPTIÈME DU DEUXIÈME DEGRÉ. (*Voyez son origine et sa résolution naturelle au* § 104, *ex.* 3.)

Résolution tonale sur l'accord parfait du 2e degré. Résolution tonale sur l'accord parfait du 4e degré.

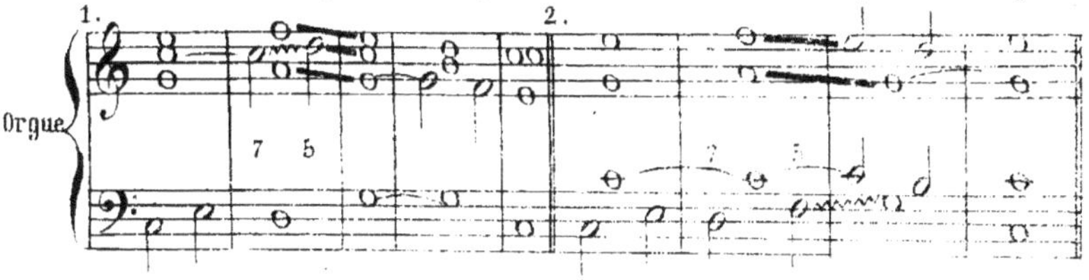

Résolution tonale sur l'accord de sixte du 3e degré.

Résolution tonale sur l'accord de sixte et quarte du 3e degré.

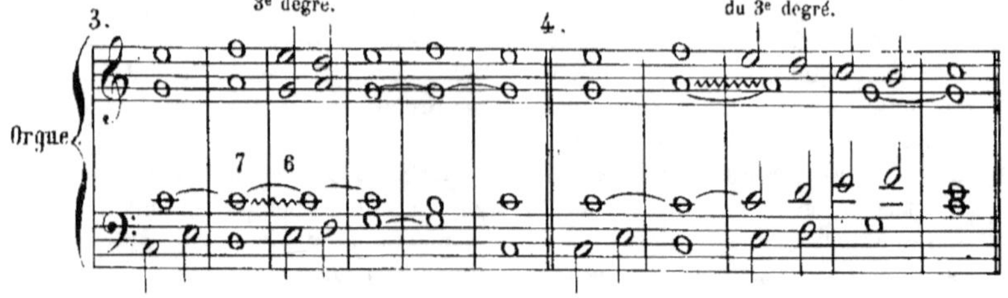

Résolution tonale sur le 1er renversement de l'accord de septième dominante avec appogiature ascendante du 2e degré (§ 300, ex. 2).

Résolution tonale sur le 1er renversement de l'accord de septième dominante avec appogiatures simultanées doubles (§ 321, ex. 2).

402. RÉSOLUTIONS TONALES DE L'ACCORD DE SEPTIÈME DU 3me DEGRÉ. (*Voyez son origine et sa résolution naturelle au* § 391.)

Résolution tonale sur l'accord parfait du 4e degré.

Résolution tonale sur l'accord de septième du 6e degré.

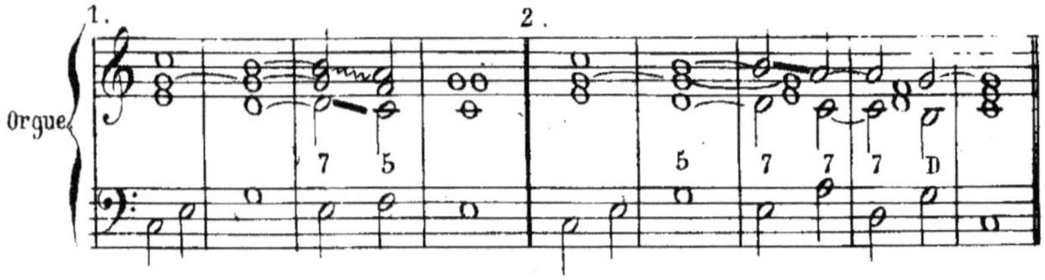

403. RÉSOLUTIONS TONALES DE L'ACCORD DE SEPTIÈME DU 4me DEGRÉ. (*Voyez son origine et sa résolution naturelle au* § 392.)

Résolution tonale sur l'accord parfait du 2e degré.

Résolution tonale sur l'accord parfait du 4e degré.

Résolution tonale sur l'accord parfait du 6e degré.

Résolution tonale sur l'accord de sixte du 4e degré. — Résolution tonale sur l'accord de septième du 2e degré. — Résolution tonale de l'accord de septième du 4e degré avec neuvième, sur l'accord de sixte du 4e degré.

Orgue

404. Résolutions tonales de l'accord de septième du 5me degré (7me dominante).
(*Voyez son origine et sa résolution naturelle au* § 254.)

Résolution tonale sur l'accord parfait du 5e degré. — Résolution tonale sur l'accord parfait du 6e degré. — Autre résolution tonale sur l'accord parfait du 6e degré.

Orgue

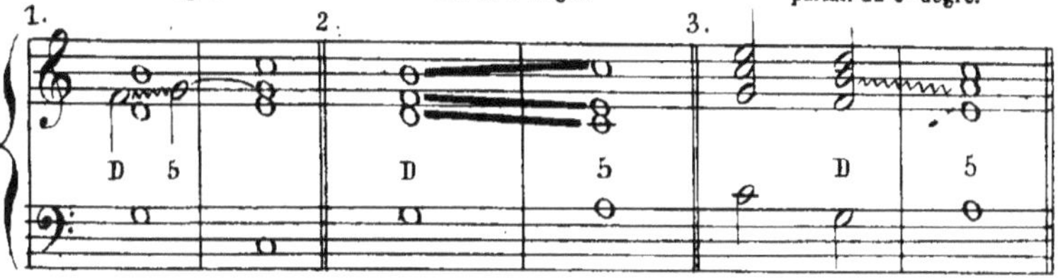

Résolution tonale sur l'accord de sixte du 6e degré. — Résolution tonale sur l'accord de sixte et quarte du 6e degré.

Orgue

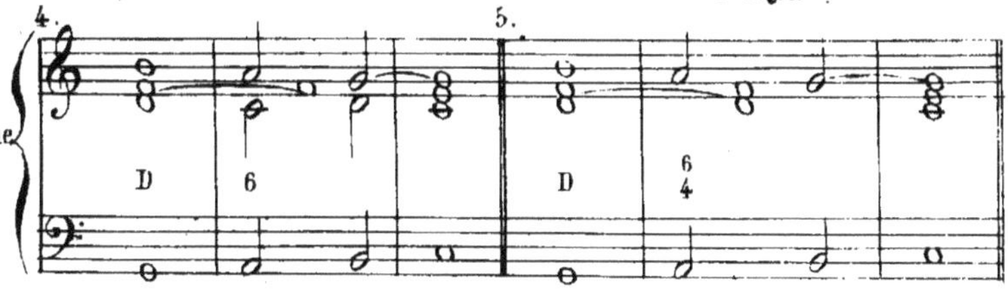

405. Résolutions tonales de l'accord de septième du 6me degré. (*Voyez son origine et sa résolution naturelle au* § 394.)

Résolution tonale sur l'accord parfait du 4e degré. — Résolution tonale sur l'accord de sixte du 6e degré. — Résolution tonale sur l'accord $\frac{sp}{3}$, 2e renversement de l'accord de septième du 2e degré.

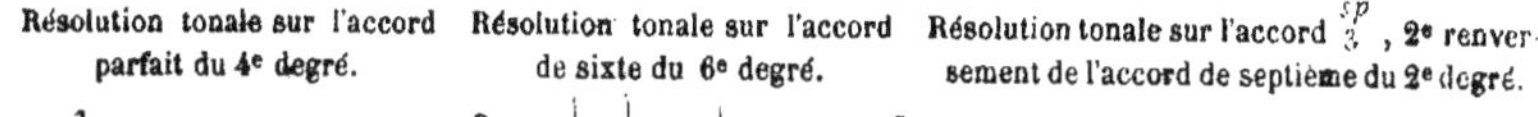

Orgue

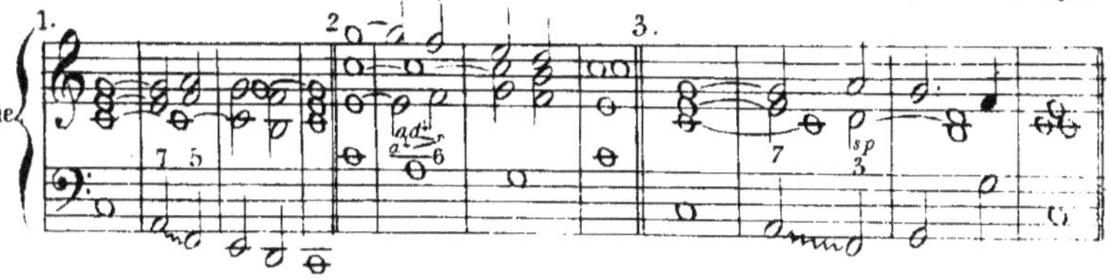

406. RÉSOLUTIONS TONALES DE L'ACCORD DE SEPTIÈME DU SEPTIÈME DEGRÉ. (*Voyez son origine et sa résolution naturelle au* § 260.)

Résolution tonale sur l'accord parfait du 2e degré. — Résolution tonale sur l'accord de sixte du 6e degré. — Résolution tonale sur l'accord de sixte du 7e degré.

Orgue.

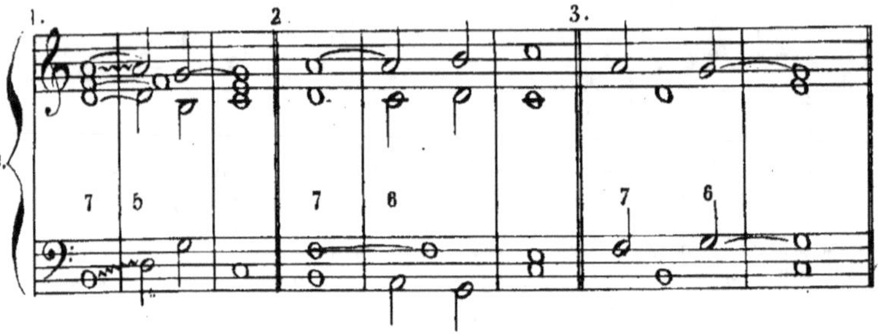

407. Les renversements des accords de septième placés sur le premier, le troisième et le sixième degré, sont très-durs et ne s'emploient le plus souvent que dans les progressions tonales. (Voyez § 221.)

DES ACCORDS FORMÉS AU MOYEN DE L'ADJONCTION SUCCESSIVE OU SIMULTANÉE DE LA TONIQUE ET DE LA DOMINANTE.

408. Quels que soient les accords que l'on fasse entendre sur chacun des degrés chromatiques d'une gamme, l'oreille ne perd pas l'impression de l'accord primitivement entendu (§ 266), qui a donné naissance à cette gamme (1) et aux accords que peut comporter chacun de ses degrés.

Il suit de là que l'on peut, sans blesser l'oreille, ajouter au-dessous de chaque accord d'un même ton la tonique et la dominante, successivement ou simultanément.

409. Pour pouvoir ajouter dans la basse la tonique et la dominante aux accords d'un même ton, il faut que ce ton soit bien établi.

410. Les dissonances qui se produisent contre la tonique ou la dominante peuvent être attaquées sans préparation.

---

(1) Chaque degré d'une gamme chromatique possède un caractère qui dépend uniquement de l'accord primitivement entendu. (Voyez § 251.)

Une gamme chromatique se distingue d'une autre gamme chromatique, par les fonctions tonales qu'y remplit chacun des degrés de ces gammes. Ainsi l'*ut* dièse, dans la gamme chromatique d'*ut*, remplit la fonction tonale d'appogiature ascendante du 2e degré, tandis que, dans la gamme chromatique de *la* majeur, il remplit la fonction tonale de 3e degré (Voyez au tableau, page 220 colonne 2, les diverses fonctions tonales que remplit l'*ut* dièse dans les gammes chromatiques de chaque ton.)

EXEMPLES DES ACCORDS AUXQUELS ON PEUT AJOUTER SUCCESSIVEMENT OU SIMULTANÉMENT LA TONIQUE ET LA DOMINANTE (1).

411. ACCORDS CONSONNANTS DU MODE MAJEUR.

Accord parfait du 2e degré. — Accord parfait du 4e degré. — Accord parfait du 5e degré. — Accord parfait du 6e degré. — Accord de quinte mineure du 7e degré.

412. ACCORDS CONSONNANTS DU MODE MINEUR.

Accord de quinte mineure du 2e degré. — Accord parfait du 4e degré. — Accord parfait du 5e degré. — Accord parfait du 6e degré. — Accord de quinte mineure du 7e degré

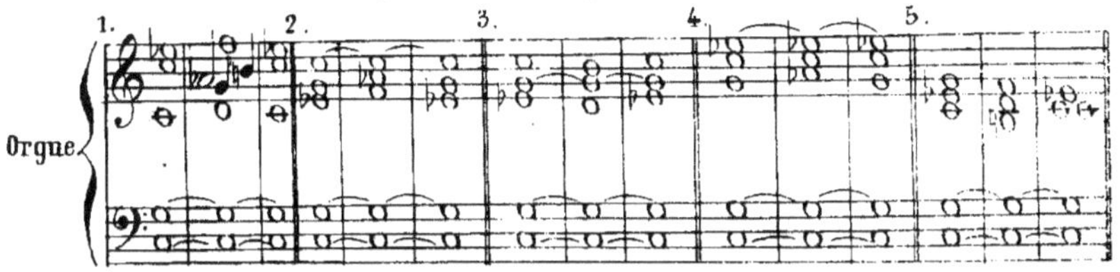

413. On obtient les accords de sixte et de sixte et quarte employés sur les différents degrés de la gamme majeure et de la gamme mineure, en renversant les accords placés au-dessus de la tonique et de la dominante des dix exemples précédents.

414. On peut introduire dans les accords consonnants, unis à la tonique et à la dominante, des prolongations et des altérations.

ACCORDS DISSONANTS.

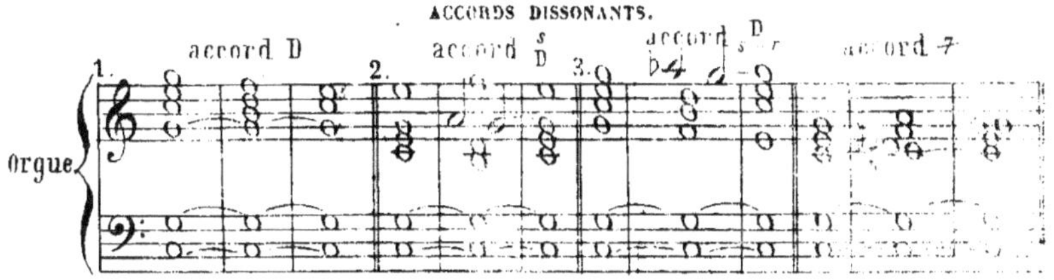

(1) Il est indispensable d'exécuter sur un orgue les accords formés au moyen de l'adjonction [illegible] simultanée de la tonique et de la dominante (voyez du § 41[illegible] au § 431), la plupart de ces [illegible] dureté insupportable, lorsqu'elles sont jouées [illegible] (L'inconvénient est le même que [illegible] note du § 433.)

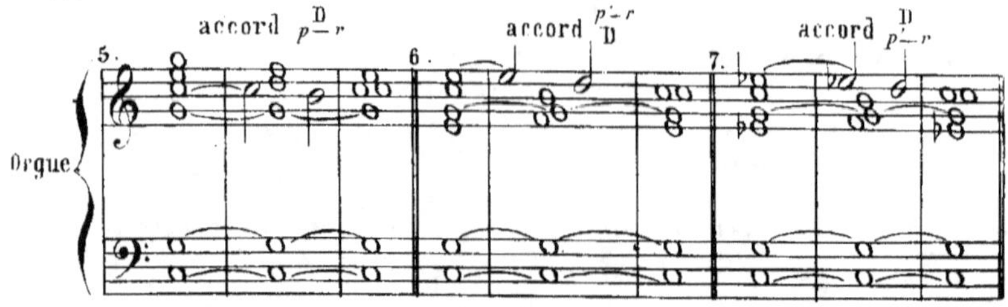

415. Il est possible dans l'accord de septième dominante avec prolongation du 3me degré majeur ou mineur se résolvant sur le 2me degré, de faire entendre la note retardée conjointement avec cette prolongation ; mais il faut que la prolongation soit maintenue à la distance de neuvième du 2me degré. Ex.

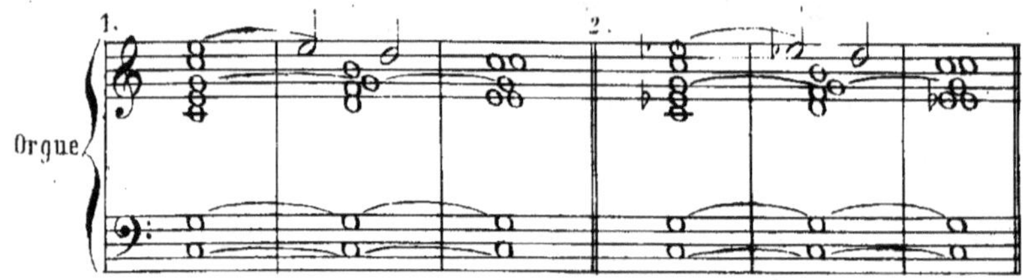

416. RÉUNION DE LA PROLONGATION DE LA TONIQUE ET DU 3me DEGRÉ MAJEUR OU MINEUR DANS L'ACCORD DE SEPTIÈME DOMINANTE.

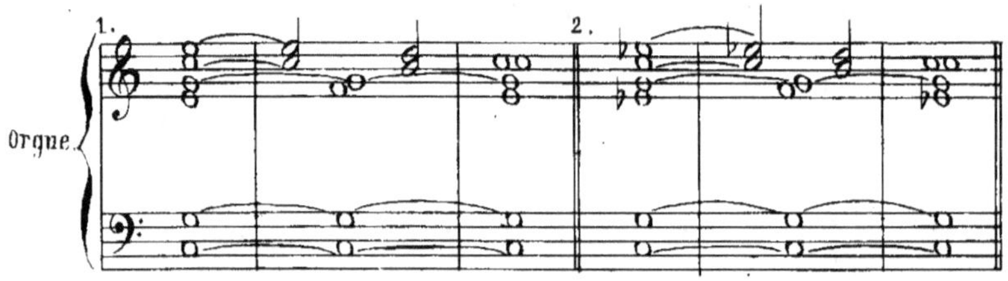

417. ACCORD DE SEPTIÈME DOMINANTE AVEC SUBSTITUTION ET PROLONGATION DE LA TONIQUE.

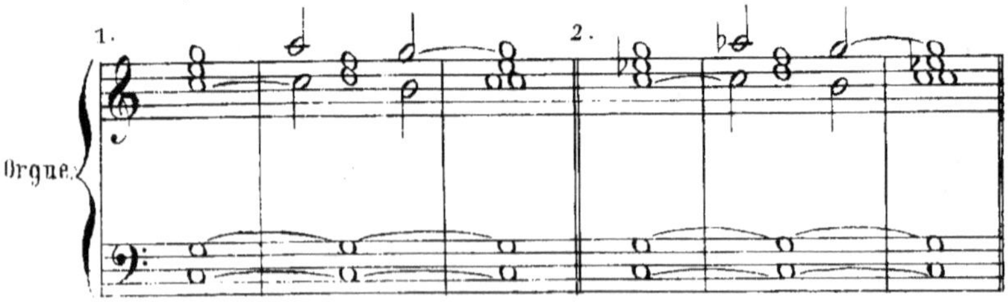

418. ACCORD DE SEPTIÈME DOMINANTE AVEC SUBSTITUTION ET PROLONGATION DU 3me DEGRÉ MAJEUR OU MINEUR.

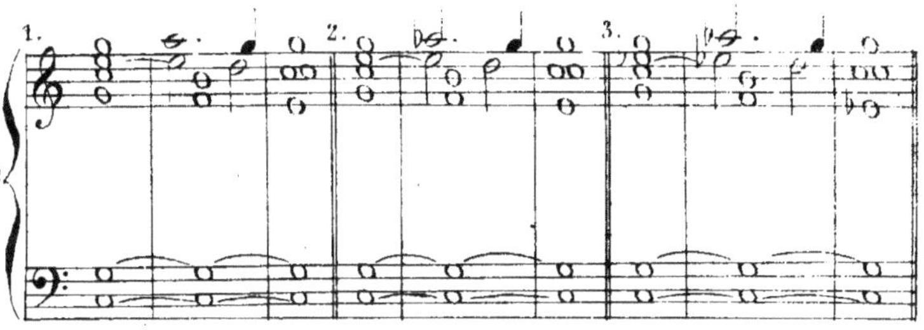

419. ACCORD DE SEPTIÈME DOMINANTE AVEC SUBSTITUTION ET PROLONGATIONS DE LA TONIQUE ET DU 3me DEGRÉ MAJEUR OU MINEUR.

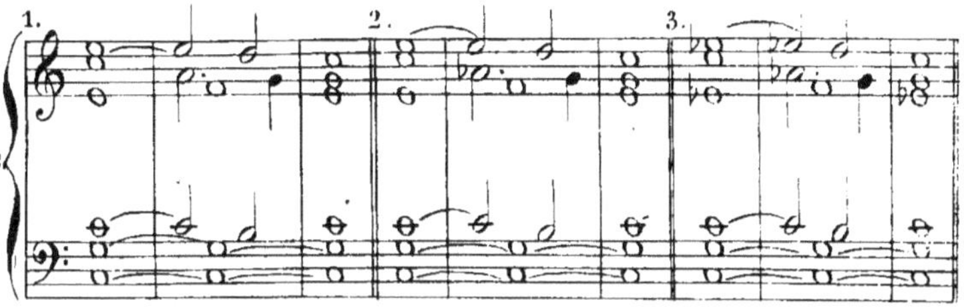

420. Il est possible, dans l'accord de septième dominante avec substitution et prolongation du 3me degré se résolvant sur le deuxième degré, de faire entendre la note retardée conjointement avec la prolongation, mais il faut que cette prolongation soit maintenue à la distance de neuvième du 2me degré.

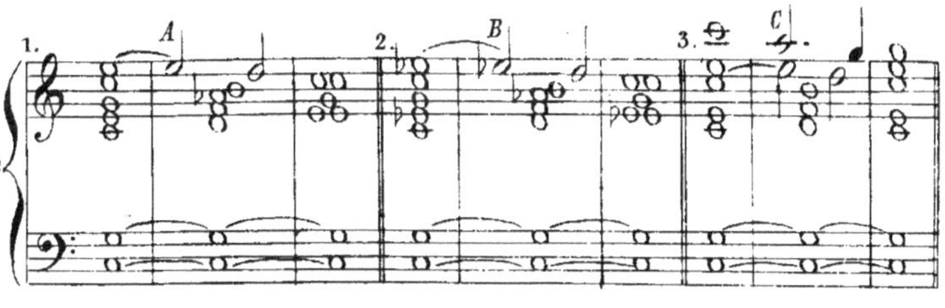

Les accords *A*, *B* et *C* des exemples précédents sont remarquables : le premier (*A*) contient les notes ***ut, ré, mi, fa, sol la*** b, ***si;*** le deuxième (*B*) est composé de toutes les notes de la gamme mineure ***ut, ré, mi*** b, ***fa, sol, la*** b, ***si*** ; le troisième (*C*) contient toutes les notes de la gamme majeure ***ut, ré, mi, fa, sol, la, si.***

121. ACCORD DE SEPTIÈME DOMINANTE AVEC ALTÉRATION ASCENDANTE OU DESCENDANTE DU 2me DEGRÉ (§ 148), ET CES MÊMES ACCORDS COMBINÉS AVEC LES SUBSTITUTIONS.

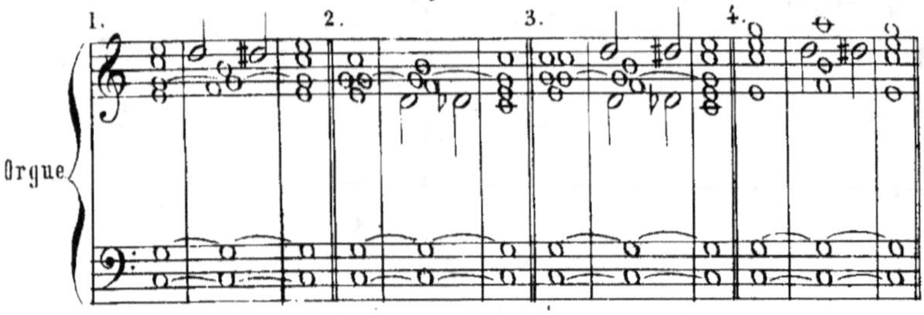

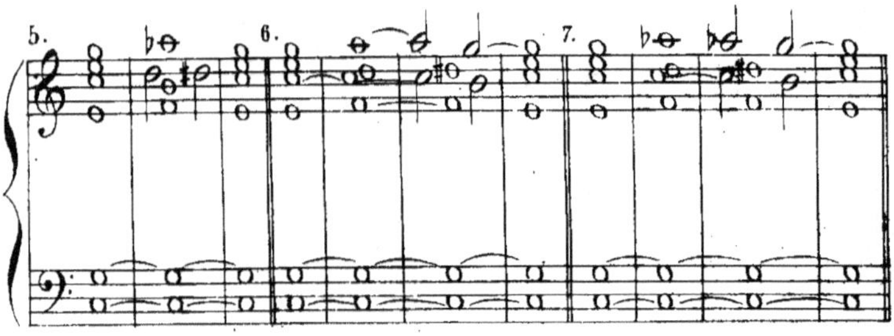

122. La tonique et la dominante peuvent être ajoutées successivement ou simultanément au-dessous de l'accord de septième dominante et de ses dérivés avec appogiatures simples, doubles, triples ou quadruples.

ACCORD DE SEPTIÈME DOMINANTE AVEC APPOGIATURE SIMPLE (*voyez* §§ 300, 302 *et* 310) ET ADJONCTION SUCCESSIVE OU SIMULTANÉE DE LA TONIQUE ET DE LA DOMINANTE.

423. ACCORD DE SEPTIÈME DOMINANTE AVEC APPOGIATURES SIMULTANÉES DOUBLES (*voyez* §§ 311. 313, 315, 317, 318, 320, 321, 322, 323 et 324) ET ADJONCTION SUCCESSIVE OU SIMULTANÉE DE LA TONIQUE ET DE LA DOMINANTE.

424. ACCORD DE SEPTIÈME DOMINANTE AVEC APPOGIATURES SIMULTANÉES TRIPLES (*voyez les exemples des* §§ 327, 328, 329, 330, 331 et 332) ET ADJONCTION SUCCESSIVE OU SIMULTANÉE DE LA TONIQUE ET DE LA DOMINANTE.

425. ACCORD DE SEPTIÈME DOMINANTE AVEC APPOGIATURES SIMULTANÉES QUADRUPLES (*voyez les exemples des* §§ 333 *à* 339) ET ADJONCTION SUCCESSIVE OU SIMULTANÉE DE LA TONIQUE ET DE LA DOMINANTE.

426. ACCORD PARFAIT DU 2me DEGRÉ (*ton d'ut majeur*) AVEC APPOGIATURES SIMULTANÉES DOUBLES, TRIPLES OU QUADRUPLES ET ADJONCTION SUCCESSIVE OU SIMULTANÉE DE LA TONIQUE ET DE LA DOMINANTE (§§ 344 à 350).

427. ACCORD PARFAIT DU 4me DEGRÉ (*ton d'ut majeur*) AVEC APPOGIATURES SIMULTANÉES DOUBLES, TRIPLES OU QUADRUPLES (§§ 352 à 358) ET ADJONCTION SUCCESSIVE OU SIMULTANÉE DE LA TONIQUE ET DE LA DOMINANTE.

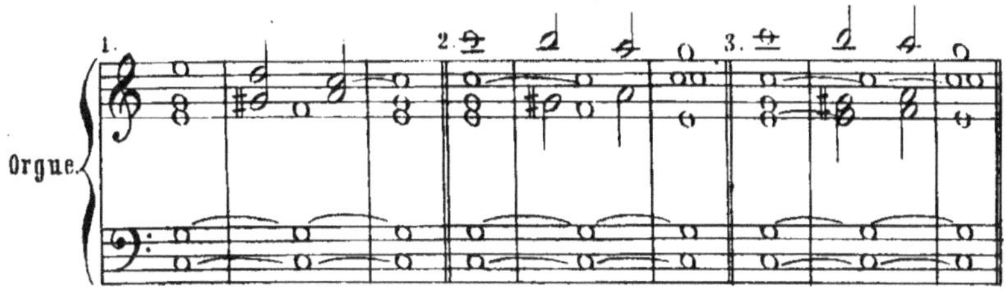

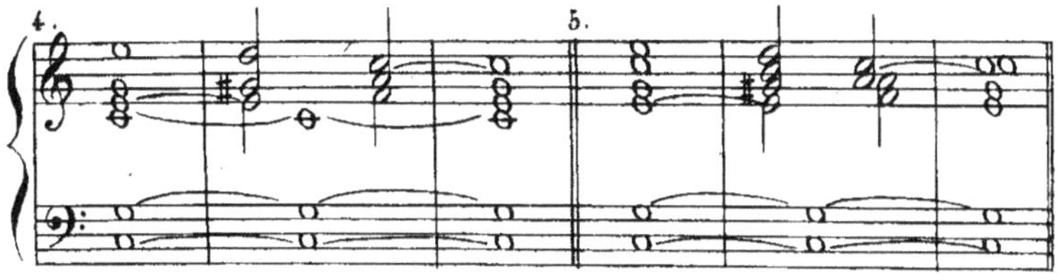

428. ACCORD PARFAIT DU 5me DEGRÉ AVEC APPOGIATURES SIMPLES, DOUBLES OU TRIPLES ET ADJONCTION SUCCESSIVE OU SIMULTANÉE DE LA TONIQUE ET DE LA DOMINANTE (§ 360).

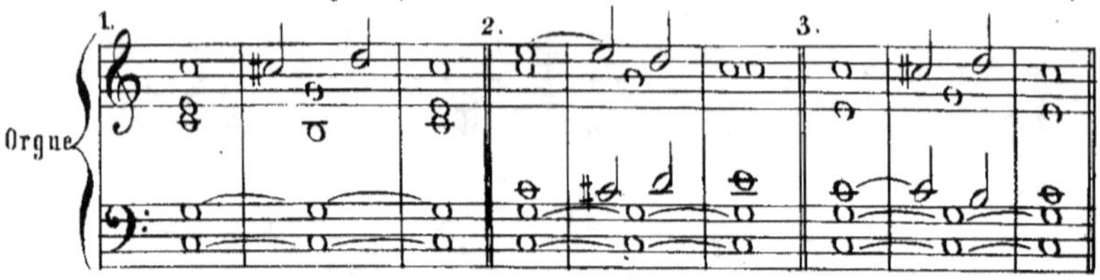

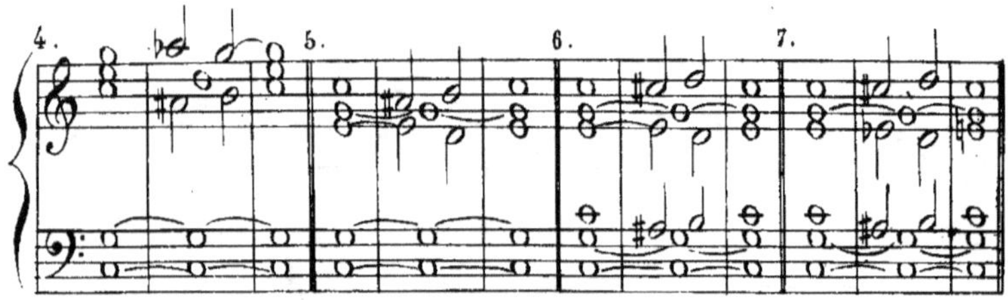

429. ACCORD DE SEPTIÈME DIMINUÉE DU PREMIER DEGRÉ (§ 258) OU L'UN DE SES RENVERSEMENTS AVEC APPOGIATURES SIMPLES, DOUBLES, TRIPLES OU QUADRUPLES (*voyez du* § 363 *au* § 371) ET ADJONCTION SUCCESSIVE OU SIMULTANÉE DE LA TONIQUE ET DE LA DOMINANTE (*ton d'*ut *majeur*).

APPOGIATURES SIMPLES.

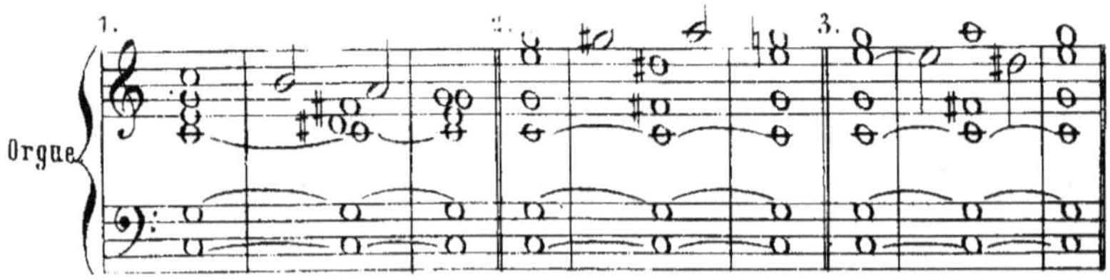

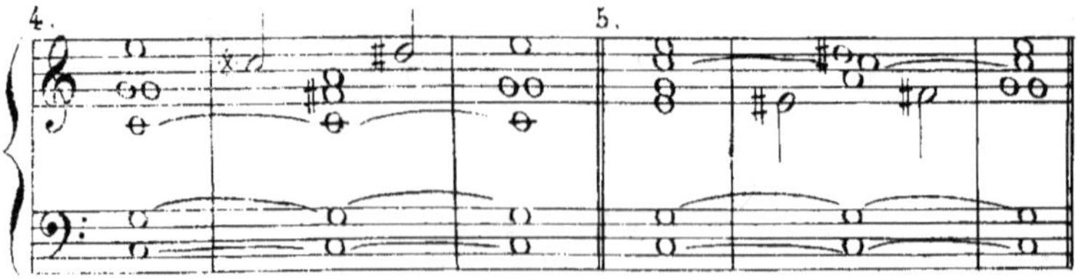

APPOGIATURES DOUBLES

APPOGIATURES TRIPLES.

APPOGIATURES QUADRUPLES.

430. ACCORD DE SEPTIÈME DU 2me DEGRÉ AVEC APPOGIATURES SIMPLES, DOUBLES OU TRIPLES ET ADJONCTION SUCCESSIVE OU SIMULTANÉE DE LA TONIQUE ET DE LA DOMINANTE (*ton d'*ut *majeur*).

APPOGIATURES SIMPLES.

APPOGIATURES DOUBLES.

APPOGIATURES TRIPLES.

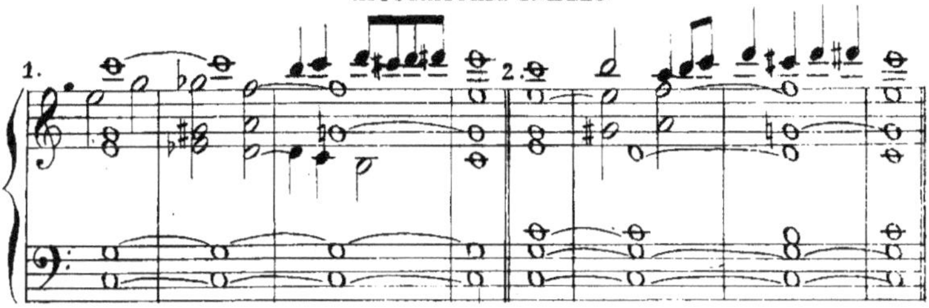

431. ACCORD DE SEPTIÈME DU 4me DEGRÉ AVEC APPOGIATURES SIMPLES DOUBLES OU TRIPLES ET ADJONCTION SUCCESSIVE OU SIMULTANÉE DE LA TONIQUE ET DE LA DOMINANTE (*ton d'*ut *majeur*).

APPOGIATURES SIMPLES.

APPOGIATURES DOUBLES.

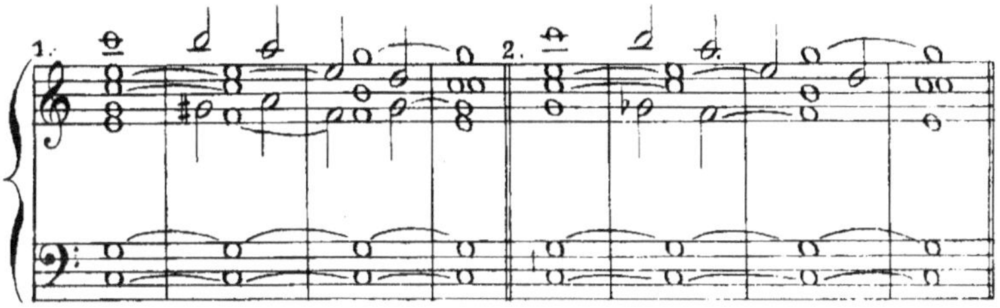

APPOGIATURES TRIPLES.

Les accords que nous venons de former au moyen de l'adjonction successive ou simultanée de la tonique et de la dominante, démontrent à l'évidence la vérité de la proposition énoncée au paragraphe 408.

432. La plupart des accords formés au moyen de l'adjonction successive ou simultanée de la tonique et de la dominante ne peuvent guère se renverser; ces deux notes transportées dans les parties aiguës n'ayant plus assez de force pour rappeler l'idée du ton dominant, il pourrait se produire des dissonances extrêmement dures et qu'il est impossible d'admettre même avec préparation.

DES ACCORDS FORMÉS AU MOYEN DES NOTES APPOGIATURES D'UN ACCORD DONNÉ, UNIES A LEUR NOTE RÉELLE.

433. Il est possible de former des séries d'accords au moyen des appogiatures d'un accord donné, unies à leur note réelle (*). Prenons pour exemple l'accord de septième dominante, et réunissons successivement et simultanément les appogiatures de cet accord à leur note réelle.

ACCORD DE SEPTIÈME DOMINANTE AVEC APPOGIATURES UNIES A LEUR NOTE RÉELLE (*ton d'*ut *majeur*).

434. APPOGIATURE ASCENDANTE DU 2me DEGRÉ (*ut* ♯), UNIE AU 2me DEGRÉ (*ré*), SA NOTE RÉELLE OU DE RÉSOLUTION.

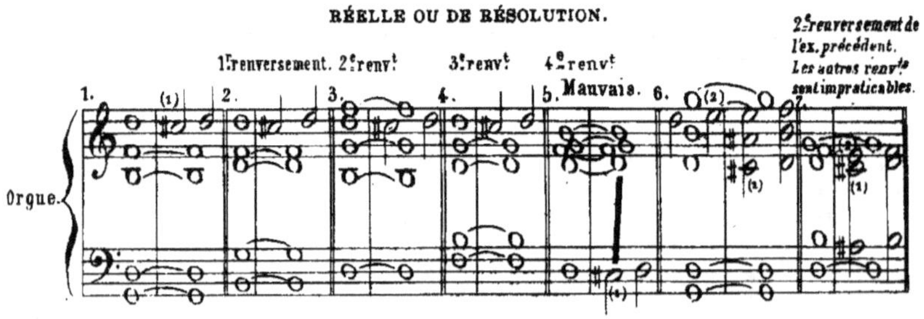

435. (1) L'*ut* ♯ appogiature ascendante du 2me degré doit se placer au-dessus du *ré*, sa note réelle; les exemples précédents 5 et 10 sont fautifs.

(2) Le *mi* dissonant contre *ré* peut être préparé par une note de passage (§ 396), ou par une note précédant le *mi* et faisant avec celui-ci une seconde supérieure (§ 395).

(*) La plupart des accords formés au moyen des appogiatures d'un accord unies à leur note réelle (voyez du § 434 au § 451), sont impossibles si on les joue au piano; la résonnance des sons étant très-forte sur cet instrument, il en résulte une confusion de sons qui augmente encore si les étouffoirs du piano sont mal construits.

436. APPOGIATURE DESCENDANTE MAJEURE DU 2me DEGRÉ (*mi*), UNIE A SA NOTE RÉELLE (*ré*).

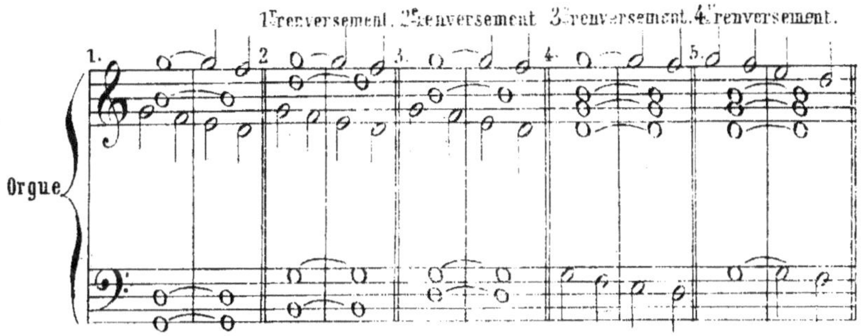

437. APPOGIATURE DESCENDANTE MINEURE DU 2me DEGRÉ (*mi ♭*), UNIE A SA NOTE RÉELLE (*ré*).

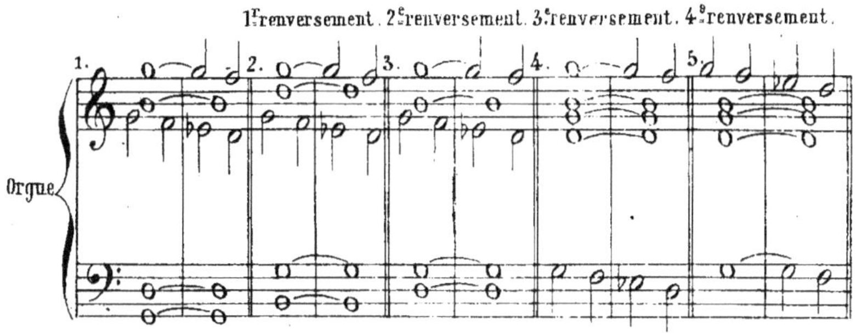

438. APPOGIATURE ASCENDANTE DU 4me DEGRÉ (*mi*), UNIE A SA NOTE RÉELLE (*fa*).

439. APPOGIATURES ASCENDANTES DU 2me ET DU 7me DEGRÉ (*ut* ♯, *la* ♯), UNIES A LEUR NOTE RÉELLE (*ré*, *si*).

440. SUBSTITUTION MINEURE (*la* ♭) ET APPOGIATURE DESCENDANTE DU 7me DEGRÉ (*ut*), UNIES A LEUR NOTE RÉELLE (*sol*, *si*).

441. SUBSTITUTION MAJEURE (*la*) ET APPOGIATURE DESCENDANTE DU 7me DEGRÉ (*ut*), UNIES A LEUR NOTE RÉELLE (*sol*, *si*).

442. On doit placer l'appogiature descendante du 7me degré (*ut*) au-dessous de sa note réelle (*si*).

443. SUBSTITUTION MINEURE (*la* b). APPOGIATURE DESCENDANTE MINEURE DU 2me DEGRÉ (*mi* b), ET APPOGIATURE DESCENDANTE DU 7me DEGRÉ (*ut*), UNIES A LEUR NOTE RÉELLE (*sol*, *ré*, *si*).

444. APPOGIATURES ASCENDANTES DU 2me, DU 4me ET DU 7me DEGRÉ (*ut* ♯ *mi*, *la* ♯), UNIES A LEUR NOTE RÉELLE (*ré*, *fa*, *si*).

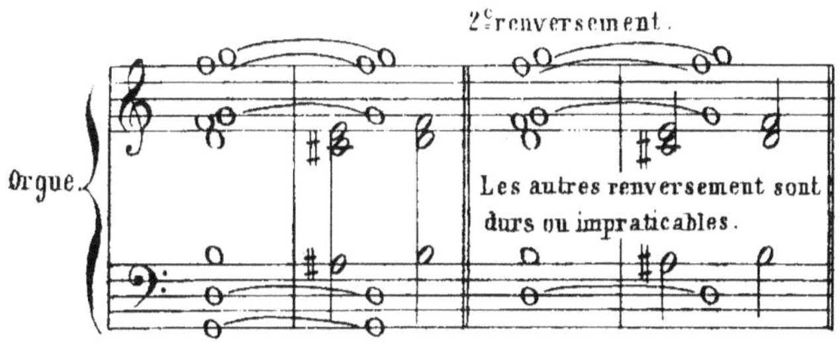

445. **Les dissonances produites par les appogiatures doivent, autant que possible, être préparées par une note-précédant la dissonance et faisant avec celle-ci une seconde supérieure. (Voyez l'*ut* ♯, le *mi* et le *la* ♯, sont précédés respectivement des notes *ré*, *fa*, *si*.)**

446. APPOGIATURES ASCENDANTES DU 2me ET DU 4me DEGRÉ (*ut* ♯, *mi*) ET SUBSTITUTION MAJEURE OU MINEURE (*la* ou *la* b), UNIES A LEUR NOTE RÉELLE (*ré*, *fa*, *sol*).

447. Les exemples précédents ne sont guère susceptibles d'être renversés.

448 APPOGIATURES ASCENDANTES DU 2me, DU 4me ET DU 7me DEGRÉ (*ut* ♯, *mi*, *la* ♯), UNIES A LEUR NOTE RÉELLE (*ré*, *fa*, *si*).

449. Le *la* dièse, appogiature ascendante du 7me degré doit se placer au-dessus du *si*.

450. APPOGIATURES ASCENDANTES DU 2me, DU 4me, DU 7me DEGRÉ ET SUBSTITUTION MAJEURE OU MINEURE (*ut* ♯, *mi*, *la* ♯ et *la* ou *la* b), UNIES A LEUR NOTE RÉELLE (*ré*, *fa*, *si*, *sol*).

451. Les exemples précédents sont remarquables en ce qu'ils nous donnent des accords de huit sons. (Voyez au signe ∗ les accords *sol*, *ré*, *si*, *mi*, *la* ♯, *ut* ♯, *fa*, *la* et *sol*, *ré*, *si*, *mi*, *la* ♯, *ut* ♯, *fa*, *la* b.)

452. Dans les accords avec appogiatures unies à leur note réelle, on doit éviter de faire exécuter l'appogiature et sa note réelle par des voix, lors même que les règles relatives au style vocal (§ 43) auraient été observées, parce que la voix n'a pas la fixité nécessaire pour attaquer ces sons avec sûreté et les soutenir avec justesse.

453. Il serait trop long d'énumérer tous les accords qui peuvent résulter de la réunion des appogiatures avec leur note réelle. L'accord de septième dominante, que nous venons de traiter, est l'un des plus féconds en résultats.

454. Les harmonistes distinguent trente-cinq sons qui, au moyen du tempérament (1), peuvent être ramenés à douze pour les instruments à sons fixes (2).

Nous avons, dans le cours de cet ouvrage, recherché les affinités qui existent entre les différents sons mis actuellement en usage. Dans ces affinités nous avons puisé les lois de la tonalité; ces lois assignent aux accords non-seulement *la place qu'ils doivent occuper sur les degrés de l'échelle chromatique de la gamme, mais encore elles donnent la résolution naturelle (§ 275) de chacun de ces accords.*

(1) Le tempérament est une opération par laquelle on fixe l'intonation des sons de la gamme chromatique, de manière à satisfaire, *autant que possible*, aux exigences de l'oreille, et à ce que chacun de ces sons puisse être employé, avec ses fonctions tonales, dans tous les tons majeurs et mineurs.

(2) Une infinité de sons peuvent satisfaire complétement le sens musical, et les musiciens bien organisés les emploient instinctivement. C'est ainsi que les notes appogiatures d'un accord sont susceptibles, dans certains cas, d'être sensiblement altérées dans leurs intonations, de telle sorte que dans les appogiatures ascendantes on peut hausser progressivement ces notes jusqu'à un cinquième de ton. Ces appogiatures peuvent même être attaquées trois dixièmes de ton plus haut que l'intonation fixée par le tempérament, sans toutefois passer par l'altération du quart de ton, qui affecte désagréablement l'oreille.

Dans les appogiatures descendantes, il est quelquefois possible de baisser progressivement ces notes jusqu'à un cinquième de ton ou de les attaquer trois dixièmes de ton plus bas. Il résulte souvent de ces altérations des effets d'harmonie plus satisfaisants que lorsque les appogiatures sont employées avec l'intonation qu'elles ont dans la gamme chromatique réglée d'après le tempérament.

Il est facile d'en faire l'expérience sur un orgue ou harmonium à deux claviers superposés et construit de manière qu'en touchant le clavier inférieur, on puisse facilement atteindre aux touches du clavier supérieur.

L'auteur de cet ouvrage s'est fait construire un harmonium à double clavier, dont voici le plan et la coupe au quart de la grandeur naturelle.

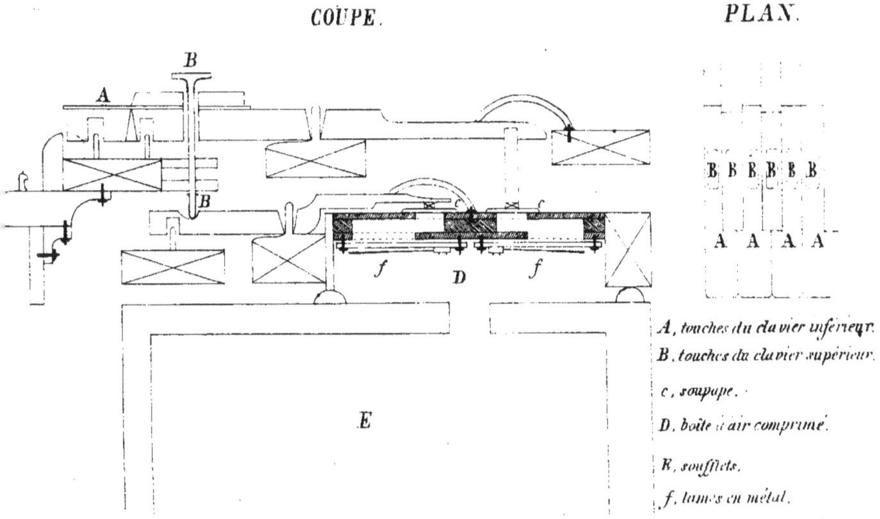

Pour régler convenablement les deux claviers, on accorde le clavier inférieur *A* au ton d'orchestre. Le *la*  doit donner 870 vibrations par seconde; le clavier inférieur *B* doit être accordé sensiblement plus haut que le clavier inférieur, de telle sorte que les notes *la* 

de chacun des deux claviers, étant

455. Les sons musicaux peuvent se combiner d'une infinité de manières, au moyen des altérations, des appogiatures, des anticipations et des notes de passage; nous croirions empiéter sur la partie esthétique de l'art, si nous poussions plus loin nos investigations.

456. De ce qui précède, nous concluons : que tous les accords, dont nous venons de donner l'origine et la résolution naturelle, peuvent se diviser en quatre catégories distinctes, savoir :

La première catégorie comprend les accords formés au moyen des appogiatures de chacune des notes d'un accord parfait entendu de prime abord. (Voyez ces accords du § 251 au § 279.)

Dans la deuxième catégorie, nous rangeons les accords de la première catégorie dans lesquels on introduit une ou plusieurs notes appogiatures (voyez ces accords

---

entendues simultanément, donnent un battement (§ 98) égal à 138 du métronome de Maelzel.

Le diapason du clavier supérieur accordé de cette manière sera environ d'un cinquième de ton plus élevé que le diapason du clavier inférieur. On aura ainsi une gamme composée de vingt-quatre sons procédant par intervalle, de 1/5 de ton, 3/10 de ton, 1/5, 3/10, 1/5, 3/10 et ainsi de suite.

L'altération de 1/5 ou de 3/10 de ton a lieu le plus souvent conjointement avec la tierce ou la sixte supérieure montant ou descendant d'un demi-ton et marchant toutefois dans le même sens que l'altération de 1/5 ou de 3/10 de ton.

Un exemple suffira pour faire comprendre ce qu'il pourrait y avoir d'obscur dans l'exposé succinct que nous venons de faire de l'emploi de l'altération de 1/5 et de 3/10 de ton dans les appogiatures.

EXEMPLE D'HARMONIE DANS LEQUEL IL EST FAIT USAGE DE L'ALTÉRATION DE 1/5 ET DE 3/10 DE TON.

N. B. Le signe ⊔ indique l'altération ascendante de 1/5 ou de 3/10 de ton, et le signe ⊓ est employé pour désigner l'altération descendante de 1/5 ou de 3/10 de ton.

F. Fétis (voyez la préface de la troisième édition (1849) de son *Traité d'harmonie*, page xlix) a constaté, au moyen de l'instrument de Scheibler que, dans les altérations, les variations d'intonation dépassent quelquefois un sixième de ton.

Plusieurs essais ont été faits en France sur l'emploi des quarts de ton. A.-J.-H. Vincent, membre de l'Institut, a publié en 1859 un tableau de modulations pour l'usage du double clavier à quarts de ton, où il donne les moyens de passer du ton d'*ut* clavier inférieur à tous les tons du clavier supérieur.

Voyez ce que dit Reicha dans son *Traité de haute composition musicale*, 2e partie, page 329, § 5, sur la possibilité de l'emploi des quarts de ton du § 295 au § 371), et les accords de septième tonale avec appogiatures. (Voyez du § 375 au § 381.)

Les accords de la troisième catégorie comprennent tous les accords formés par l'adjonction successive ou simultanée de la tonique et de la dominante dans la partie grave des accords de la première et de la deuxième catégorie (voyez ces accords du § 408 au § 432), et les accords formés par la réunion des appogiatures unies à leur note réelle. (Voyez quelques accords de cette espèce du § 433 au § 451.)

Les accords de la quatrième catégorie comprennent tous ceux qui, n'appartenant à aucun ton déterminé, ne sont employés que comme accords servant à passer d'un ton à un autre, et sont produits en altérant une ou plusieurs notes d'un accord donné. (Voyez quelques accords de cette espèce du § 156 au § 181.)

De l'origine que nous donnons à chaque accord, nous concluons que l'ordre dans lequel sont écrits les sons qui composent une gamme n'est pas nécessaire pour constituer les accords, et que cette gamme n'est pas un principe d'où peuvent découler les lois de l'harmonie.

DES QUINTES SUCCESSIVES TOLÉRÉES.

457. En commençant notre cours d'harmonie, nous avons strictement défendu l'usage de quintes successives (voyez § 48); cependant ce principe n'est pas absolu, et il est des cas où *deux quintes successives peuvent être tolérées* et produire beaucoup d'effet. Les compositeurs les plus célèbres ont souvent fait usage de quintes se succédant par degrés conjoints et par sauts; nous recommandons cependant aux élèves peu versés dans la science de l'harmonie de ne pas faire usage de quintes successives, ces licences n'étant permises que lorsque l'on a vaincu toutes les difficultés relatives à la composition.

Si l'on a défendu jusqu'à ce jour, dans les traités d'harmonie, les suites de quintes, on aurait dû aussi étendre cette défense aux suites de quartes leurs renversements. Il est à remarquer que, souvent, les suites de quartes produisent des effets aussi désagréables que les quintes successives. (Voyez au § 91 des suites de quartes défectueuses entre les parties intermédiaires.)

Il serait difficile de poser un principe absolu pour l'emploi de quintes successives; nous avons remarqué qu'elles peuvent *quelquefois* être employées, lorsque les accords dans lesquels elles se trouvent placées sont liés par une ou plusieurs notes communes. Ex. :

Orgue

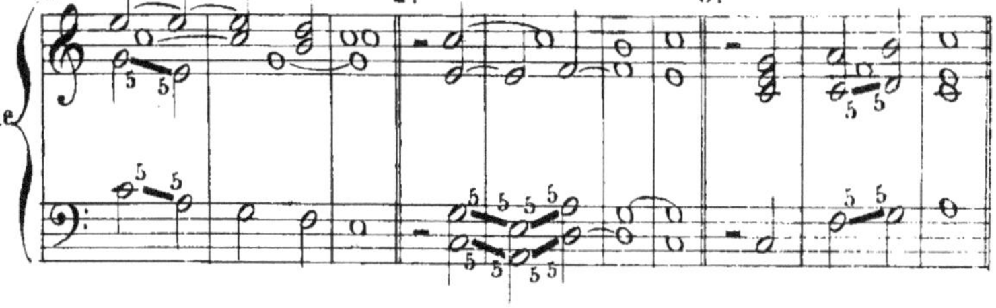

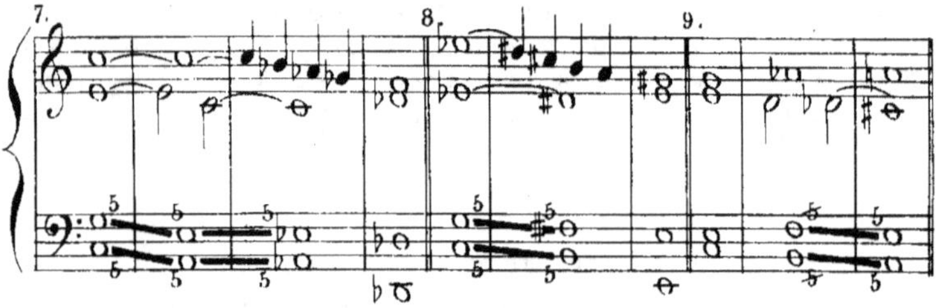

458. Les quintes successives peuvent, *dans quelques cas*, avoir lieu sans liaison apparente, lorsque l'une des notes de la seconde quinte a été entendue dans l'accord contenant la première quinte. Ex. :

459. Deux quintes successives sont quelquefois tolérées dans les parties intermédiaires, même sans liaison, lorsque la seconde quinte a lieu dans l'accord de sixte et quarte de la dominante. Ex. :

460. Il est à remarquer que les quintes procédant par demi-tons sont d'un effet plus agréables que lorsqu'elles franchissent l'intervalle d'un ton. En voici deux exemples sans liaison aucune :

461. Lorsque l'on écrit l'harmonie à plus de quatre parties réelles marchant par mouvements contraires, le mauvais effet des quintes successives se fait moins sentir que dans l'harmonie à trois ou quatre parties. Ex. :

DE LA PÉDALE.

462. On nomme *pédale* une note placée le plus souvent dans la basse et soutenue pendant une succession de plusieurs accords.

463. La pédale s'emploie sur la tonique ou sur la dominante, et est destinée à rappeler constamment l'idée du ton dominant.

464. Quoique la pédale appartienne spécialement à la partie la plus grave de l'harmonie, cette sorte de tenue peut aussi quelquefois être placée soit à la partie supérieure, soit dans une partie intermédiaire.

465. Les pédales prennent le nom de pédales inférieures, supérieures ou intermédiaires, suivant qu'elles se trouvent à la basse, à la partie supérieure ou dans une partie intermédiaire.

466. On fait souvent usage, dans la pédale, des progressions tonales et des accords auxquels on peut ajouter la tonique ou la dominante. (Voyez ces accords du § 411 au § 432.)

467. La pédale, dont la fonction est de rappeler constamment l'idée du ton dominant, perd son caractère de pédale, lorsqu'on détermine par un acte de cadence des modulations étrangères au ton de la pédale.

EXEMPLE D'UNE PÉDALE INFÉRIEURE SUR LA TONIQUE.

EXEMPLE D'UNE PÉDALE INFÉRIEURE SUR LA DOMINANTE.

468. Si la pédale se trouve dans une partie supérieure, on doit faire usage des règles concernant la préparation des dissonances (§ 116), ou n'attaquer et laisser celles-ci que par le mouvement conjoint.

EXEMPLE D'UNE PÉDALE SUPÉRIEURE.

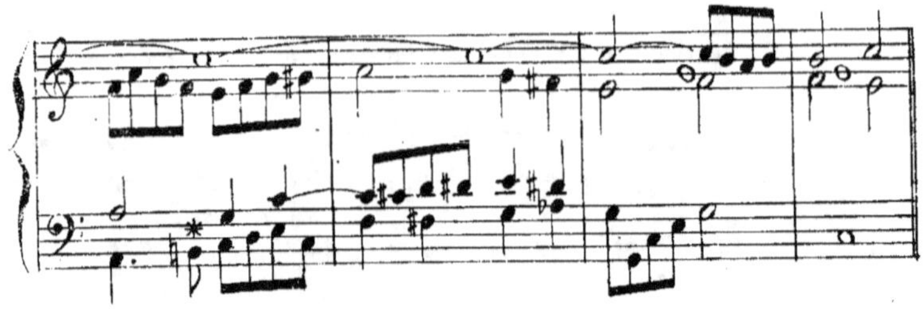

469. On doit, dans la pédale supérieure de tonique, éviter de faire entendre la note sensible, dans une partie inférieure à moins qu'elle ne soit de très-courte durée (voyez dans l'exemple précédent les notes marquées du signe ✱), afin d'éviter ainsi le mauvais effet du battement qui n'a pas le temps de se produire. (Voyez aux notes des §§ 98 et 190 ce que nous disons relativemeut au battement.)

470. La seconde mineure peut quelquefois avoir lieu contre la tonique ou la dominante et produire des effets d'harmonie très-piquants; mais, alors, cette dissonance doit avoir lieu dans les notes aiguës et doit être exécutée pianissimo. Ex. :

Orgue.

Orgue.

Dans les trois exemples précédents, le *sol dièse* forme contre le *la* naturel une dissonance de seconde mineure qui peut être tolérée, mais qui deviendrait insupportable si ces exemples étaient joués fort ou transposés dans les notes graves.

Le battement peut se produire dans les notes graves, même dans la dissonance de seconde majeure; c'est alors au compositeur à en atténuer le mauvais effet, en employant les moyens indiqués dans la note du § 98.

DES PÉDALES DOUBLES.

471. La pédale de tonique et la pédale de dominante peuvent être employées simultanément. Ex. :

Moderato.

Orgue.

FIN DE LA TROISIÈME PARTIE.

QUATRIÈME PARTIE.

CHAPITRE XIV.

DE LA MODULATION.

472. On entend par *modulation* le passage d'un ton à un autre, au moyen d'un ou de plusieurs accords que l'on place entre le ton primitif et le ton dans lequel on veut arriver.

473. Les accords qui servent de liaison entre deux tons s'appellent ***accords transitoires.***

474. Une modulation peut se faire de différentes manières; le choix des accords transitoires servant à opérer une modulation dépend naturellement du goût.

475. Il est un travail préliminaire extrêmement important à faire pour apprendre à moduler; il consiste à choisir un accord quelconque, et à chercher toutes les résolutions modulantes dont cet accord est susceptible.

476. Le moyen le plus simple pour lier deux accords d'une manière naturelle, c'est d'établir entre eux un point de contact par une note commune aux deux accords.

Prenons pour exemple l'accord parfait *ut, mi, sol,* du ton d'*ut* majeur, et cherchons à résoudre cet accord dans tous les tons possibles, en prenant pour accord transitoire l'accord de septième dominante ou l'un de ses renversements appartenant à un ton autre que le ton d'*ut*. Observons que les degrés de la gamme qui entrent dans la composition de l'accord de septième dominante sont : le 2me, le 4me, le 5me et le 7me degré. L'accord *ut, mi, sol,* étant pris comme point de départ, si nous prolongeons successivement chacune des notes de cet accord sur l'accord qui le suit, en considérant successivement la note prolongée comme 2me, 4me, 5me ou 7me degré, nous aurons établi le point de contact nécessaire pour lier d'une manière naturelle l'accord primitif *ut, mi, sol,* à son accord transitoire.

Prenons, par exemple, l'*ut* comme note de liaison, nous aurons :

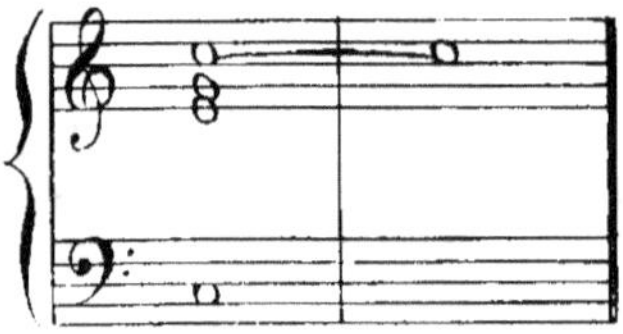

Si nous considérons l'*ut* prolongé comme 5me degré, nous modulons en *fa*. L'accord de septième dominante du ton de *fa* étant composé des notes *ut, mi, sol, si* b, nous n'avons à ajouter à l'*ut* prolongé que les notes *mi, sol, si* b, pour constituer l'accord transitoire. Ex. :

Ut, considéré comme 5e degré.

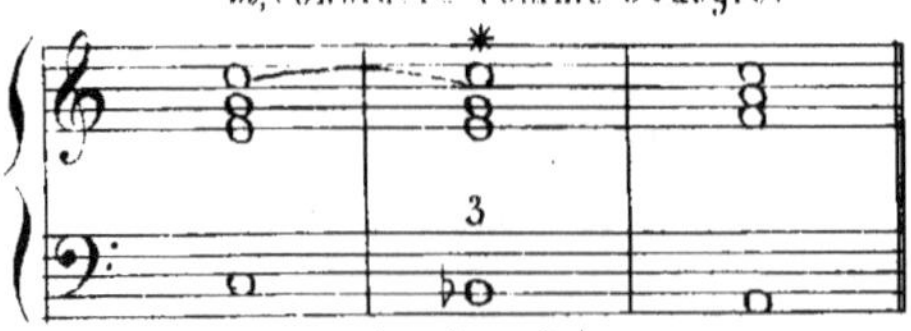

Accord transitoire.

477. Résolutions modulantes de l'accord parfait *ut, mi, sol*, ou modulations opérées avec un seul accord transitoire, en prenant l'*ut* comme note de liaison, et en considérant successivement cette note comme 2me, 4me, 5me ou 7me degré. Ex :

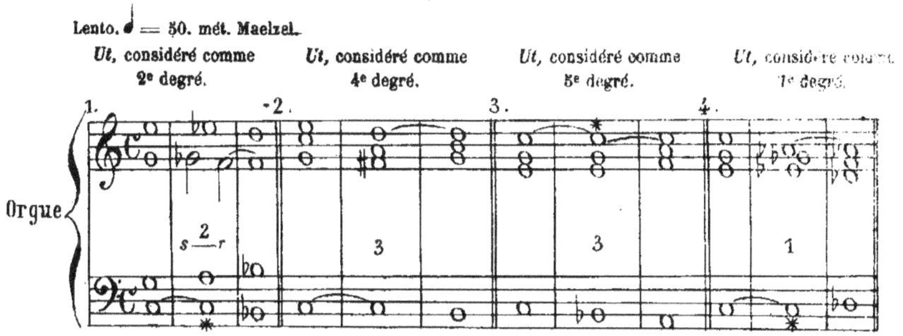

Pour adoucir la modulation d'*ut* majeur en *si* b majeur (voyez l'exemple 1 précédent), nous avons introduit dans l'accord transitoire la substitution mineure. (Voyez § 483.)

478. On peut essayer de considérer l'*ut* comme substitution majeure ou mineure (§ 80), prolongation du 3me degré majeur ou mineur (§ 97), altération ascendante ou descendante du 2me degré (§ 148). Ex. :

Ut ou *si* ♯, altéra. ascendante du 2e degré ou appogiature ascendante du 3e degré. *Ut.* altéra. descendante du 2e degré ou appogiature descendante mineure du 1er degré.

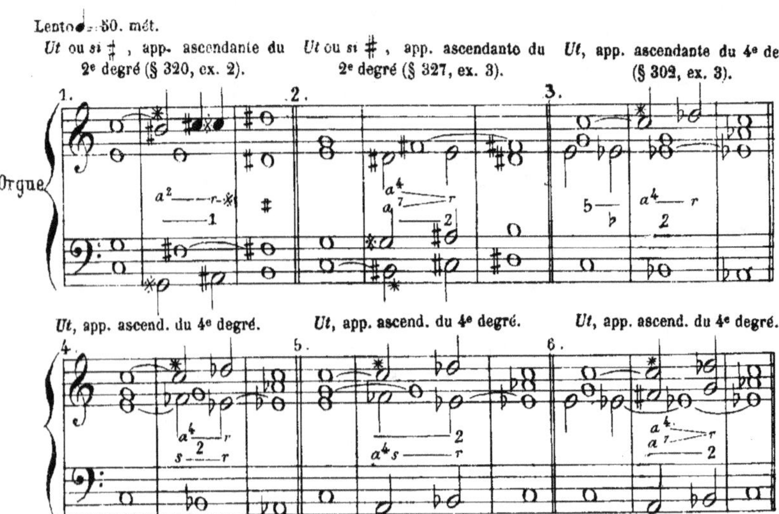

479. Il est encore possible de moduler, en considérant successivement l'*ut* comme appogiature ascendante du 3me, du 4me, du 5me ou du 7me degré.

Lento ♩ = 50. mét.

Ut ou *si* ♯, app. ascendante du 2e degré (§ 320, ex. 2). *Ut* ou *si* ♯, app. ascendante du 2e degré (§ 327, ex. 3). *Ut*, app. ascendante du 4e degré (§ 302, ex. 3).

Ut, app. ascend. du 4e degré. *Ut*, app. ascend. du 4e degré. *Ut*, app. ascend. du 4e degré.

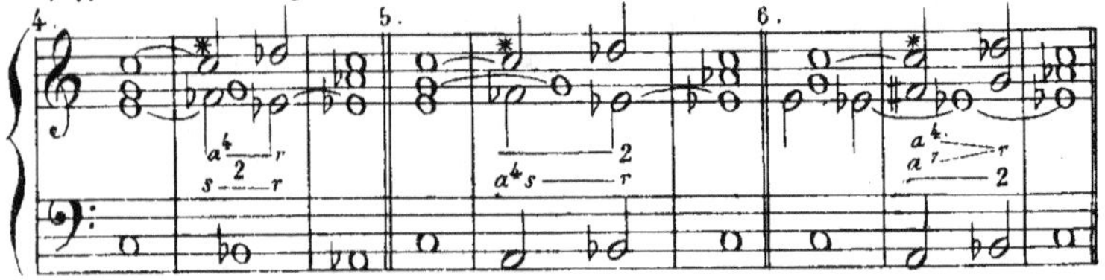

Ut ou *si* ♯, app. ascend. du 5e degré (§ 258). *Ut* ou *si* ♯, app. ascend. du 7e degré (§ 327, ex. 2).

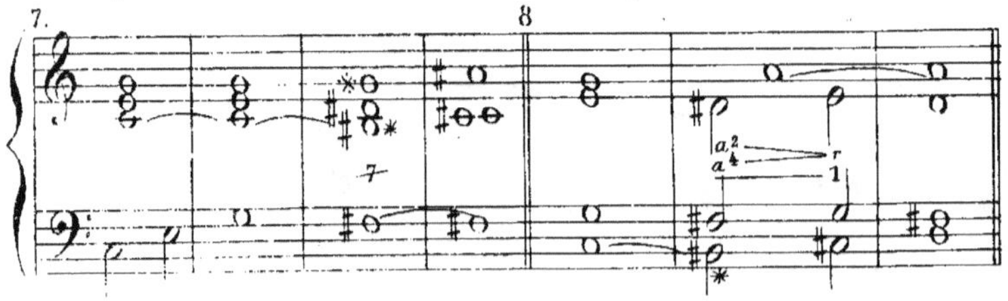

480 Les mêmes procédés pour moduler peuvent s'appliquer aux notes *mi* et *sol* de l'accord parfait *ut*, *mi*, *sol*, en prenant le *mi* ou le *sol* comme note de liaison, et en considérant successivement chacune de ces notes comme 2me, 4me, 5me ou 7me degré, substitution majeure ou mineure, prolongations, appogiatures ascendantes du 2me, du 4me, du 5me ou du 7me degré.

481. Dans les successions d'accords appartenant au style instrumental, on peut faire exécuter par les voix les parties de l'harmonie conformes aux règles posées aux §§ 43 à 47, et l'on réserve pour les instruments les parties de l'harmonie qui sont d'une intonation trop difficile pour les voix.

482. Il est possible que l'on éprouve quelques difficultés à opérer des modulations en changeant une note d'un accord en une appogiature ; rien cependant n'est plus facile. Supposons que l'on veuille faire une modulation en prenant l'accord parfait *ut, mi, sol,* comme point de départ et en considérant le *sol* comme appogiature ascendante du 2me degré ; il est évident que *sol* dièse sera le 2me degré du ton *fa* dièse, dans lequel on va moduler. En faisant entendre toutes les notes de l'accord de septième dominante du ton de *fa* dièse moins le *sol* dièse remplacé par le *sol* naturel ou *fa* 𝄪, on aura la modulation suivante :

Sol ou *fa* 𝄪, app. ascend. du 2e degré (§ 300, ex. 4).

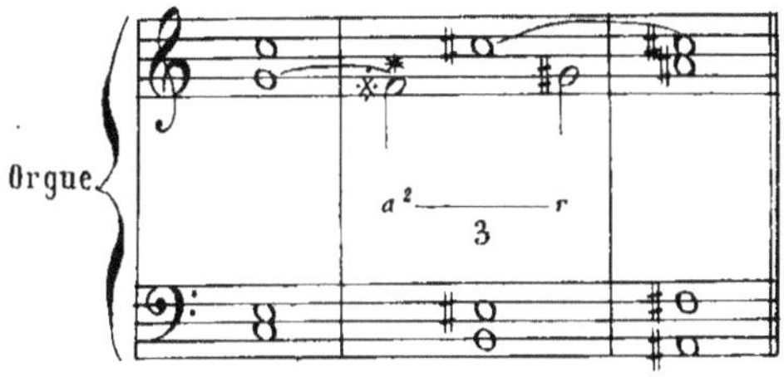

On procédera de la même manière pour toutes les autres notes appogiatures, soit ascendantes, soit descendantes.

Les notes *si, mi* ♯ et *ut* ♯ (voyez l'exemple précédent, deuxième mesure), peuvent être remplacées par leurs notes appogiatures. Ex. :

Lento ♩ = 50 mét.

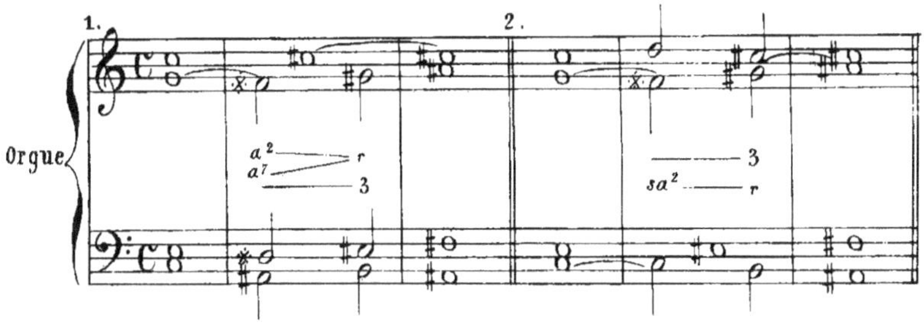

483. En remplaçant, comme nous venons de le faire dans l'exemple précédent, une ou plusieurs notes réelles d'un accord par leurs notes appogiatures, on peut, dans beaucoup de cas, adoucir une succession d'accords qui, sans cela, eût pû être trop brusque. (Voyez § 479, ex. 3, 4, 5 et 6.)

484. L'accord parfait *ut, mi, sol,* peut encore être résolu sur des accords de sixte et quarte de la dominante d'un ton nouveau; il suffit pour cela d'employer successivement les notes *ut, mi* et *sol,* comme liaison préparant la quarte de l'accord transitoire.

Lento. ♩= 60 mét. Maelzel.

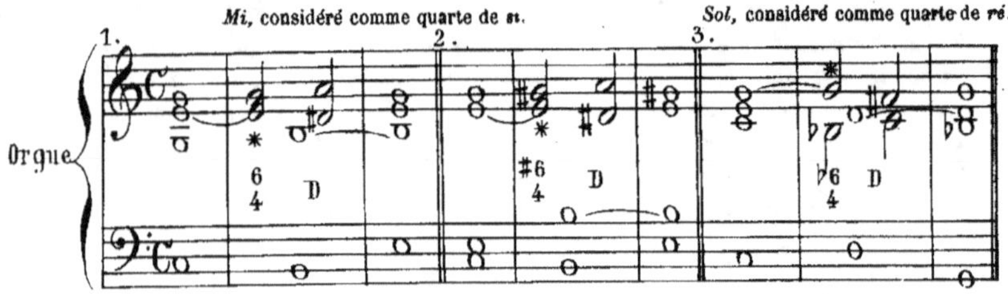

485. Si l'on prend pour point de départ un accord quelconque, soit consonnant, soit dissonant, on peut, de même que pour l'accord *ut, mi, sol,* que nous venons de traiter, faire un grand nombre de modulations, et cela avec un seul accord transitoire.

486. Les moyens que nous donnons aux §§ 476 à 480, pour trouver les résolutions modulantes dont un accord est susceptible, ne conduisent pas toujours à des résultats satisfaisants pour l'oreille; mais, par ces moyens, on trouve toutes les résolutions possibles.

RÉSOLUTIONS MODULANTES DE L'ACCORD DE SEPTIÈME DOMINANTE OPÉRÉES PAR LES PROCÉDÉS INDIQUÉS AUX §§ 476 à 480.

487. Nous avons vu (§ 70) que lorsque l'accord de septième dominante fait sa résolution naturelle (§ 275) sur le premier degré, deux notes ont une résolution forcée : le quatrième degré doit descendre au troisième, et la note sensible vient se résoudre en montant à la tonique. Il n'en est plus de même dans les résolutions modulantes de l'accord de septième dominante. Le quatrième degré et la note sensible *sont libres de descendre ou de monter d'un ou de plusieurs degrés.* (Voyez les règles exposées au § 397.)

EXEMPLES DES RÉSOLUTIONS MODULANTES DE L'ACCORD DE SEPTIÈME DOMINANTE *sol, si, ré, fa* DU TON *d'ut.*

Sol, EMPLOYÉ COMME NOTE DE LIAISON

Lento. ♩= 50.

Sol, 2e degré. — *Sol*, 4e degré — *Sol*, note sensible.

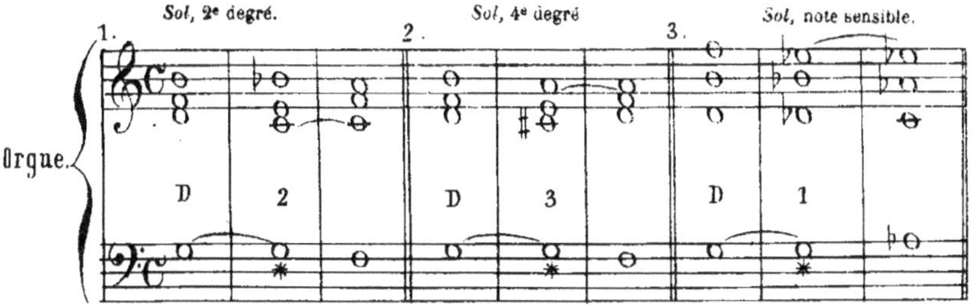

Sol, subst. min. ou app. descend. mineure du 5e degré (§ 80). — *Sol*, prol. du 3e degré maj. ou app. descend. maj. du 2e degré (§ 97) — *Sol*, altéra. descendante du 2e degré (§ 148).

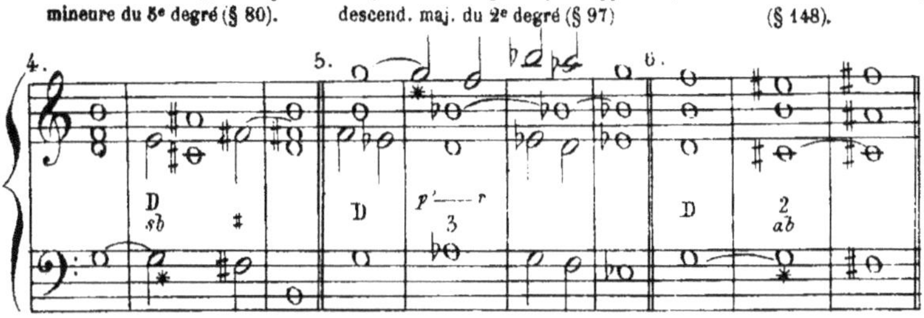

Sol, ou *fa* ※, app. ascend. du 2e degré (§ 300). — *Sol*, appogiature ascendante du 4e degré (§ 302).

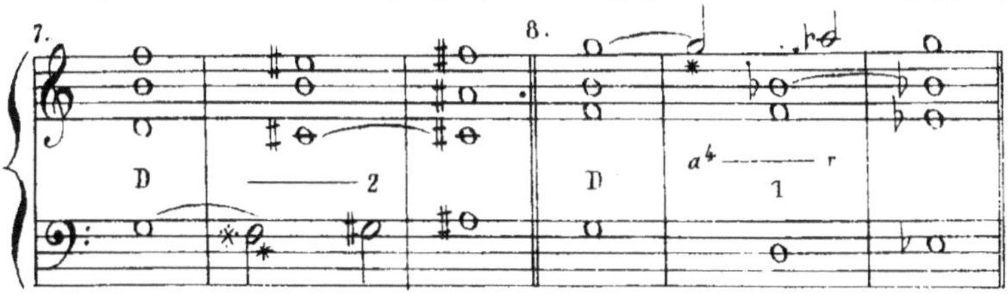

Sol, appogiature ascend. du 5e degré (§ 258). — *Sol*, ou *fa* ※, app. ascend. du 7e degré (§ 328, ex. 2).

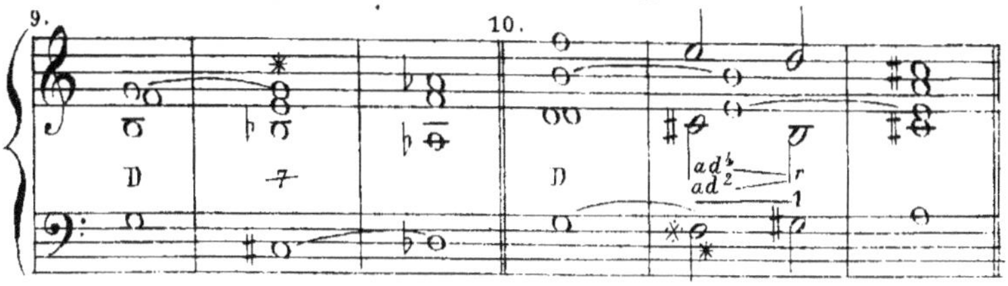

Si, EMPLOYÉ COMME NOTE DE LIAISON.

Lento 𝅗𝅥 . 50 met.

Si, 2e degré. *Si*, 4e degré. *Si*, dominante.

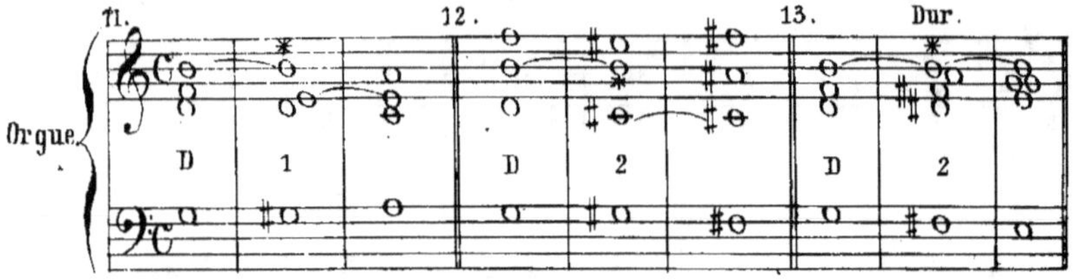

Si, subst.maj. ou app. desc. maj. du 5e degré (§ 80). *Si* ou *ut* b, subst.min. ou app. desc. min. du 5e degré (§ 80).

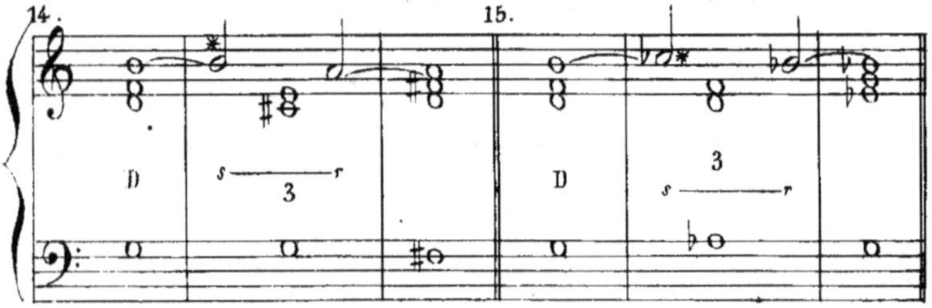

Si, appogiature asc. du 2e degré (§ 327, ex. 2). *Si*, appogiature ascendante du 4e degré (§ 302).

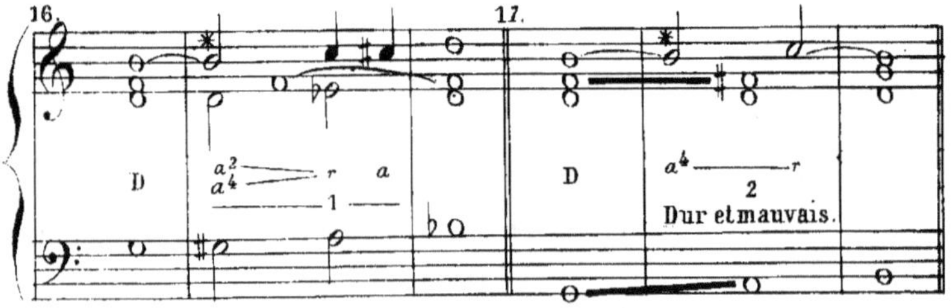

Si, appogiature ascendante du 5e degré (§ 258). *Si*, appogiature ascendante du 7e degré (§ 327, ex. 3).

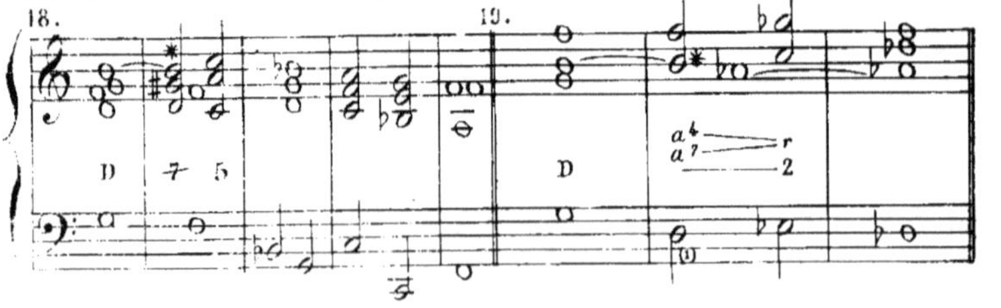

Ré, EMPLOYÉ COMME NOTE DE LIAISON.

Lento. 𝅗𝅥 = 50 mét.

Ré, 4e degré. — *Ré*, 7e degré. — *Ré*, subst. maj. ou app. desc. majeure du 5e degré (§ 80).

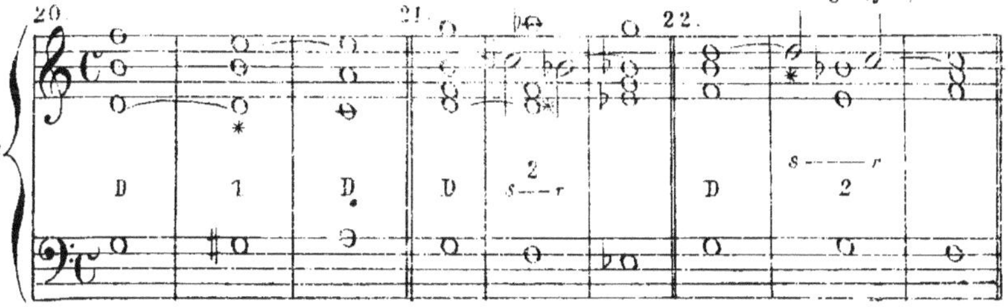

Ré, subst. min. ou app. desc. min. du 5e degré (§ 80). — *Ré*, prol. de la tonique ou app. desc. du 7e degré (§ 96). — *Ré*, appogiature ascendante du 5e degré (§ 258). — *Ré*, ou *ut* ✻, app. asc. du 7e degré. (§ 329. ex. 3). — *Ré*, ou *ut* ✻, appogiature ascendante du 7e degré.

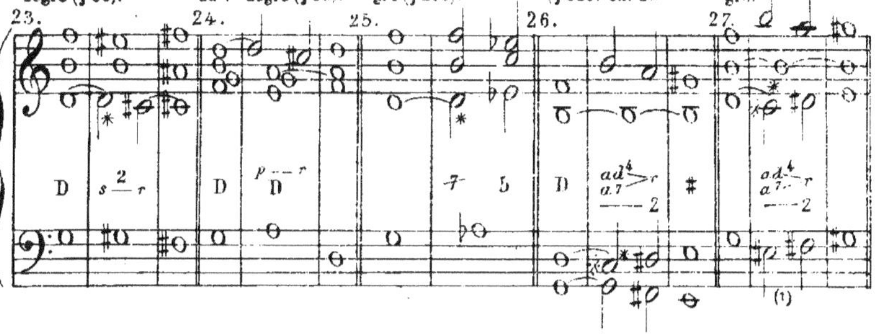

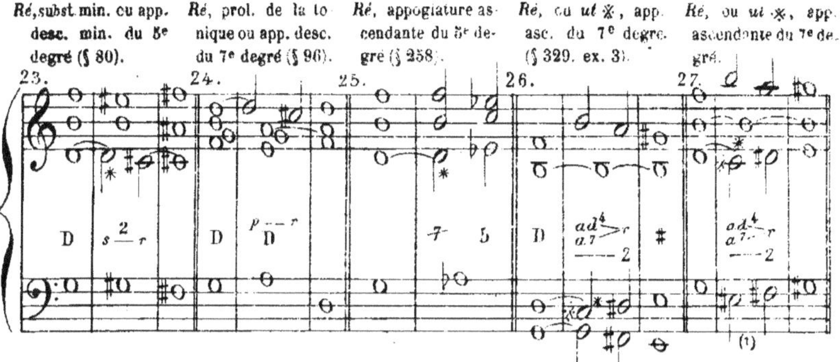

Fa, EMPLOYÉ COMME NOTE DE LIAISON.

Lento. ♩ = 50 mét.

Fa, 2e degré. — *Fa* ou *mi* ♯, 7e degré. — *Fa*, subst. maj. ou app. desc. maj. de 5e degré (§ 80). — *Fa*, subst. min. ou app. desc. min. du 5e degré (§ 80).

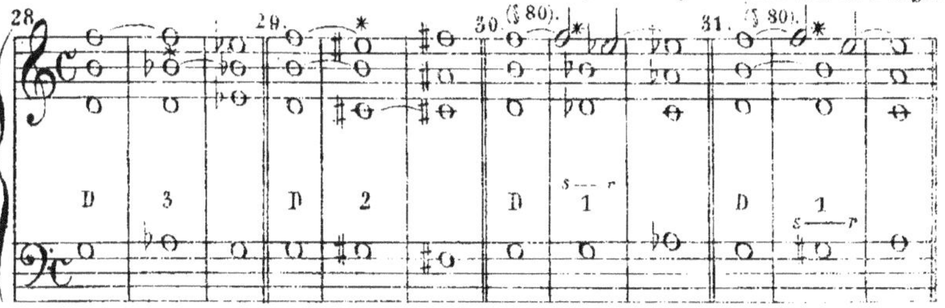

(1) Pour bien comprendre comment on est parvenu à réaliser les harmonies où il est fait usage de plusieurs appogiatures simultanées dans l'accord de septième dominante, on doit lire les §§ 482, 483 et 510.

Fa, prol. de la tonique ou app. de [illegible] du 7e degré (§ [illegible]). [illegible] ou mi ♯, appog. ascendante du 5e degré (§ 259, ex. 3). *Fa*, appog. ascend. du 7e degré (§ 310 et § 339, ex. 3).

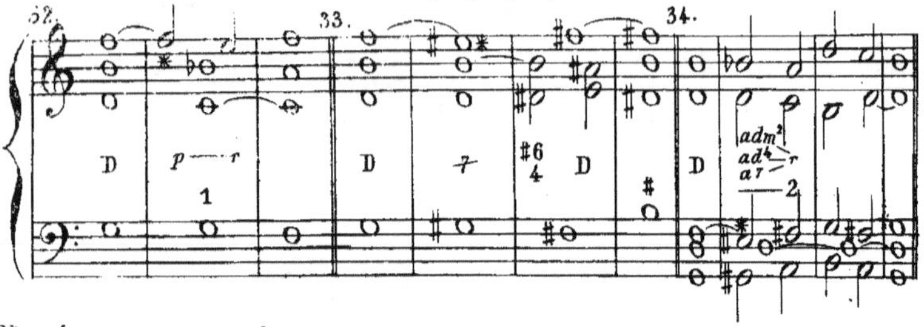

488. **RÉSOLUTIONS DE L'ACCORD DE SEPTIÈME DOMINANTE *sol, si, ré, fa,* SUR DES ACCORDS DE SIXTE ET QUARTE DE LA DOMINANTE D'UN TON NOUVEAU, EN CONSIDÉRANT SUCCESSIVEMENT CHACUNE DES NOTES *si, ré, fa.* COMME LA QUARTE DE L'ACCORD TRANSITOIRE SUIVANT. Ex. :**

Lento ♩ = 50 mét.

Si, considéré comme quarte de l'accord de sixte et quarte de la dominante. *Ré*, considéré comme quarte de l'accord de sixte et quarte.

Ré, considéré comme quarte de l'accord de sixte et quarte. *Fa*, considéré comme quarte de l'accord de sixte et quarte de la dominante.

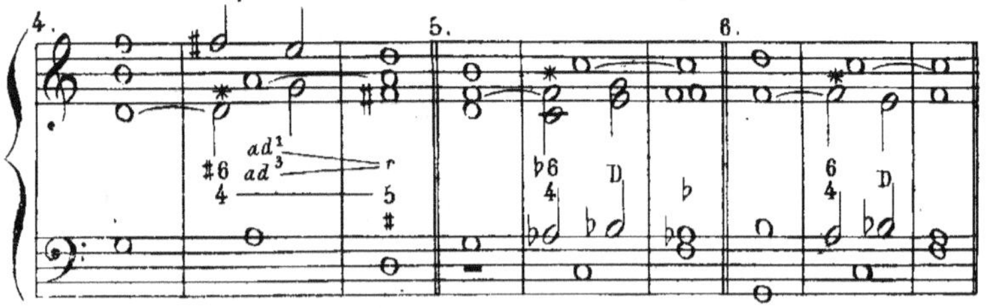

489. Il est possible encore de résoudre l'accord de septième dominante *sol, si, ré, fa,* sur des accords de septième dominante placés successivement sur tous les degrés de l'échelle chromatique de la gamme, en faisant entrer sur l'accord de résolution une partie supplémentaire dans la basse ; ce moyen de résolution peut souvent être employé pour éviter des suites de quintes ou d'octaves, de fausses relations

ou toute autre succession vicieuse et produire un grand effet, principalement dans la musique dramatique (style instrumental). Ex.

490. Le premier accord de septième dominante de chacun des onze exemples précédents, peut encore être résolu sur les renversements de chacun des accords transitoires de ces mêmes exemples; mais on doit avoir soin, si la résolution a lieu sur le deuxième renversement de l'accord de septième dominante, de préparer la quarte qui se produit entre la basse et une partie haute. Ex. :

Mauvais, parce que la quarte *mi* b, *la* b, n'est pas préparée. *Bon*, la quarte *mi* b, *la* b, est préparée. *Mauvais*, parce que la quarte *fa*, *si* b, n'est pas préparée. *Bon*, la quarte *fa*, *si* b, est préparée.

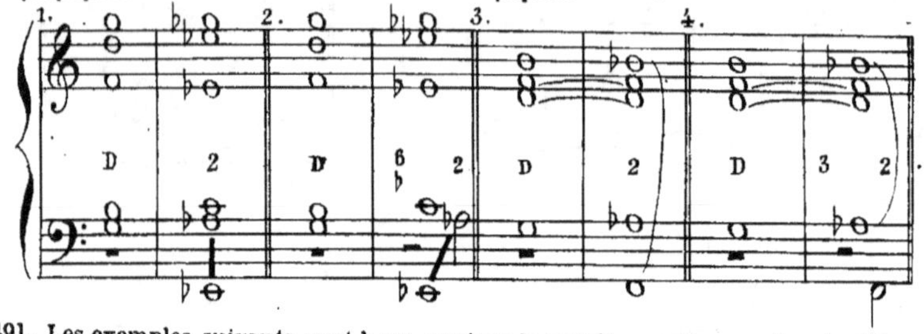

491. Les exemples suivants sont bons, quoique la quarte ne soit pas préparée. (Voyez § 74, ex. 3.)

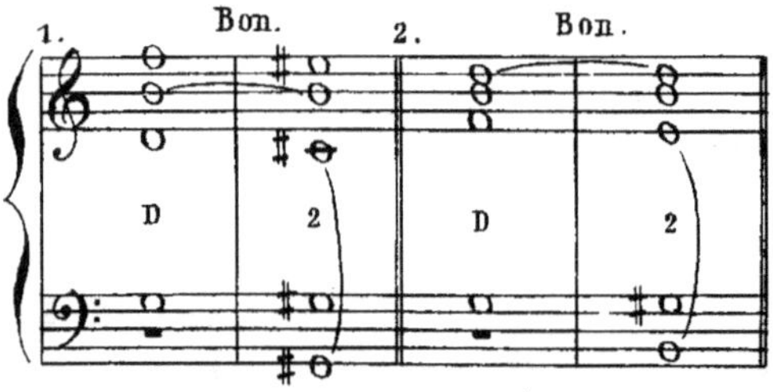

492. On doit éviter de faire deux tierces majeures de suite ou le renversement de ces intervalles, lorsque les notes qui les composent procèdent en montant ou en descendant d'un ton, parce qu'il en résulte une fausse relation de triton ou de quinte diminuée. (Voyez les exemples du § 132.)

493. Dans toutes les résolutions modulantes des accords précédents, les modulations ne sont qu'indiquées ; si l'on veut réellement moduler et rester dans le ton nouveau, il est nécessaire de consolider la modulation par un acte de cadence parfaite. (Voyez les exemples du § 539.)

CHERCHER TOUTES LES RÉSOLUTIONS POSSIBLES DES ACCORDS SUIVANTS, EN PARTANT DU TON D'*ut* MAJEUR, ET EN USANT SUCCESSIVEMENT DES PROCÉDÉS INDIQUÉS AUX §§ 476, 477, 478, 479, 484, 489 ET 490.

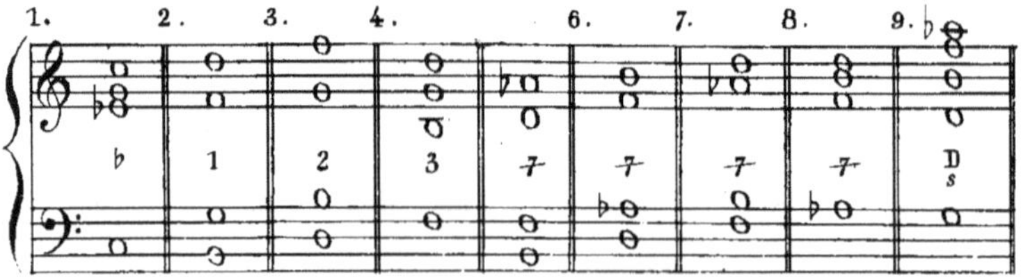

494. Les accords avec prolongations, altérations ascendantes et descendantes, appogiatures ascendantes et descendantes peuvent aussi être résolus par les moyens indiqués précédemment.

495. Les substitutions, prolongations, altérations, appogiatures, en un mot, toutes les notes à mouvement forcé deviennent libres de descendre ou de monter, lorsqu'elles viennent se résoudre sur un accord transitoire (§ 473).

496. Nous allons commencer par examiner séparément chacune des notes appogiatures descendantes dans l'accord de septième dominante, en cherchant à les résoudre en montant. Il suffit, pour cela, de donner à ces appogiatures le caractère ascendant, en les changeant successivement en appogiatures ascendantes.

497. Les appogiatures descendantes dans l'accord de septième dominante sont, comme on le sait : 1° l'altération descendante du 2me degré (§ 148) ou appogiature descendante mineure du 1er degré (1) ; 2° la prolongation du 3me degré majeur (§ 296, ex. 2) ou appogiature descendante majeure du 2me degré ; 3° la prolongation du 3e degré mineur (296, ex. 3) ou appogiature descendante mineure du 2me degré ; 4° la substitution majeure (§ 296, ex. 7) ou appogiature descendante majeure du 5me degré ; 5° la substitution mineure (§ 296, ex. 8) ou appogiature descendante mineure du 5me degré ; 6° la prolongation de la tonique (§ 296, ex. 5) ou appogiature descendante de la note sensible.

498. EXEMPLES DE L'ALTÉRATION DESCENDANTE DU 2me DEGRÉ, OU APPOGIATURE DESCENDANTE MINEURE DU 1er DEGRÉ, SE RÉSOLVANT EN MONTANT.

Lento ♩= 50 mét.

Ré ♭, app. desc., faisant sa résolution naturelle. — *Ré* ♭, changé en *ut* ♯, note sensible. — *Ré* ♭, changé en *ut* ♯, app. asc. du 5e degré (§ 258). — *Ré* ♭, changé en *ut* ♯, app. asc. du 7e degré (§ 327, ex. 3).

Orgue

N. B. Les exemples précédents et ceux qui suivent, doivent être joués sur l'orgue et dans un mouvement très-lent (♩=50 mét.), parce que plusieurs de ces transitions pourraient paraître dures et brusques si elles étaient exécutées au piano et dans un mouvement plus vif que le mouvement indiqué.

(1) Nous donnons le nom d'appogiature descendante mineure à toutes celles qui ne sont éloignées de leur note réelle que d'un demi-ton.

499. EXEMPLES DE LA PROLONGATION DU 3me DEGRÉ MAJEUR (§ 296, ex. 2) OU APPOGIATURE DESCENDANTE MAJEURE DU 2me DEGRÉ, SE RÉSOLVANT EN MONTANT.

Lento. 𝅗𝅥 = 50 mét.

Mi, app. desc., faisant sa résolution naturelle. *Mi*, changé en app. asc. du 2e degré. *Mi*, changé en alt. asc. du 2e degré ou app. asc. du 3e degré. *Mi*, changé en app. asc. du 5e degré.

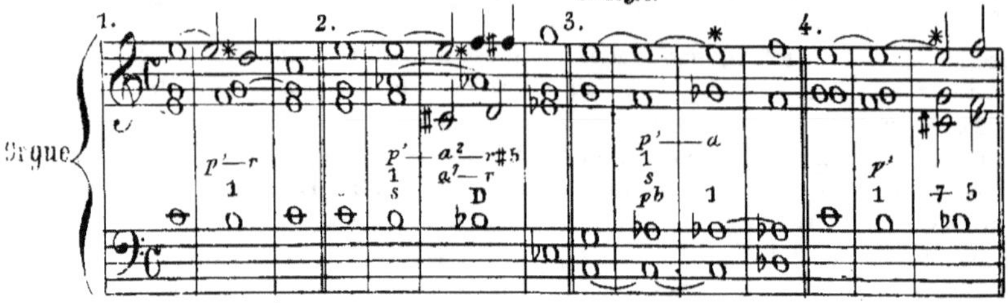

500. EXEMPLES DE LA PROLONGATION DU 3me DEGRÉ MINEUR (§ 296, ex. 3) OU APPOGIATURE DESCENDANTE MINEURE DU 2me DEGRÉ, SE RÉSOLVANT EN MONTANT.

Lento. 𝅗𝅥 = 50 mét.

Mi b, app. desc. mineure, faisant sa résolution naturelle. *Mi* b, changé en alt. asc. du 2e degré ou app. asc. du 3e degré.

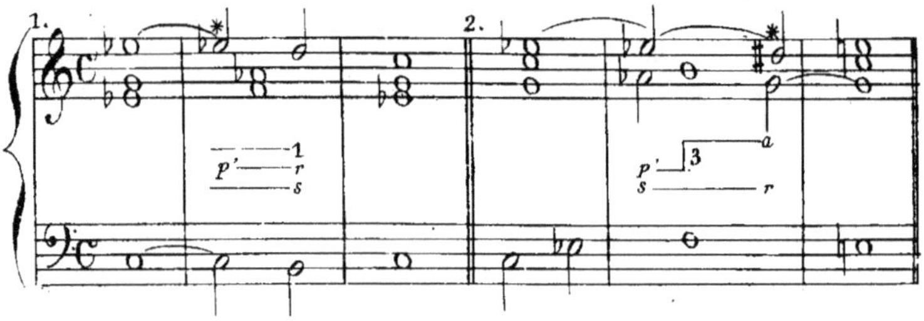

Mi b ou *ré* ♯, changé en alt. asc. du 2e degré ou app. asc. du 3e degré. *Mi* b, changé en *ré* ♯, app. asc. du 5e degré. *Mi* b, changé en note sensible.

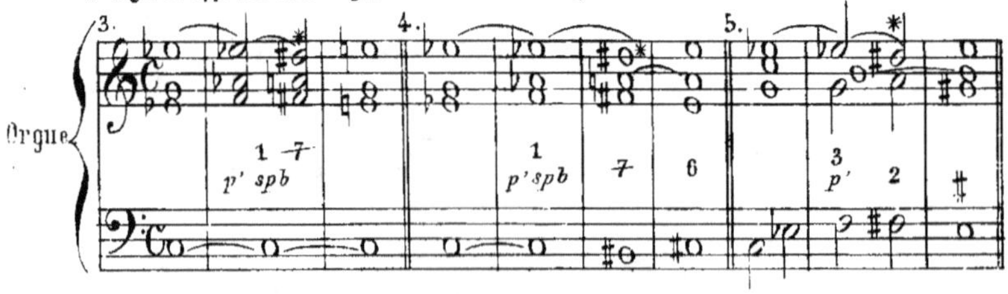

501. Nous avons déjà traité l'appogiature descendante du 3me degré, se résolvant en montant; on peut voir des exemples de ces résolutions au § 487, exemples 12. 13, 16, 27, 33 et 34.

502. EXEMPLES DE LA SUBSTITUTION MAJEURE OU APPOGIATURE DESCENDANTE MAJEURE DU 5me DEGRÉ, SE RÉSOLVANT EN MONTANT.

Lento. ♩= 50 mét

La, subst. maj. ou app. desc. maj. du 5e degré, faisant sa résolution naturelle. *La*, app. desc., changé en note sensible ou app. asc. du 1er degré. *La*, app. desc., changé en alt. asc du 2e degré ou app. asc du 3e degré.

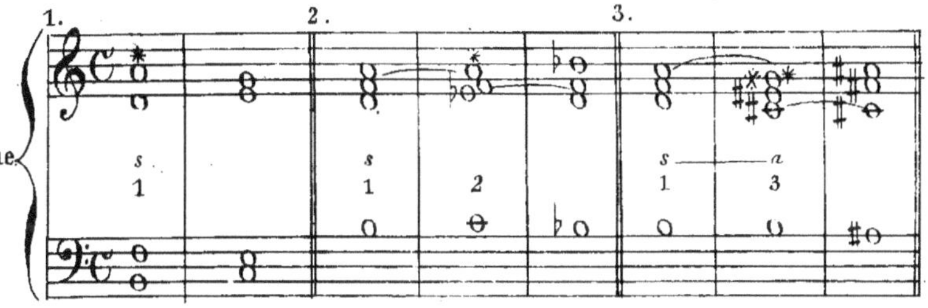

La, changé en appogiature ascendante du 5e degré. *La*, changé en appogiature ascendante du 7e degré.

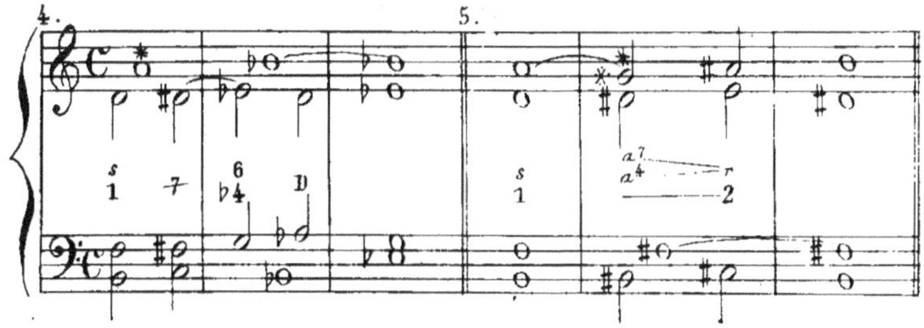

503. EXEMPLES DE LA SUBSTITUTION MINEURE OU APPOGIATURE DESCENDANTE MINEURE DU 5me DEGRÉ, SE RÉSOLVANT EN MONTANT.

Lento. ♩= 50 mét.

La ♭, subst. min. ou app. desc. min. du 5e degré, faisant sa résolut. naturelle. *La* ♭, subst. min., changé en note sensible ou app asc. du 1er degré. *La* ♭, changé en app asc. du 4e degré. *La* ♭, changé en app. asc. du 8e degré.

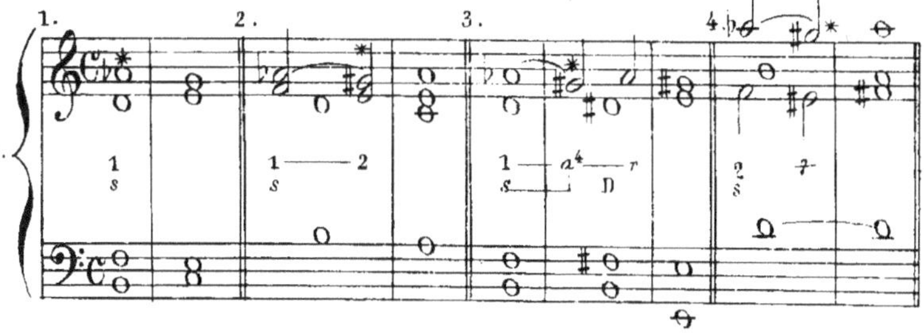

504. EXEMPLES DE LA PROLONGATION DE LA TONIQUE, OU APPOGIATURE DESCENDANTE DU 7me DEGRÉ, SE RÉSOLVANT EN MONTANT.

Lento. ♩ = 50 mét.

Ut. prolong. de la tonique, faisant sa résolution naturelle. — *Ut.* prolong., changé en note sensible. — *Ut*, prolong., changé en appog. ascendante du 2e degré.

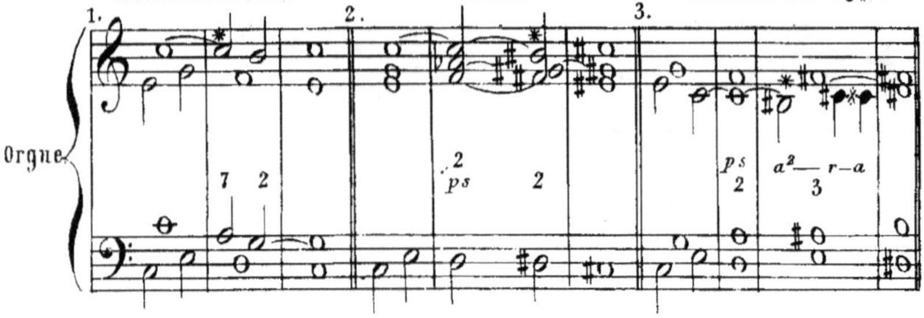

Ut. prolong., changé en altér. ascendante du 2e degré. — *Ut*, prolong., changé en appog. ascendante du 5e degré. — *Ut*, prolong., changé en appog. ascendante du 7e degré.

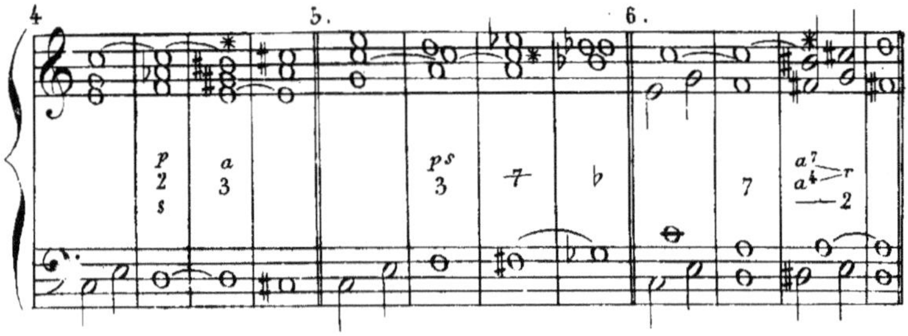

505. Les appogiatures ascendantes, lorsqu'elles ne font pas leur résolution naturelle (§ 275), peuvent se resoudre en descendant; il suffit pour cela de les changer en appogiatures descendantes.

Les appogiatures ascendantes sont :

1o La note sensible ou appogiature ascendante du 1er degré;

2o L'appogiature ascendante du 2me degré (§ 296, ex. 4, et § 300);

3o L'altération ascendante du 2me degré ou appogiature ascendante du 3me degré (§ 251, ex. 5);

4o L'appogiature ascendante du 4me degré (§ 296, ex. 1, et § 301);

5o L'appogiature ascendante du 5me degré (§ 251, ex. 3);

6o L'altération ascendante de la dominante (§ 137), qui se désigne quelquefois par appogiature ascendante du 6me degré;

7o L'appogiature ascendante du 7me degré (§ 296, ex. 6, et § 310).

506. La note sensible se résolvant en descendant a été traitée au § 487, exemples 1, 12, 14 à 16, 21 à 25 et 28 à 34.

507. EXEMPLES DE L'APPOGIATURE ASCENDANTE DU 2me DEGRÉ,* SE RÉSOLVANT EN DESCENDANT.

Lento. ♩ = 50 mét.

1. *Ut* ♯, app. asc. du 2e degré, faisant sa résolution naturelle. — 2. *Ut* ♯, changé en *ré* b, 4e degré. — 3. *Ut* ♯, changé en substitution majeure. — 4. *Ut* ♯, changé en *ré* b, substitution mineure.

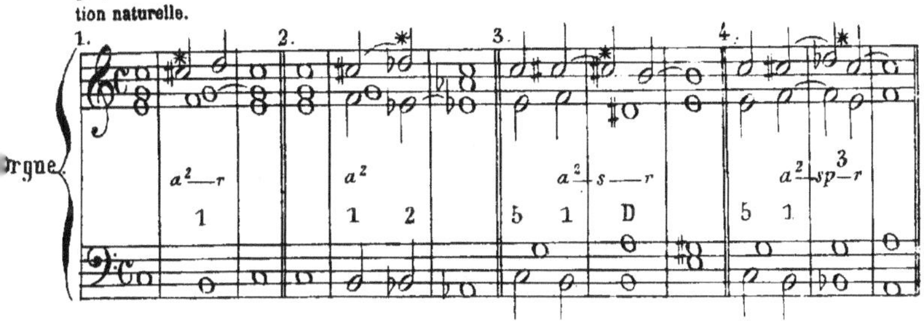

508. EXEMPLES DE L'ALTÉRATION ASCENDANTE DU 2me DEGRÉ OU APPOGIATURE ASCENDANTE DU 3me DEGRÉ, SE RÉSOLVANT EN DESCENDANT.

Lento. ♩ = 50 mét.

1. *Ré* ♯, app. asc. du 3e degré, faisant sa résolution naturelle. — 2. *Ré* ♯, changé en prol. du 3e degré majeur. — 3. *Ré* ♯, changé en *mi* b, subst. mineure. — 4. *Ré* ♯, changé en *mi* b subst majeure.

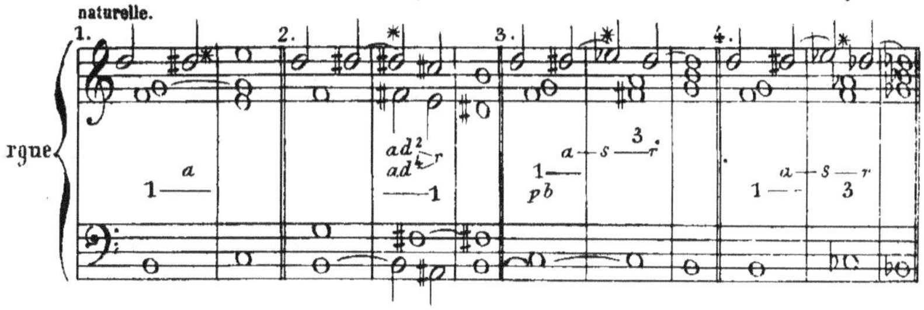

509. EXEMPLES DE L'APPOGIATURE ASCENDANTE DU 4me DEGRÉ, SE RÉSOLVANT EN DESCENDANT.

Lento. ♩ = 50 mét.

1. *Mi*, app. asc. du 4e degré, faisant sa résolution naturelle. — 2. *Mi*, app. asc. du 4e degré, changé en app. desc. maj. du 4e degré. — 3. *Mi*, app. asc. du 4e degré, changé en *fa* b, subst. mineure.

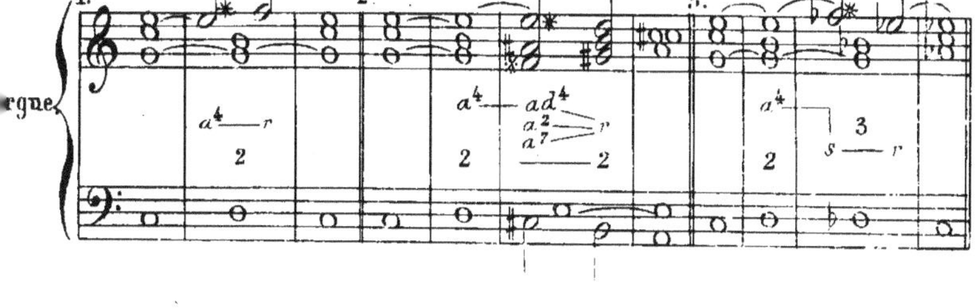

510. L'harmonie de l'exemple 2 précédent (troisième mesure) paraît très-compliquée. La voici réduite à sa plus simple expression :

Mi, app. asc. du 4e degré changé en app. desc. maj. du 4e degré.

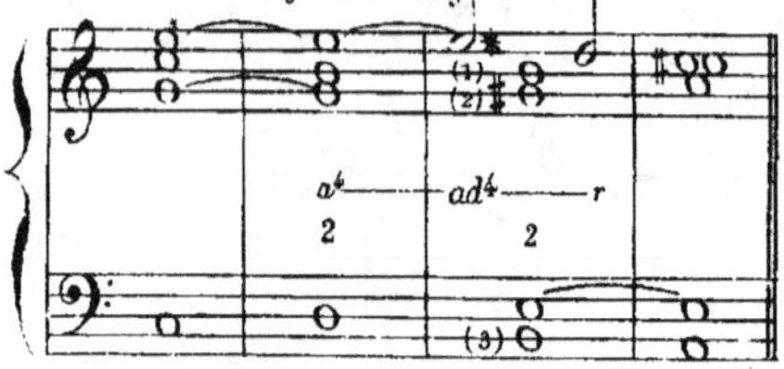

En remplaçant le *si* (1) par le *la*♯, appogiature ascendante du *si* (1), le *sol*♯ (2) par le *fa*𝄪, appogiature ascendante du *sol*♯(2), et le *si* (3) par l'*ut*♯, appogiature descendante majeure du *si* (3), nous aurons l'exemple 2, du § 509, réalisé. (Voyez aux §§ 482 et 483 ce que nous disons relativement au moyen d'adoucir une modulation ou de lui donner du piquant.)

511. EXEMPLES DE L'APPOGIATURE ASCENDANTE DU 5me DEGRÉ, SE RÉSOLVANT EN DESCENDANT.

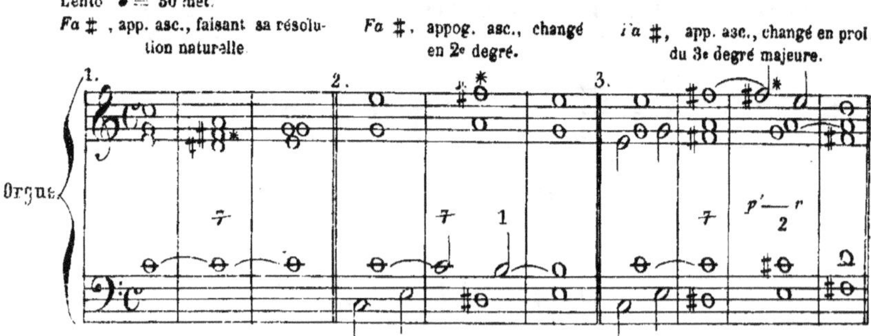

Lento ♩ = 50 mét.

Fa ♯, app. asc., faisant sa résolution naturelle. — *Fa* ♯, appog. asc., changé en 2e degré. — *Fa* ♯, app. asc., changé en prol. du 3e degré majeure.

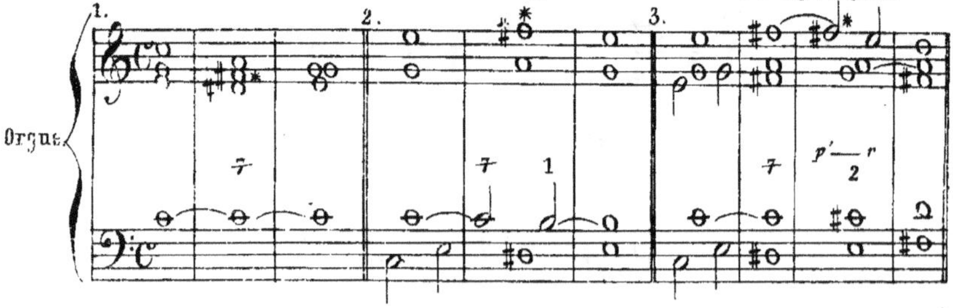

Fa ♯, changé en *sol* b, 4e degré. — *Fa* ♯, changé en *sol* b, subst. mineure. — *Fa* ♯, changé en subst. majeure. — *Fa* ♯, changé en app. desc. du 7e degré.

512. Exemples de l'appogiature ascendante du 6me degré, se résolvant en descendant.

Lento. 𝅗𝅥 = 50 mét.

Sol ♯ , app. asc. du 5e degre, faisant sa résolution naturelle — *Sol* ♯ , changé en *la* b, app. desc. mineure du 2e degré. — *Sol* ♯ , changé en app. desc. maj. du 2e degré.

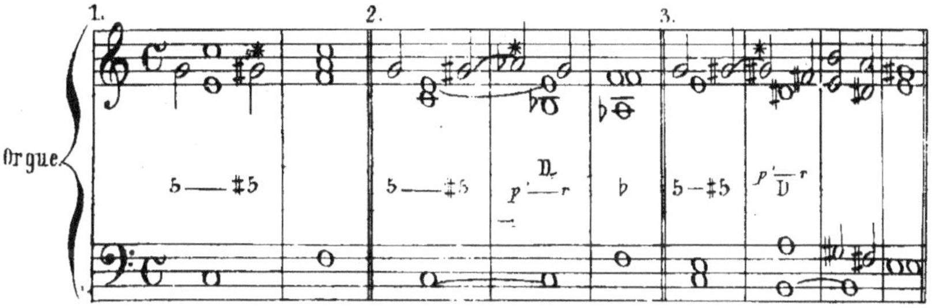

Sol ♯ , changé en *la* b, subst. min. — *Sol* ♯ , changé en subst. majeure. — *Sol* ♯ , changé en *la* b, prol. de la tonique.

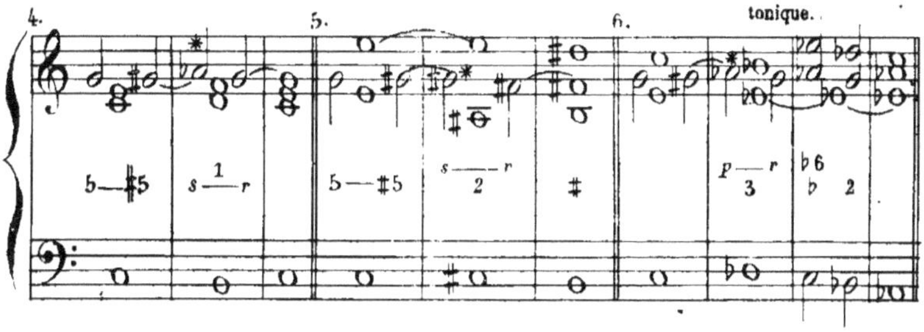

513. Exemples de l'appogiature ascendante du 7me degré, se résolvant en descendant

Lento. 𝅗𝅥 = 50 mét.

La ♯ , app. asc. du 7e degré, faisant sa résolution naturelle. — *La* ♯ , changé en *si* b, 2e degré — *La* ♯ , changé en *si* b, 4e degré

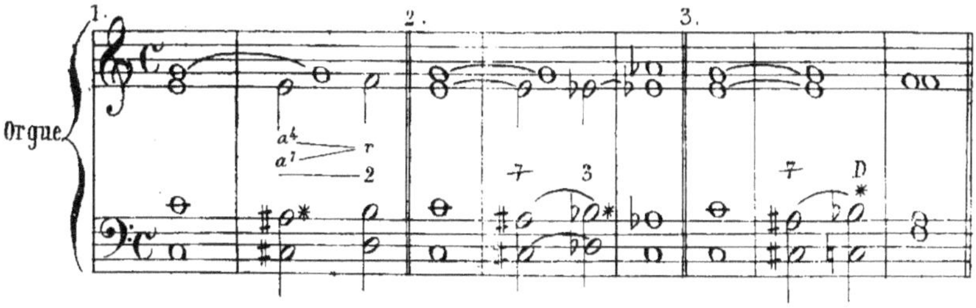

Lento. ♩ = 50 mét.

La ♯, changé en subst. min. *La* ♯, changé en *si* b, subst. maj. *La* ♯, changé en *si* b, prol. de la tonique.

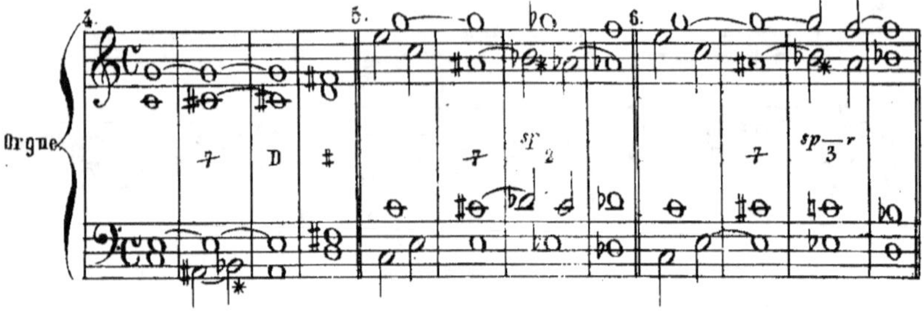

514. Les appogiatures à l'état de consonnances ou de dissonances peuvent subir beaucoup d'autres transformations; on peut essayer de les changer successivement en une note appartenant à la gamme diatonique ou chromatique d'un autre ton. En voici quelques exemples :

Lento. ♩ = 50 mét.

Sol ♯, app. asc. du 6ᵉ degré, faisant sa résolution naturelle. *Sol* ♯, changé en *la* b, 2ᵉ degré du ton de *sol* b. *Sol* ♯, changé en note sensible. *Sol* ♯, changé en app. asc. du 2ᵉ degré. *Sol* ♯, changé en altérat. ascendante du 2ᵉ degré.

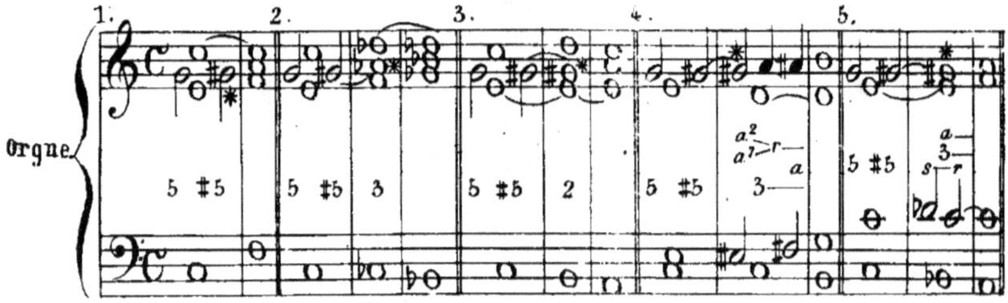

Ré ♯, alt. asc. du 2ᵉ degré, faisant sa résolution naturelle. *Ré* ♯, changé en *mi* b, 5ᵉ degré du ton de *la* b. *Ré* ♯, changé en *mi* b, 2ᵉ degré du ton de *ré* b. *Ré* ♯, changé en note sensible.

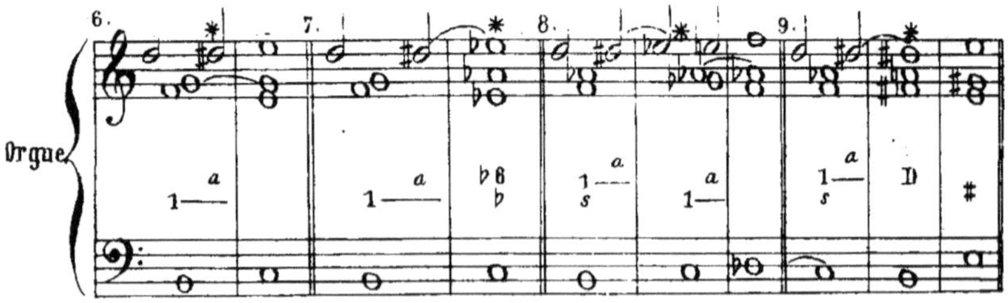

Ut, prolong. de la tonique, changé en 5e degré.

La ♮, app asc du 7e degré, faisant sa résolution naturelle.

La ♯, app. asc. du 7e degré, changé en note sensible.

La ♮, app. asc. du 7e degré, changé en app asc. du 2e degré.

Lento. ♩= 50 mét.

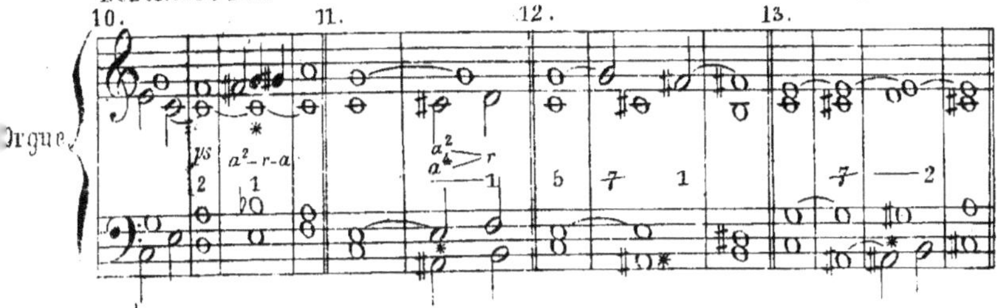

Lento. ♩ = 50 mét.

Accord de septième dominante avec altér. triples. (Voyez § 180, ex. 1.)

Ré ♯, de l'ex. 1 précédent, changé en note sensible.

Si ♯, de l'ex. 1 précédent, changé en note sensible.

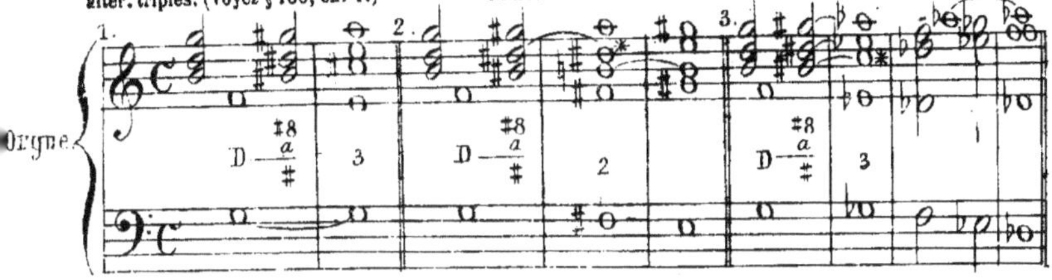

515. APPOGIATURES DESCENDANTES SE CHANGEANT EN D'AUTRES APPOGIATURES DESCENDANTES.

Lento. ♩ = 50 mét.

Ut, prol. de la tonique, changé en 4e degré.

Ut, prol. de la tonique, changé en subst. min.

La, subst. maj., changé en prol. du 3e degré majeur.

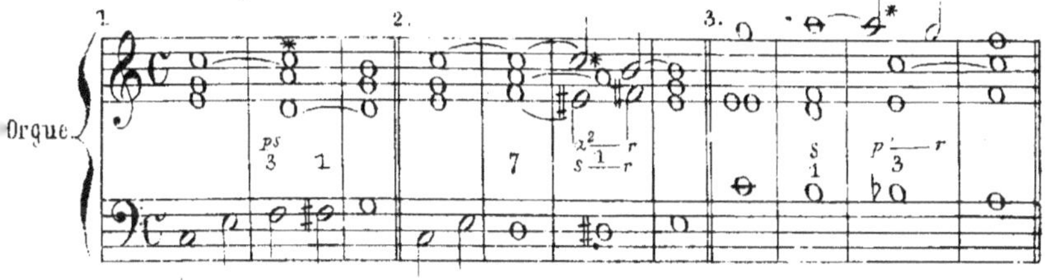

La, subst. maj., changé en subst. mineure.

La ♭, subst. min., changé en *sol* ♯, subst. majeure.

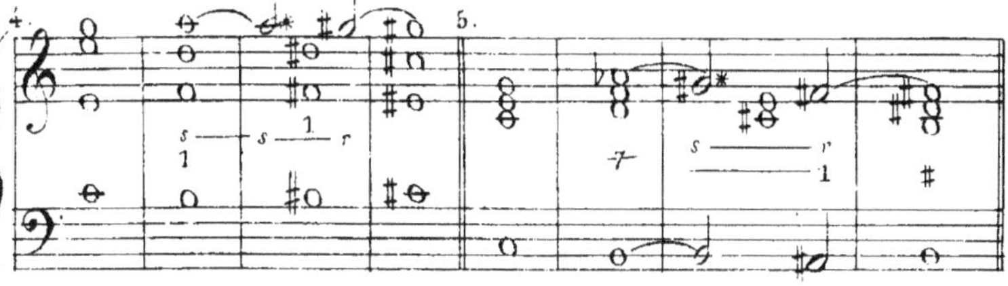

Mi* b**, prol du 3e degré min., changé en *ré*♯, prol. du 3e degré majeur. ***Mi, prol. du 3e degré maj., changé en *fa* b, prol. du 3e degré mineur.

6.

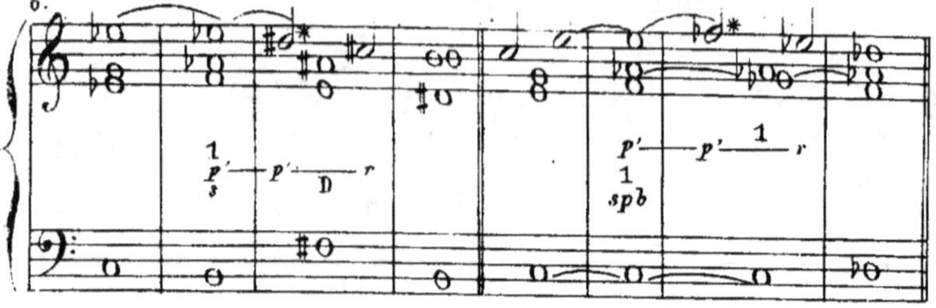

N. B. Il est indispensable que les exemples précédents soient joués dans le mouvement indiqué (♩= 50, métronome de maelzel), principalement lorsque les accords sont dans des rapports trop éloignés, afin de donner à l'oreille le temps nécessaire de saisir la liaison de ces harmonies.

516. Tous les exemples de modulations que nous venons de donner, suffisent pour faire comprendre les ressources que l'on peut tirer des règles exposées précédemment, et qui peuvent se résumer comme suit :

Étant donné un accord quelconque, soit consonnant, soit dissonant, affecté de substitutions majeure ou mineure, prolongations, altérations ou appogiatures, on peut trouver un grand nombre de résolutions modulantes de cet accord, en essayant de considérer successivement chacune des notes de celui-ci comme 1er, 2me, 3me, 4me, 5me, 6me ou 7me degré, substitution majeure ou mineure, prolongation de la tonique, prolongations du 3me degré majeur ou mineur, altérations, appogiatures ascendantes ou descendantes.

EXERCICES.

Prendre successivement les accords avec prolongations, altérations, appogiatures ascendantes et descendantes (voyez ces derniers accords du § 300 au § 381), les accords de septièmes tonales (§ 387 à 395), les accords formés au moyen de l'adjonction successive ou simultanée de la tonique et de la dominante (§ 411 à 431), et chercher toutes les résolutions modulantes dont ces accords sont susceptibles en employant les moyens indiqués aux §§ 475 à 490.

DE L'ENHARMONIE DANS LA MODULATION.

517. L'***enharmonie*** consiste dans l'emploi de notes portant des noms différents, mais dont l'intonation est à peu près identique à l'oreille. Ainsi *sol* dièse et *la* bémol sont des notes enharmoniques. Il en est de même des notes *ut* bémol et *si* naturel, *ut* naturel et *si* dièse.

On fait une transition enharmonique lorsque l'on change un *sol* dièse en un *la* bémol, un *ut* naturel en un *si* dièse, etc., etc. On peut voir, dans les exemples qui précèdent (§§ 478 à 515) un grand nombre de modulations enharmoniques.

518. Il est des accords qui sont tout particulièrement employés dans les transitions enharmoniques. Ces accords sont : l'accord de septième diminuée; l'accord de septième dominante et ses renversements; l'accord de septième dominante avec appogiature ascendante du 2me degré et ses renversements.

DES MODULATIONS ENHARMONIQUES OPÉRÉES AU MOYEN DE L'ACCORD DE SEPTIÈME DIMINUÉE.

519. Pour trouver les résolutions enharmoniques dont l'accord de septième diminuée est susceptible, nous allons rechercher la place que peut occuper cet accord sur les degrés de l'échelle chromatique de la gamme, et ses résolutions tonales.

ACCORD DE SEPTIÈME DIMINUÉE DU 1er DEGRÉ ET SES RENVERSEMENTS (*ton d'ut majeur*).
(*Voyez l'origine de cet accord*, § 258.)

ACCORD DE SEPTIÈME DOMINANTE AVEC SUBSTITUTION MINEURE DANS LA BASSE ET SES RENVERSEMENTS (*ton d'ut majeur*).

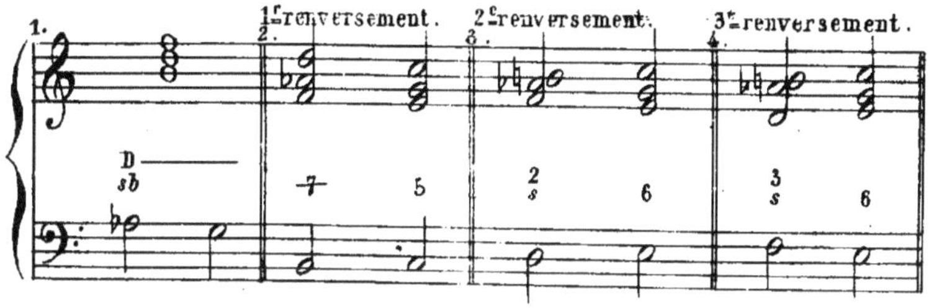

ACCORD DE SEPTIÈME DOMINANTE AVEC APPOGIATURES ASCENDANTES DU 2me, DU 4me ET DU 7me DEGRÉ (*ton d'ut majeur*). (*Voyez l'origine de cet accord*, § 327.)

520. En réunissant les exemples d'harmonie qui précèdent (§ 519), on a l'origine de l'accord de septième diminuée placé sur chacun des degrés de l'échelle chromatique de la gamme, et ses résolutions tonales. Ex. :

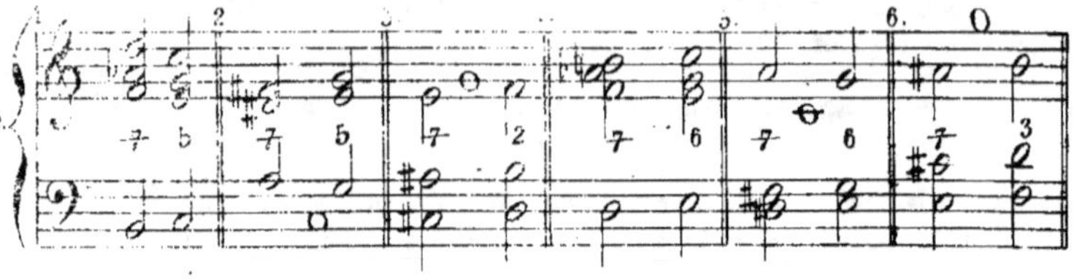

521. Pour opérer des transitions enharmoniques au moyen de l'accord de septième diminuée, il suffit de prendre le premier de ces accords *si, ré, fa, la* b (ex. 1 précédent), et de le résoudre successivement comme l'accord de septième diminuée de chacun des exemples 2, 3, 4, 5, 6, 7, 8, 9, 10, 11 et 12; on aura ainsi pour l'accord de septième diminuée *si, ré, fa, la* b, douze résolutions différentes, qui donnent lieu aux modulations enharmoniques suivantes :

Résolution tonale en *ut*. 1re résolut. enh. en *si*. 2e résolut. enh. en *si* b. 3e résolut. enh. en *la*.

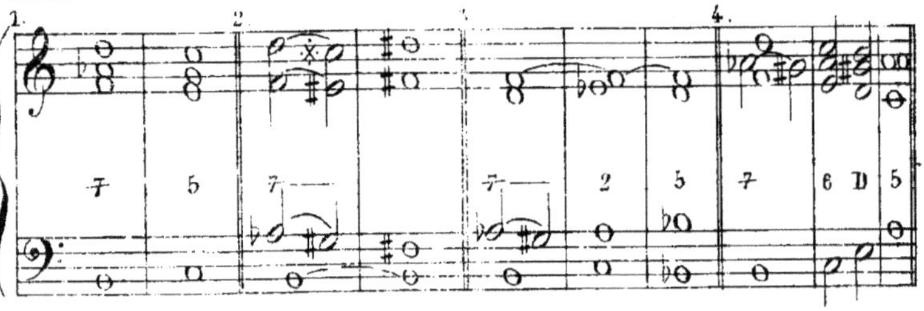

4e résol. enh. en *sol* ♯. 5e résol. enh. en *sol*. 6e résol. enh. en *fa* ♯. 7e résol. enh. en *fa*.

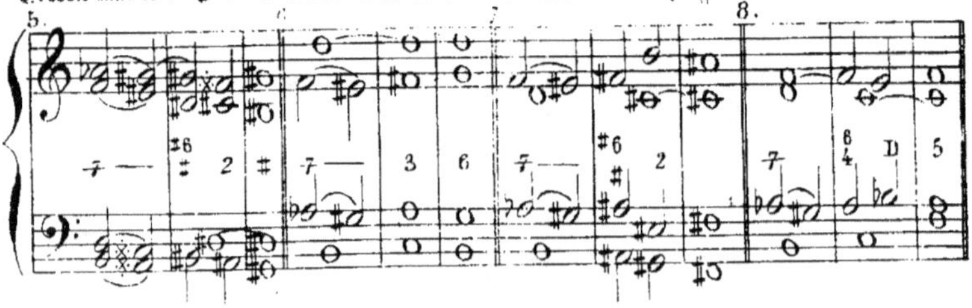

8e résol. enh. en *mi*. 9e résol. enh. au *mi* b. 10e résol. enh en *ré*. 11e résol. enh. en *ut* ♯

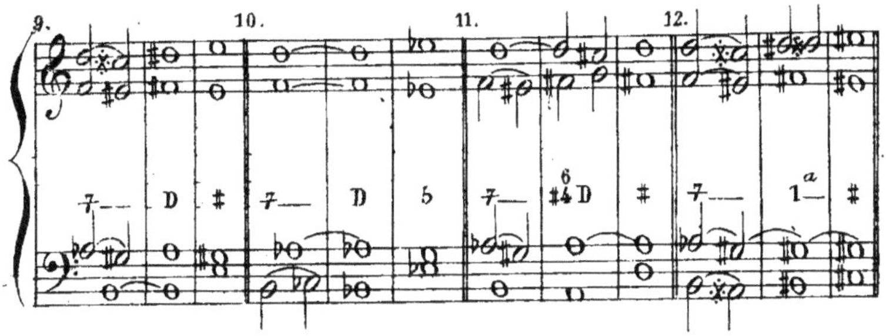

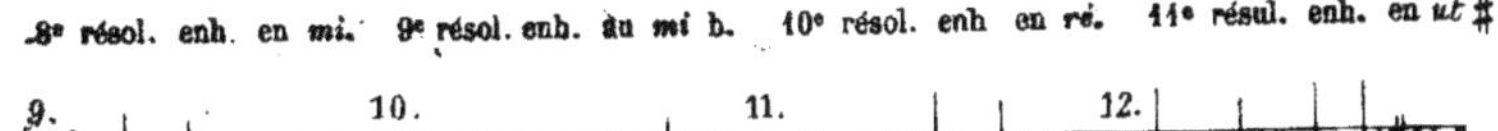

522. On voit, par les exemples précédents, qu'étant donné un accord de septième diminuée, placé sur l'un ou l'autre des degrés de l'échelle chromatique de la gamme, cet accord peut recevoir une résolution tonale et onze résolutions enharmoniques, ce qui donne pour un seul ton onze fois onze ou cent et vingt et une résolutions enharmoniques.

523. On doit remarquer que dans les transitions enharmoniques précédentes, toutes les notes de l'accord de septième diminuée procèdent à l'accord suivant par degrés conjoints.

524. Il est un grand nombre d'autres résolutions enharmoniques de l'accord de septième diminuée que l'on obtient en usant des procédés indiqués aux paragraphes 476 à 490, mais alors une ou plusieurs notes de cet accord procèdent à l'accord suivant par intervalles disjoints.

DES MODULATIONS ENHARMONIQUES OPÉRÉES AU MOYEN DE L'ACCORD DE SEPTIÈME DOMINANTE.

525. L'accord de septième dominante, celui de triton avec substitution majeure, prolongation de la tonique et altération ascendante du deuxième degré; l'accord de quinte et sixte augmentée (§ 259 ex. 3); le premier renversement de l'accord de septième dominante avec substitution mineure et appogiature ascendante du 7me degré (§ 324, ex. 2); le deuxième renversement de l'accord de septième dominante avec substitution mineure et appogiature ascendante du 2me degré (§ 321, ex. 3), et le troisième renversement de l'accord de septième dominante avec substitution mineure et appogiature ascendante du 4me degré (§ 313, ex. 4), étant composés d'intervalles à peu près identiques (1), sont souvent employés pour faire des transitions enharmoniques.

(1) Nous disons que deux intervalles sont à peu près identiques, lorsqu'ils ne diffèrent entre eux que d'environ un neuvième de ton. Cette différence peut même, dans certains cas, varier progressivement jusqu'à un cinquième de ton. (Voyez la note du § 454.)

EXEMPLES DE CES ACCORDS AVEC LEUR RÉSOLUTION NATURELLE.

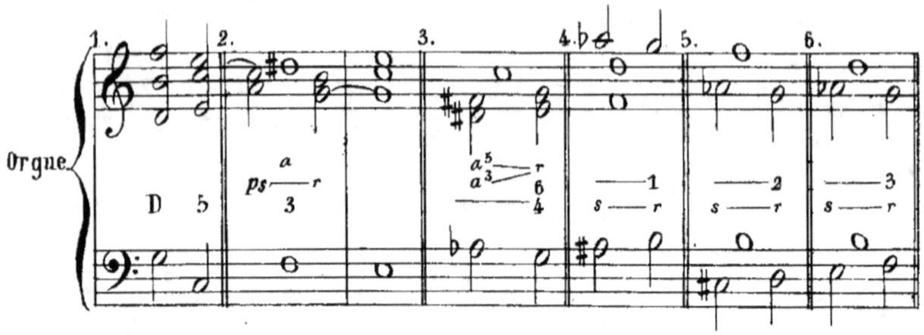

526. En résolvant successivement l'accord de septième *sol, si, ré, fa*, de l'exemple 1 précédent, de la même manière que le premier accord de chacun des exemples 2, 3, 4, 5 et 6, on obtient les résolutions enharmoniques suivantes :

Résolution naturelle. 1re résolution enharmonique en *ré*. 2e résolution enharmonique en *si*.

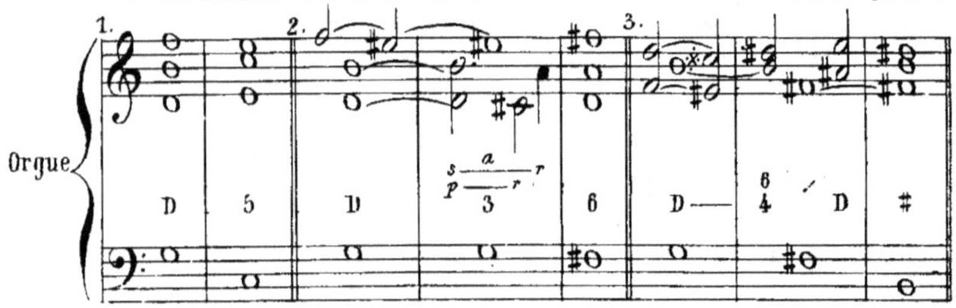

3e résolution enharmonique en *la* mineur. 4e résolution enharmonique en *sol* b. 5e résolution enharmonique en *mi* b.

527. On peut de même faire des transitions enharmoniques en prenant successivement pour point de départ chacun des accords cités au § 525 et les résoudre chacun de six manières différentes.

Voyez d'autres résolutions enharmoniques de l'accord de septième dominante au § 487.

DES MODULATIONS ENHARMONIQUES OPÉRÉES AU MOYEN DE L'ACCORD DE SEPTIÈME DOMINANTE AVEC APPOGIATURE ASCENDANTE DU 2me DEGRÉ.

528. L'accord de septième dominante avec appogiature ascendante du 2me degré (§ 300) et les renversements de cet accord peuvent être employés pour faire des transitions enharmoniques.

Prenons pour exemple l'accord dont il s'agit dans son premier renversement (ton d'*ut* majeur), nous aurons :

Cet accord est composé d'une seconde majeure, d'une quinte mineure et d'une sixte mineure.

EXEMPLES D'ACCORDS FAISANT LEUR RÉSOLUTION NATURELLE DANS UN MÊME TON ET COMPOSÉS D'INTERVALLES A PEU PRÈS IDENTIQUES AUX INTERVALLES DE L'ACCORD PRÉCÉDENT.

529. En résolvant successivement l'accord *si*, *ut* ♯, *fa*, *sol*, de l'exemple 1 précédent, de la même manière que le premier accord de chacun des exemples 2, 3, 4, 5, 6 et 7, on obtient les résolutions enharmoniques suivantes :

Résolution tonale en *ut*. Résolution inattendue en *si*. 1re résol. enharm. en *la*.

rgue.

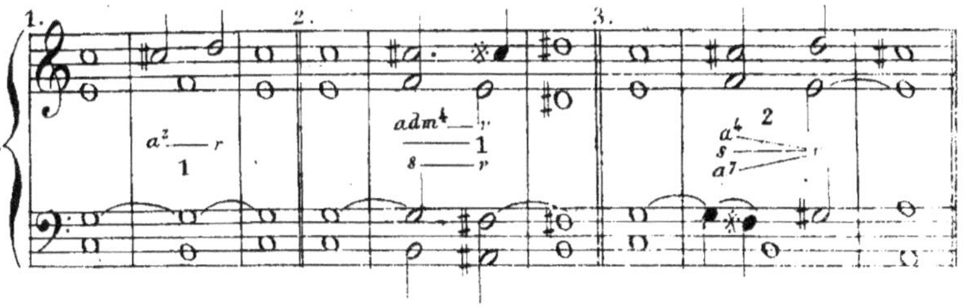

2e résol. enharm. en *la* b. 3e résol. enharm. en *fa*. 4e résol. enharm. en *fa*. 5e résol. enharm. en *mi* b

530. Nous pourrions nommer beaucoup d'autres accords composés d'intervalles à peu près identiques et ne se distinguant entre eux que par la position qu'ils occupent sur les degrés de l'échelle chromatique de la gamme et par les fonctions tonales qu'ils y remplissent; mais comme il est possible de faire à peu près toutes les résolutions enharmoniques par les moyens indiqués aux §§ 475 à 490, nous ne nous occuperons pas plus longtemps de l'enharmonie.

DES MODULATIONS OPÉRÉES AU MOYEN DES ACCORDS CONSONNANTS.

531. Nous n'avons jusqu'à présent employé exclusivement, pour moduler, que des accords dissonants ; on peut aussi changer de ton au moyen des accords consonnants.

Lorsque l'on veut unir deux tons en ne se servant que d'accords transitoires consonnants; pour opérer la modulation, on doit examiner quels sont les points de contact ou, en d'autres termes, les notes communes aux deux gammes que l'on veut unir, et se servir de ces notes pour lier l'accord du ton primitif à son accord transitoire.

Supposons que l'on veuille moduler du ton d'*ut* majeur dans le ton de *la* b majeur. Les notes communes aux deux gammes de ces tons sont : *ut, fa* et *sol*, qui peuvent servir comme notes de liaison. Ex. :

Ut, considéré comme 3e degré du ton de *la* b. *Sol*, considéré comme 7e degré du ton de *la* b. *Fa* du ton d'*ut*, considéré comme 6e degré du ton de *la* b.

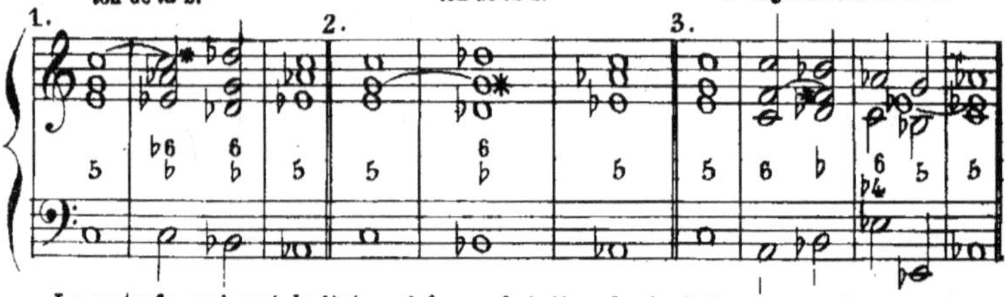

La note *fa*, qui sert de liaison à la modulation du troisième exemple, ne faisant pas partie de l'accord *ut, mi, sol*, on est obligé, si l'on veut établir la liaison au moyen de la note *fa*, de faire succéder au premier accord *ut, mi, sol*, un second accord dans le ton d'*ut* majeur et contenant le *fa*. (Voyez le deuxième accord, ex. 3.) On fait entendre ensuite un troisième accord appartenant au ton de *la* bémol et dans lequel la note *fa* entre comme partie intégrante. (Voyez le troisième accord, ex. 3, § 531.)

EXEMPLES DE MODULATIONS OPÉRÉES PAR CES MOYENS.

Sol du ton d'*ut*, considéré comme 3e degré du ton de *mi* b.

Ut du ton d'*ut* majeur, considéré comme 5e degré du ton de *fa* min.

Sol du ton d'*ut* maj., considéré comme tonique du ton de *sol* mineur.

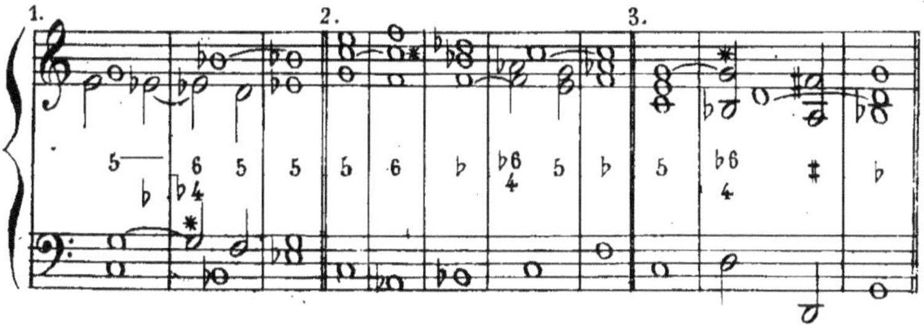

Sol du ton d'*ut* majeur, considéré comme tonique du ton de *sol* maj.

Mi du ton d'*ut* majeur, considéré comme dominante du ton de *la* mineur.

Mi du ton d'*ut* majeur, considéré comme tonique du ton de *mi* maj.

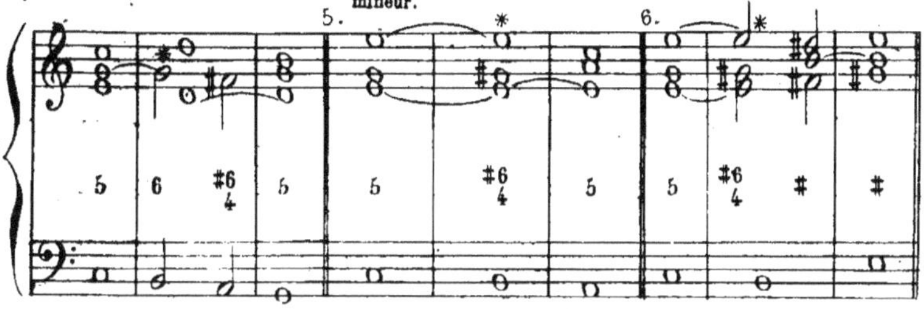

Fa du ton d'*ut* majeur, considéré comme 7e degré du ton de *sol* b majeur.

Ut du ton d'*ut* majeur, considéré comme 7e degré du ton de *ré* b.

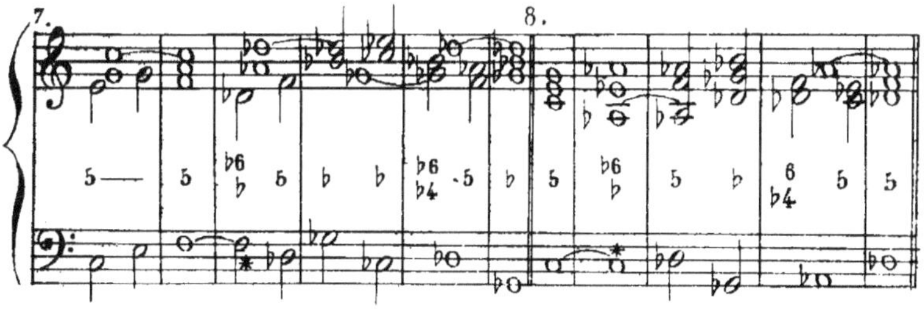

532. Lorsque l'on se sera bien exercé à trouver toutes les résolutions modulantes possibles d'un accord quelconque, rien ne sera plus facile que de chercher à passer d'un ton à un autre avec un seul accord transitoire.

Nous allons, dans le tableau suivant, établir les points de contact qui existent entre les gammes chromatiques de tous les tons majeurs et mineurs, et donner les fonctions tonales qu'y remplit chacune des notes de ces gammes.

TABLEAU CONTENANT LES SONS CHROMATIQUES DE LA GAMME ET LES DIVER

TONS.	1.	2.	3.	4.	5.	6.
Ut *majeur ou mineur.*	Ut, *1er degré du ton d'ut maj. ou min.* Ut, *prol. de la tonique (§ 95).*	Ut♯, *app. asc. du 2e degré (§ 300).* Ré♭, *alt. desc. du 2e degré (§ 148).*	Ré, *2e degré du ton d'ut majeur ou mineur.*	Ré♯, *alt. asc. du 2e degré (§ 148).* Mi♭, *3e deg. d'ut min.* Mi♭, *p. du 3e d. min. (§ 97).*	Mi, *3e deg. d'ut maj.* Mi, *p. du 3e d. maj. (§ 97).* Mi, *app. asc. du 4e degré (§ 301).*	Fa, *4e degré du ton d'ut maje ou mineur.*
Ré♭ *majeur ou mineur.*	Ut, *7e degré du ton de ré♭ majeur ou mineur.*	Ré♭, *1er degré du ton de ré♭ maj. ou min.* Ré♭, *prol. de la tonique (§ 95).*	Ré♮, *app. asc. du 2e degré (§ 300).* Mi♭♭, *alt. desc. du 2e degré (§ 148).*	Mi♭, *2e degré du ton de ré♭ majeur ou mineur.*	Mi♮, *alt. asc. du 2e degré (§ 148).* Fa♭, *3e deg. de ré♭ min.* Fa♭, *p. du 3e d. min. (§ 97).*	Fa, *3e deg. de ré♭* Fa, *p. du 3e d. maj. (§* Fa, *app. asc. du 4 degré (§ 301).*
Ré *majeur ou mineur.*	Si♯ *app. asc. du 7e degré (§ 310).*	Ut♯, *7e degré du ton de ré majeur ou mineur.*	Ré, *1er degré du ton de ré maj. ou min.* Ré, *prol. de la tonique (§ 95).*	Ré♯, *app. asc. du 2e degré (§ 300).* Mi♭, *alt. desc. du 2e degré (§ 148).*	Mi, *2e degré de ton de ré majeur ou mineur.*	Mi♯, *alt. asc. du degré (§ 148).* Fa, *3e deg. de ré m* Fa, *p. du 3e d. min.(*
Mi♭ *majeur ou mineur.*	Ut, *6e degré du ton de mi♭ majeur.* Ut, *subst. maj. (§ 80).*	Ut♯, *app. asc. du 7e degré (§ 310).*	Ré, *7e degré du ton de mi♭ majeur ou mineur.*	Mi♭, *1er degré du ton de mi♭ maj. ou min.* Mi♭, *prol. de la tonique (§ 95).*	Mi, *app. asc. du 2e degré (§ 300).* Fa♭, *alt. desc. du 2e degré (§ 148).*	Fa, *2e degré d de mi♭ majeur mineur.*
Mi *majeur ou mineur.*	Si♯, *alt. asc. du 5e degré (§ 137).* Ut, *6e deg. de mi min.* Ut, *subst. min. (§ 80).*	Ut♯, *6e degré du ton de mi majeur.* Ut♯, *subst. maj. (§ 80).*	Ut𝄪, *app. asc. du 7e degré (§ 310).*	Ré♯, *7e degré du ton de mi majeur ou mineur.*	Mi, *1er degré du ton de mi maj. ou min.* Mi, *prol. de la tonique (§ 95).*	Mi♯, *app. asc. a 2e degré (§ 30* Fa♮, *alt. desc. du degré (§ 148).*
Fa *majeur ou mineur.*	Ut, *5e degré du ton de fa majeur ou mineur.*	Ut♯, *alt. asc. du 5e degré (§ 137).* Ré♭, *6e deg. de fa min.* Ré♭, *subst. min. (§ 80).*	Ré, *6e degré du ton de fa majeur.* Ré, *subst. maj. (§ 80).*	Ré♯, *app. asc. du 7e degré (§ 310).*	Mi, *7e degré du ton de fa majeur ou mineur.*	Fa, *1er degré du de fa maj. ou m* Fa, *prol. de la to que (§ 95).*
Sol♭ *majeur ou mineur.*	Ut♮, *app. asc. du 5e degré du ton de sol♭ maj. ou min. (§§ 258 et 259).*	Ré♭, *5e degré du ton de sol♭ majeur ou mineur.*	Ré♮, *alt. asc. du 5e degré (§ 137).* Mi♭♭, *6e deg. de sol♭ min.* Mi♭♭, *subst. min. (§ 80).*	Mi♭, *6e degré du ton de sol♭ majeur.* Mi♭, *subst. maj. (§ 80).*	Mi♮, *app. asc. du 7e degré (§ 310).*	Fa, *7e degré du ton de sol♭ maje ou mineur.*
Sol *majeur ou mineur.*	Ut, *4e degré du ton de sol majeur ou mineur.*	Ut♯, *app. asc. du 5e degré du ton de sol maj. ou min. (§§ 258 et 259).*	Ré, *5e degré du ton de sol majeur ou mineur.*	Ré♯, *alt. asc. du 5e degré (§ 137).* Mi♭, *6e deg. de sol min.* Mi♭, *subst. min. (§ 80).*	Mi, *6e degré du ton de sol majeur.* Mi, *subst. maj. (§ 80).*	Mi♯, *app. asc a 7e degré (§ 3*
La♭ *majeur ou mineur.*	Ut, *3e deg. de la♭ maj.* Ut, *p. du 3e d. maj. (§ 97).* Ut, *app. asc. du 4e degré (§ 301).*	Ré♭, *4e degré du ton de la♭ majeur ou mineur.*	Ré♮, *app. asc. du 5e degré du ton de la♭ maj. ou min. (§§ 258 et 259).*	Mi♭, *5e degré du ton de la♭ majeur ou mineur.*	Mi♮, *alt. asc. du 5e degré (§ 137).* Fa♭, *6e deg. de la♭ min.* Fa♭, *subst. min. (§ 80).*	Fa, *6e degré du de la♭ majeur.* Fa, *subst. maj (§ 80).*
La *majeur ou mineur.*	Si♯, *alt. asc. du 2e degré (§ 148).* Ut, *3e deg. de la min.* Ut, *p. du 3e d. min. (§ 97).*	Ut♯, *3e deg. de la maj.* Ut♯, *p. du 3e d. maj. (§ 97).* Ut♯, *app. asc. du 4e degré (§ 301).*	Ré, *4e degré du ton de la majeur ou mineur.*	Ré♯, *app. asc. du 5e degré du ton de la maj. ou min. (§§ 258 et 259).*	Mi, *5e degré du ton de la majeur ou mineur.*	Mi♯, *alt. asc. du degré (§ 137)* Fa♮, *6e deg. de la m* Fa♮, *subst. min. (§*
Si♭ *majeur ou mineur.*	Ut, *2e degré du ton de si♭ majeur ou mineur.*	Ut♯, *alt. asc. du 2e degré (§ 148).* Ré♭, *3e deg. de si♭ min.* Ré♭, *p. du 3e d. min. (§ 97).*	Ré, *3e deg. de si♭ maj.* Ré, *p. du 3e d. maj. (§ 97).* Ré, *app. asc. du 4e degré (§ 301).*	Mi♭, *4e degré du ton de si♭ majeur ou mineur.*	Mi♮, *app. asc. du 5e degré du ton de si♭ maj. ou min. (§§ 258 et 259).*	Fa, *5e degré du de si♭ majeur mineur.*
Si *majeur ou mineur.*	Si♯, *app. asc. du 2e degré (§ 300).* Ut♮, *alt. desc. du 2e degré (§ 148).*	Ut♯, *2e degré du ton de si majeur ou mineur.*	Ut𝄪, *alt. asc. du 2e degré (§ 148).* Ré♮, *3e deg. de si min.* Ré♮, *p. du 3e d. min. (§ 97).*	Ré♯, *3e deg. de si maj.* Ré♯, *p. du 3e d. maj. (§ 97).* Ré♯, *app. asc. du 4e degré (§ 301).*	Mi, *4e degré du ton de si majeur ou mineur.*	Mi♯, *app. asc. du 5e degré du ton si maj. ou min. (§§ 258 et 259).*

FONCTIONS TONALES QU'ILS REMPLISSENT DANS TOUS LES TONS MAJEURS ET MINEURS.

7.	8.	9.	10e	11.	12.
Fa♯ app. asc. du 5e degré du ton d'ut maj. ou min. (§§ 258 et 259).	Sol, 5e degré du ton d'ut majeur ou mineur.	Sol♯ alt. asc. du 5e degré (§ 137) La♭ 6e deg. d'ut min. La♭ subst. min. (§ 80)	La, 6e degré du ton d'ut majeur. La, subst. maj. (§ 80).	La♯, app. asc. du 7e degré (§ 310).	Si, 7e degré du ton d'ut majeur ou mineur.
Sol♭, 4e degré du ton de ré♭ majeur ou mineur.	Sol♮, app. asc. du 5e degré du ton de ré♭ maj. ou min. (§§ 258 et 259).	La♭, 5e degré du ton de ré♭ majeur ou mineur.	La, alt. asc. du 5e degré (§ 137). Si𝄫 6e deg. ré♭ min. Si𝄫 subst. min. (§ 80).	Si♭, 6e degré du ton de ré♭ majeur. Si♭, subst. maj. (§ 80).	Si♮, app. asc. du 7e degré (§ 310).
Fa♯, 3e deg. de ré maj. Fa♯ p. du 3e d. maj. (§ 97) Fa♯ app. asc. du 4e degré (§ 301).	Sol, 4e degré du ton de ré majeur ou mineur.	Sol♯, app. asc. du 5e degré du ton de ré maj. ou min. (§§ 258 et 259).	La, 5e degré du ton de ré majeur ou mineur.	La♯ alt. asc. du 5e degré (§ 137). Si♭, 6e deg. de ré min. Si♭, subst. min. (§ 80).	Si, 6e degré du ton de ré majeur. Si, subst. maj. (§ 80).
Fa♯ alt. asc. du 2e degré (§ 148). Sol♭ 3e deg. de mi♭ min. Sol♭ p. du 3e d. min. (§ 97)	Sol, 3e deg. de mi♭ maj. Sol p. du 3e d. maj. (§ 97). Sol app. asc. du 4e degré (§ 301).	La♭ 4e degré du ton de mi♭ majeur ou mineur.	La♮ app. asc. du 5e degré du ton de mi♭ maj. ou min. (§§ 258 et 259).	Si♭, 5e degré du ton de mi♭ majeur ou mineur.	Si, alt. asc. du 5e degré (§ 137). Ut♭ 6e deg. de mi♭ min. Ut♭ subst. min. (§ 80).
Fa♯, 2e degré du ton de mi majeur ou mineur.	Fa𝄪 alt. asc. du 2e degré (§ 148). Sol♮ 3e deg. de mi min. Sol♮ p. du 3e d. min. (§ 97).	Sol♯, 3e deg. de mi maj. Sol♯ p. du 3e d. maj. (§ 97) Sol♯ app. asc. du 4e degré (§ 301).	La 4e degré du ton de mi majeur ou mineur.	La♯ app. asc. du 5e degré du ton de mi maj. ou min. (§§ 258 et 259).	Si, 5e degré du ton de mi majeur ou mineur.
Fa♯ app. asc. du 2e degré (§ 300). Sol♭ alt. desc. du 2e degré (148).	Sol, 2e degré du ton de fa majeur ou mineur.	Sol♯ alt. asc. du 2e degré (§ 148). La♭ 3e deg. de fa min. La♭ p. du 3e d. min. (§ 97)	La, 3e deg. de fa maj. La p. du 3e d. maj. (§ 97) La, app. asc. du 4e degré (§ 301).	Si♭, 4e degré du ton de fa majeur ou mineur.	Si♮, app. asc. du 5e degré du ton de fa maj. ou min. (§§ 258 et 259).
Sol♭, 1r degré du ton de sol♭ maj. ou min. Sol♭, prol. de la tonique (§ 95).	Sol♮, app. asc. du 2e degré (§ 300). La𝄫 alt. desc. du 2e degré (§ 148).	La♭ 2e degré du ton de sol♭ majeur ou mineur.	La♮ alt. asc. du 2e degré (§ 148). Si𝄫 3e deg. de sol♭ min. Si𝄫 p. du 3e d. min. (§ 97)	Si♭, 3e deg. de sol♭ maj. Si♭ p. du 3e d. maj. (§ 97) Si♭ app. asc. du 4e degré (§ 301).	Ut♭, 4e degré du ton de sol♭ majeur ou mineur.
Fa♯ 7e degré du ton de sol majeur ou mineur.	Sol, 1r degré du ton de sol maj. ou min. Sol, prol. de la tonique (§ 95).	Sol♯ app. asc. du 2e degré (§ 300). La♭ alt. desc. du 2e degré (§ 148).	La, 2e degré du ton de sol majeur ou mineur.	La♯ alt. asc. du 2e degré (§ 148). Si♭ 3e deg. de sol min. Si♭ p. du 3e d. min. (§ 97)	Si, 3e deg. de sol maj. Si, p. du 3e d. maj. (§ 97) Si, app. asc. du 4e degré (§ 301).
Fa♯ app. asc. du 7e degré (§ 310).	Sol, 7e degré du ton de la♭ majeur ou mineur.	La♭, 1r degré du ton de la♭ maj. ou min. La♭, prol. de la tonique (§ 95).	La♮ app. asc. du 2e degré (§ 300). Si𝄫 alt. desc. du 2e degré (§ 148).	Si♭, 2e degré du ton de la♭ majeur ou mineur.	Si♮ alt. asc. du 2e degré (§ 148). Ut♭ 3e deg. de la♭ min Ut♭ p. du 3e d. min. (§ 97).
Fa♯, 6e degré du ton de la majeur. Fa♯, subst. maj. (§ 80).	Fa𝄪, app. asc. du 7e degré (§ 310).	Sol♯, 7e degré du ton de la majeur ou mineur.	La, 1r degré du ton de la maj. ou min. La, prol. de la tonique (§ 95).	La♯ app. asc. du 2e degré (§ 300). Si♭, alt. desc. du 2e degré (§ 148).	Si, 2e degré du ton de la majeur ou mineur.
Fa♯, alt. asc. du 5e degré (§ 137). Sol♭, 6e deg. de si♭ min. Sol♭ subst. min. (§ 80)	Sol, 6e degré du ton de si♭ majeur. Sol, subst. maj. (§ 80).	Sol♯ app. asc. du 7e degré (§ 310)	La, 7e degré du ton de si♭ majeur ou mineur.	Si♭, 1r degré du ton de si♭ maj. ou min. Si♭ prol. de la tonique (§ 95).	Si♮, app. asc. du 2e degré (§ 300). Ut♭ alt. desc. du 2e degré (§ 148).
Fa♯, 5e degré du ton de si majeur ou mineur.	Fa𝄪 alt. asc. du 5e degré (§ 137). Sol♮, 6e deg. de si min. Sol♮, subst. min. (§ 80).	Sol♯ 6e degré du ton de si majeur. Sol♯, subst. maj. (§ 80).	Sol𝄪 app. asc. du 7e degré (§ 310).	La♯ 7e degré du ton de si majeur ou mineur.	Si, 1r degré du ton de si maj. ou min. Si, prol. de la tonique (§ 95).

533. Les différentes notes de la gamme chromatique peuvent encore remplir d'autres fonctions tonales que celles indiquées dans le tableau précédent. (Voyez ces diverses fonctions dans les accords parfaits du 2me et du 4me degré avec appogiatures, du § 344 au § 357; dans l'accord de septième diminuée du 1er degré avec appogiature, du § 363 au § 371, et dans les accords de septième avec appogiatures, du § 375 au § 382.)

Dans le tableau précédent, nous avons disposé les notes chromatiques de chaque gamme de telle façon que les points de contact de tous les tons se trouvent disposés dans la même colonne.

Supposons que l'on veuille moduler du ton d'*ut* majeur dans le ton de *ré* b en se servant de l'*ut* comme note de liaison; cette note dans le ton d'*ut* peut remplir les fonctions de 1er degré ou de prolongation de la tonique (§ 96) et, dans le ton de *ré* b, cet *ut* remplit la fonction de 7me degré; il est donc possible de moduler du ton d'*ut* dans le ton de *ré* b, en se servant de l'*ut* comme liaison, et cela de deux manières différentes. Ex. :

Ut, 1er degré du ton d'*ut*, changé en note sensible du ton de *ré* b.

Ut, prolongation de la tonique, changé en note sensible du ton de *ré* b.

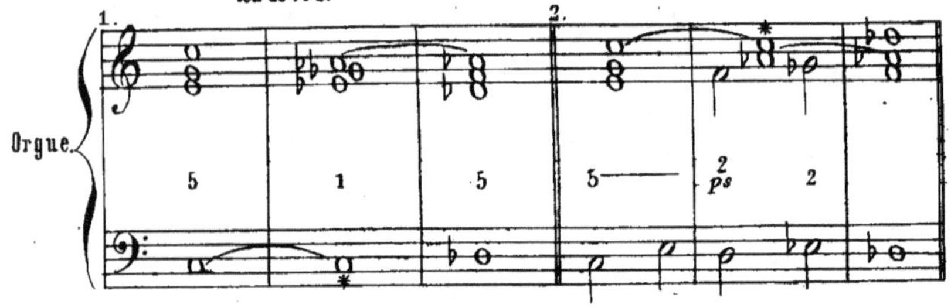

534. On peut de même essayer de moduler du ton d'*ut* dans le ton de *ré* b, en prenant comme liaison toutes les notes chromatiques du ton d'*ut*; il suffit pour cela, une fois le ton d'*ut* bien établi, de frapper l'accord contenant la note chromatique avec laquelle on veut faire la liaison. Ex. :

MODULATION D'*UT* EN *RÉ* b, EN EMPLOYANT LE *FA* ♯ APPOGIATURE ASCENDANTE DU 5me DEGRÉ (§ 258) COMME NOTE DE LIAISON.

Fa ♯, changé en *sol* b, 4e degré du ton de *ré* b.

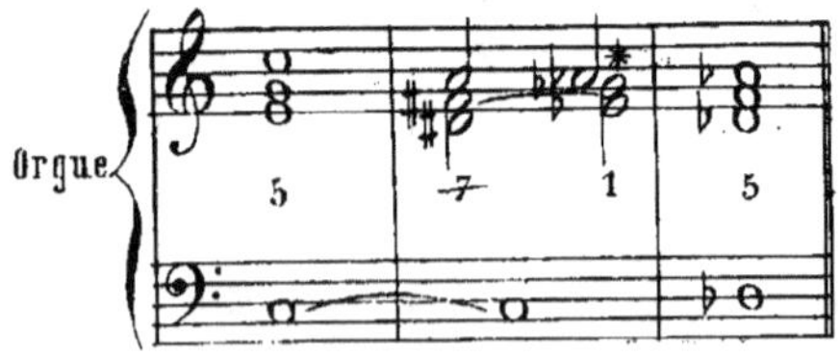

Le *fa* ♯, faisant fonction d'appogiature ascendante du 5me degré du ton d'*ut*, se change en *sol* b quatrième degré du ton de *ré* b. (Voyez au tableau page 220, 7me colonne.

MODULATION DU TON D'*ut* EN *ré* b, EN EMPLOYANT LE *la* FAISANT FONCTION DE 6me DEGRÉ DU TON D'*ut* (*voyez au tableau page* 220, *la* 10e *colonne du ton d'*ut), ET EN CHANGEANT CE *la* EN ALTÉRATION ASCENDANTE DU 5me DEGRÉ (§ 137) DU TON DE *ré* b. (*Voyez au même tableau, ton de* ré *b,* 10me *colonne.*)

Orgue.

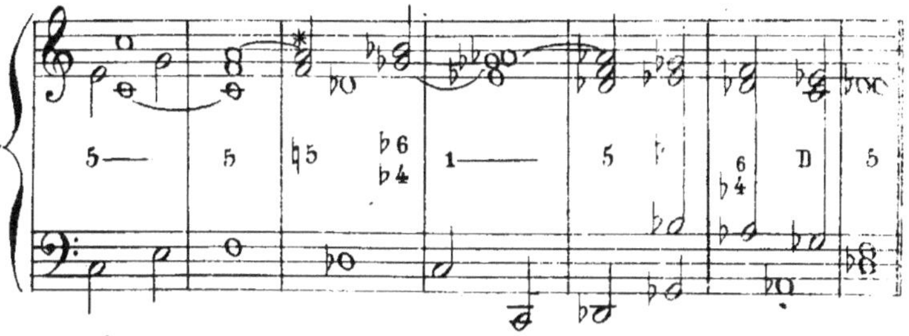

535. On peut, de même que pour le ton d'*ut*, moduler en se servant du tableau précédent, en prenant un ton quelconque comme point de départ.

PROBLÈME A RÉSOUDRE.

Étant donné le ton de *si* b majeur, moduler dans le ton de *ré* majeur, en prenant successivement comme liaison chacune des notes de la gamme chromatique du ton de *si* b majeur.

Prenons par exemple le *fa* ♯ comme note de liaison.

Cette note (*fa* ♯ ou *sol* b) dans le ton de *si* b majeur remplit les fonctions d'altération ascendante du 5me degré (§ 137) et de substitution mineure. (Voyez le tableau, page 220, ton de *si* b majeur, 7me colonne.)

Dans le ton de *ré* majeur, le *fa* ♯ remplit les fonctions de 3me degré, de prolongation du 3me degré majeur (§ 97), et d'appogiature ascendante du 4me degré (§ 301). (Voyez le tableau, page 220, ton de *ré* majeur, 7me colonne.)

Connaissant les diverses fonctions que rempli le *fa* ♯ dans les tons de *si* b majeur et de *ré* majeur, nous pouvons opérer les modulations suivantes :

Fa ♯ faisant fonction d'alt. asc. du 5e degré dans le ton de *si* b maj., changé en 3e degré du ton de *ré* majeur.

Fa ♯ alt. asc. du 5e degré, changé en prol. du 3e degré majeur du ton de *ré* majeur.

Fa ♯ alt. asc. du 5e degré, changé en app. asc. du 4e degré du ton de *ré* majeur.

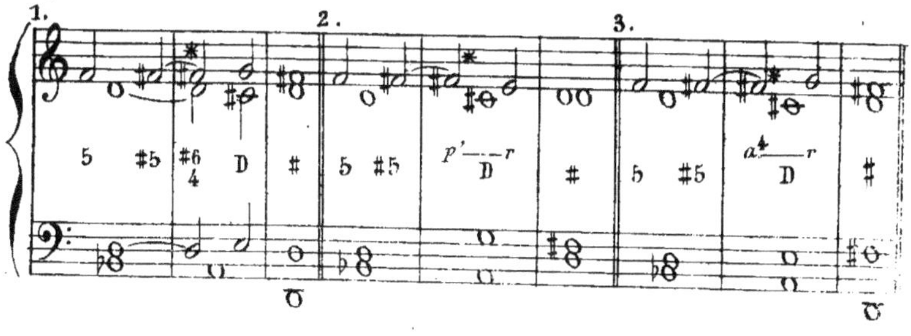

Sol b, faisant fonction de subst. min. dans le ton de *si* b maj., changé en *fa*♯, 3e degré du ton de *ré* maj. — *Sol* b, changé en *fa*♯ prol. du 3e degré majeur du ton de *ré*. — *Sol* b, changé en *fa*♯ app. asc. du 4e degré du ton de *ré* majeur.

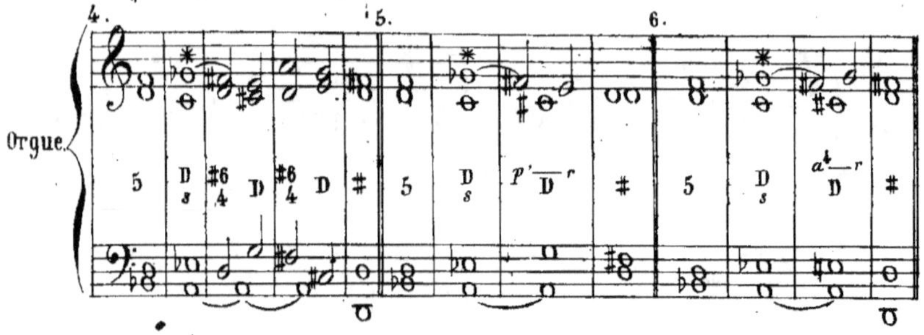

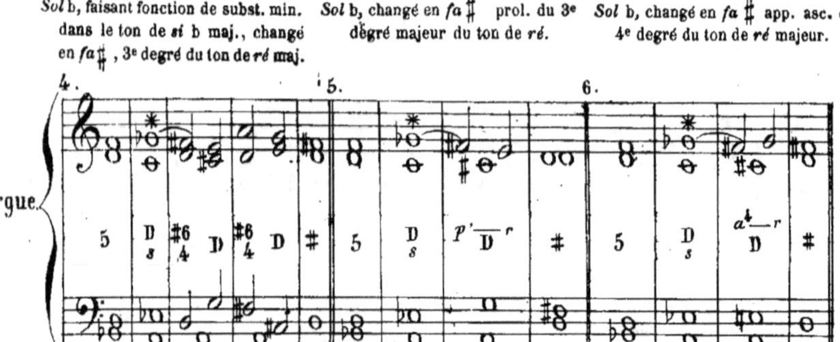

L'élève doit s'exercer à passer du ton de *si* b majeur dans le ton de *ré* majeur, en prenant successivement comme note de liaison de ces deux tons chacune des notes chromatiques de la gamme de *si* b majeur. Il pourra ensuite, en employant les mêmes procédés, prendre un ton quelconque comme point de départ et chercher à passer dans tous les tons majeurs et mineurs.

Les exemples que nous venons de donner suffisent pour faire comprendre le mécanisme et l'utilité du tableau précédent (page 220).

REMARQUE.

536. Toutes les notes chromatiques d'une gamme ne sont pas également bonnes pour établir une liaison entre deux tons, parce que souvent il peut en résulter des suites de quintes ou d'octaves, de fausses relations ou toute autre succession vicieuse qu'il serait impossible d'éviter.

537. La plupart des modulations que nous avons données en n'employant qu'un seul accord transitoire, pourraient dans beaucoup de cas paraître dures et brusques, principalement si elles sont jouées dans un mouvement vif; on doit alors augmenter le nombre des accords transitoires, afin d'adoucir la modulation et de l'amener d'une manière moins brusque et plus naturelle.

538. Les accords transitoires peuvent être consonnants ou dissonants, ou bien encore alternativement consonnants et dissonants. Ex.:

Moduktion d'*ut* maj. en *ré* min. avec des accords transitoires consonnants. — Même modulation avec des accords transitoires dissonants. — Même modulation avec des accords transitoires consonnants et dissonants.

539. Nous nous sommes contenté d'indiquer les modulations dans la plupart des exemples que nous avons donnés. Lorsque l'on module et que l'on veut rester dans le ton nouveau, il est nécessaire de le consolider par un acte de cadence. Ex. :

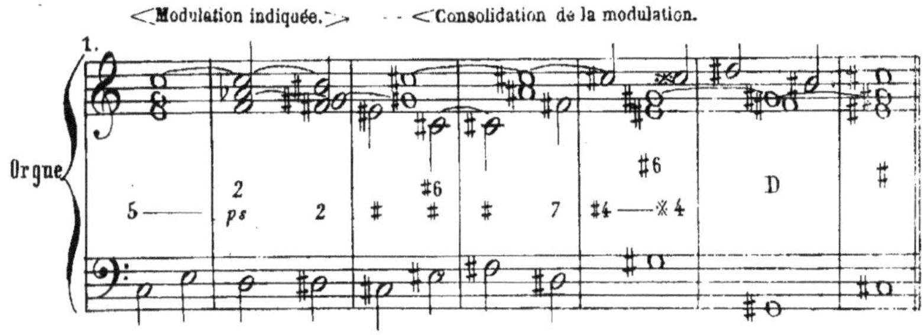

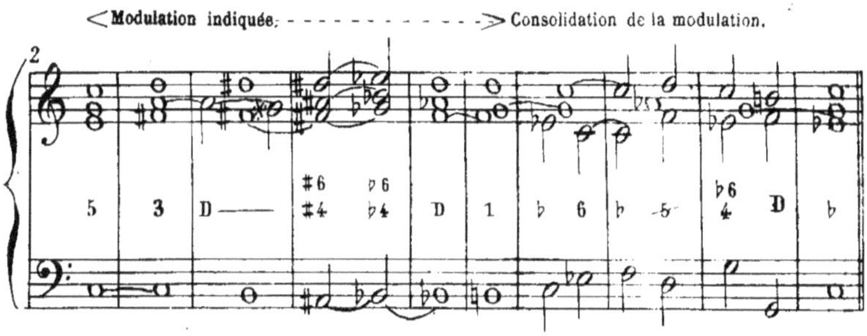

540. On doit s'exercer à faire des modulations en partant du ton d'*ut* majeur ou mineur, et passer dans tous les tons majeurs et mineurs en employant successivement un, deux, trois, quatre et un plus grand nombre d'accords transitoires.

541. Pour éviter la monotonie des accords plaqués, on introduit dans le cours d'une modulation des notes de passage. Ex. :

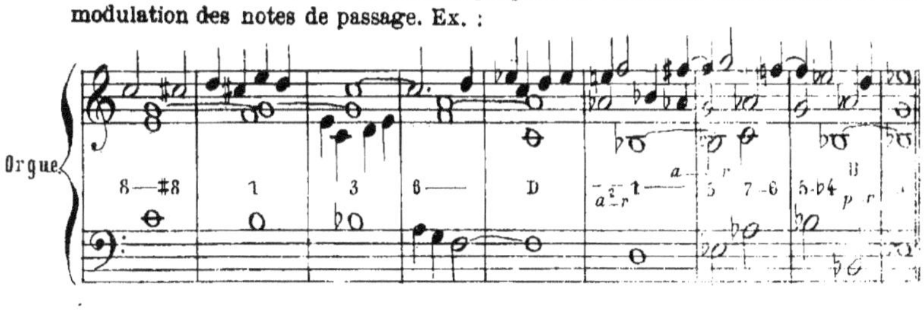

542. Il est des tons qui peuvent se lier sans le secours d'accords transitoires; ces changements de ton ont lieu le plus souvent à la fin d'une période musicale; une deuxième période succède à la première et dans un autre ton.

L'accord parfait du premier degré du ton primitif doit avoir au moins une note commune avec l'accord parfait du premier degré du ton dans lequel on entre.

Ainsi d'*ut* majeur on peut passer sans accord transitoire en *sol* majeur, en *fa* majeur ou en *la* b majeur. Ex. :

CHANGEMENT DE TON, D'*ut* MAJEUR EN *la b* MAJEUR.

La deuxième période de l'exemple précédent peut être en *sol* majeur ou en *fa* majeur.

543. Un point d'orgue ou un long silence peut être employé pour lier deux tons éloignés. Ex. :

544. L'unisson est encore un moyen facile de changer de ton. Ex.

545. En se servant de l'unisson et en s'arrêtant sur chacun des degrés de l'échelle chromatique de la gamme, il est possible de passer dans tous les tons majeurs et mineurs, en considérant successivement chacun de ces degrés comme premier degré d'un ton nouveau.

La dernière note sur laquelle vient s'arrêter l'unisson peut encore être considérée comme 2me, 3me, 4me, 5me, 6me ou 7me degré, substitution majeure ou mineure, etc., etc. Voici quelques exemples de ce genre de modulations :

Le *mi* b marqué d'un astérisque, dernière note de l'unisson, considéré comme cinquième degré du ton de *la* b.

* *Sol* ♯, dernière note sur laquelle vient s'arrêter l'unisson, considéré comme altération ascendante du deuxième degré du ton de *fa* majeur.

* *Mi* b, considéré comme dominante du ton de *la* b.

etc.

* *Fa*, considéré comme premier degré.

546. On peut à la dernière note, sur laquelle vient s'arrêter l'unisson, faire une tenue et considérer celle-ci comme 1er, 2me, 3me, 4me, 5me, 6me ou 7me degré, substitution, prolongation, etc.

(1) * *Sol*, considéré comme note sensible.

(2)* *La* ♯ , considéré comme note sensible.

(3)* *Si* ♮ , considéré comme substitution majeure.

547. Il est extrêmement important de faire attention au mouvement dans lequel doivent être exécutées les modulations, parce qu'il en est qui, bonnes dans un mouvement lent, peuvent devenir vicieuses dans un mouvement vif.

548. Les règles énoncées sur l'art de moduler suffisent pour pouvoir accomplir toutes les modulations possibles. Il est important, lorsque l'on compose un morceau de musique de ne pas trop moduler et d'employer de temps à autre des modulations passagères, mais de manière à ne jamais perdre entièrement l'idée du ton dominant. Dans la musique scénique, il est des situations où l'on est obligé de moduler souvent et dans des tons très-éloignés du ton primitif. Une modulation est bien placée si elle indique un changement dans l'action : lorsqu'un personnage paraît en scène, quand on passe de la joie à la tristesse, du jour à la nuit, enfin toutes les fois que l'on veut marquer un contraste ou exciter l'attention, il est bon de moduler. Toutes ces choses seront comprises et pratiquées instinctivement par l'homme de goût.

FIN DE LA QUATRIÈME ET DERNIÈRE PARTIE.

APPENDICE.

SIGNES DONT ON SE SERT DANS CET OUVRAGE POUR REPRÉSENTER LES ACCORDS.

L'accord parfait majeur ou mineur se désigne par - - - - - - - - - - 5

L'accord de quinte mineure, par - - - - - - - - - - - - - $\not5$

La tierce diminuée, par - - - - - - - - - - - - - - - $\not3$

L'octave diminuée, par - - - - - - - - - - - - - - - - $\not8$

L'accord de sixte, par - - - - - - - - - - - - - - - - 6

L'accord de sixte et quarte, par - - - - - - - - - - - - - $\begin{smallmatrix}6\\4\end{smallmatrix}$

L'accord de septième dominante, par - - - - - - - - - - - - - D

Le premier renversement de l'accord de septième dominante, par - - - - - 1

Le deuxième renversement de l'accord de septième dominante, par - - - - 2

Le troisième renversement de l'accord de septième dominante, par - - - - 3

L'accord de septième, par - - - - - - - - - - - - - - - 7

L'accord de septième diminuée, par - - - - - - - - - - - - - $\not7$

La substitution majeure ou mineure (voyez §§ 80 à 94), par - - - - - - - - *s*

La prolongation de la tonique, dans l'accord de septième dominante et dans ses dérivés (voyez § 96), par - - - - - - - - - - - - - - - *p*

La prolongation du troisième degré majeure ou mineure dans l'accord de septième dominante et dans ses dérivés (voyez §§ 97 à 100), par - - - - - - - - - *p'*

L'altération ascendante ou descendante du deuxième degré dans l'accord de septième dominante et ses dérivés (voyez § 148), par - - - - - - - - - - *a*

a^1, a^2, a^3, a^4, a^5, a^6, a^7, indiquent respectivement les appogiatures ascendantes des 1er, 2me, 3me, 4me, 5me, 6me ou 7me degrés.

ad^1, ad^2, ad^4, ad^6, indiquent respectivement les appogiatures descendantes des 1er, 2me 4me ou 6me degrés.

adm^2, adm^3, adm^4, adm^5, adm^6 indiquent respectivement que les appogiatures descendantes des 2me, 3me, 4me 5me ou 6me degrés ne sont éloignées de leur note de résolution que d'un demi-ton.

r, désigne la résolution des notes appogiatures.

b, placé à droite de *s*, de *a* ou de *p* indique que la substitution, l'altération ou la prolongation se trouvent dans la basse.

Autrefois la basse chiffrée n'avait d'abord pour objet que de faire entendre une suite d'accords plaqués très-simples ; depuis que l'on a introduit dans les accompagnements les altérations, les notes de passage et les appogiatures, l'utilité de la basse chiffrée s'est complètement effacée.

Les signes représentant les accords étant actuellement destinés à faire saisir de prime abord l'origine et la résolution naturelle (§ 275) de chaque accord, l'emploi combiné des chiffres et des lettres, nous a paru un moyen facile d'arriver à ce résultat.

Les élèves qui voudront apprendre à indiquer les accords au moyen de chiffres seulement, peuvent consulter le tableau suivant :

TABLEAU DONNANT LES SIGNES DONT ON SE SERT POUR DÉSIGNER LES ACCORDS PAR DES CHIFFRES SEULEMENT, OU PAR DES CHIFFRES ET DES LETTRES.

	Moyen d'indiquer les accords par des chiffres.	Moyen d'indiquer les accords par des chiffres et des lettres.

Accord de septième dominante.

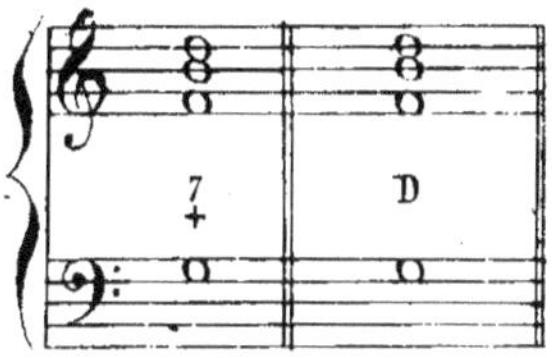

1er renversement de l'accord de septième dominante.

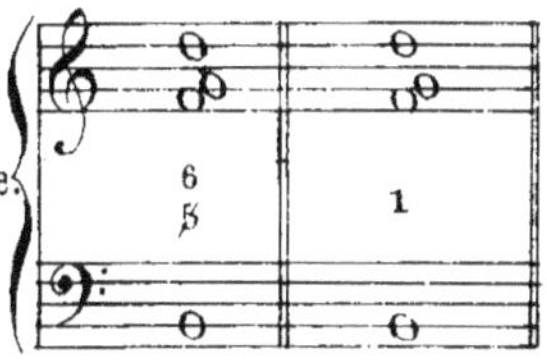

2me renversement de l'accord de septième dominante.

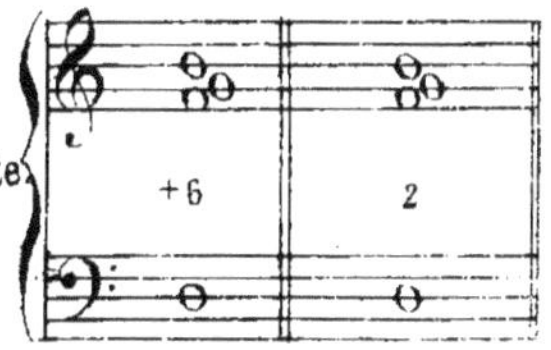

3me renversement de l'accord de septième dominante.

Accord de septième dominante avec substitution majeure.

1er renversement de l'accord de septième dominante avec substitution majeure.

2me renversement de l'accord de septième dominante avec substitution majeure.

3me renversement de l'accord de septième dominante avec substitution majeure.

Accord de septième dominante avec substitution majeure préparée dans la basse (§ 87, ex. 3).

Accord de septième dominante avec substitution mineure.

1er renversement de l'accord de septième dominante avec substitution mineure.

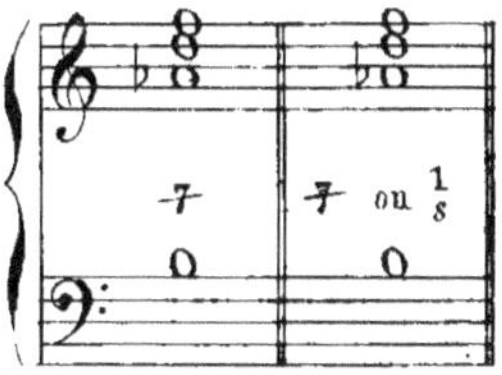

2me renversement de l'accord de septième dominante avec substitution mineure.

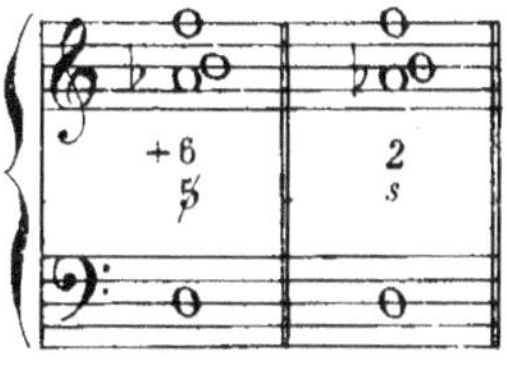

3me renversement de l'accord de septième dominante avec substitution mineure.

Accord de septième dominante avec substitution mineure dans la basse.

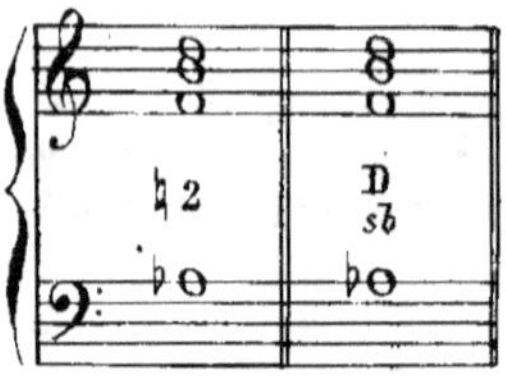

Accord de septième dominante avec prolongation de la tonique.

1er renversement de l'accord de septième dominante avec prolongation de la tonique.

2me renversement de l'accord de septième dominante avec prolongation de la tonique.

3me renversement de l'accord de septième dominante avec prolongation de la tonique.

Accord de septième dominante avec prolongation du troisième degré majeur.

1er renversement de l'accord de septième dominante avec prolongation du 3me degré majeur.

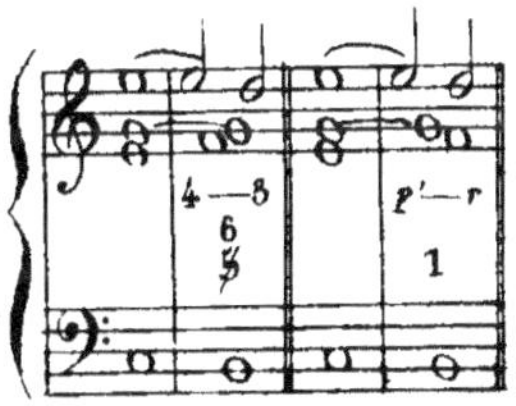

2me renversement de l'accord de septième dominante avec prolongation de 3me degré majeur. (Voyez §§ 98 et 99).

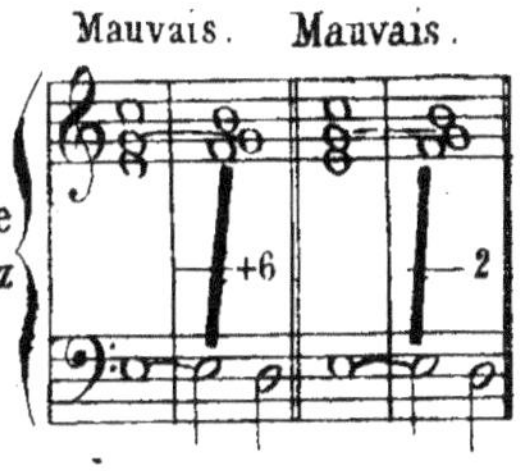

3me renversement de l'accord de septième dominante avec prolongation du 3me degré majeur.

Accord de septième dominante avec prolongation du 3me degré mineur.

1er renversement de l'accord de septième dominante avec prolongation du 3me degré mineur.

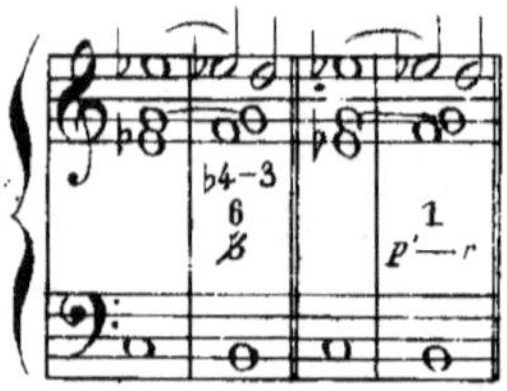

2me renversement de l'accord de septième dominante avec prolongation du 3me degré mineur.

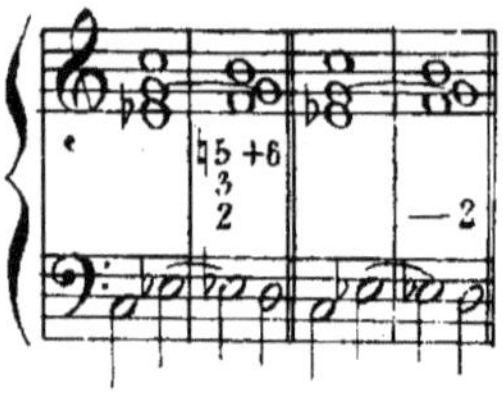

3me renversement de l'accord de septième dominante avec prolongation du 3me degré mineur.

Accord de septième dominante avec substitution majeure et prolongation de la tonique.

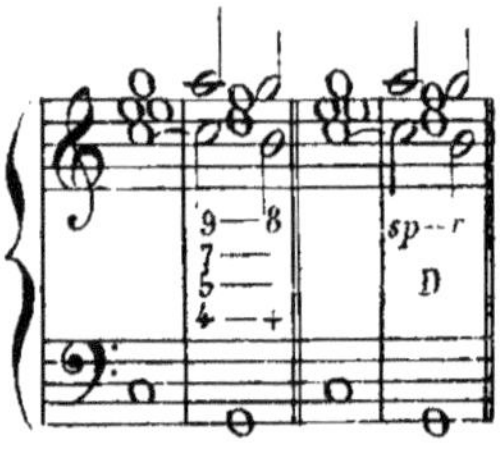

1er renversement de l'accord de septième dominante avec substitution majeure et prolongation de la tonique.

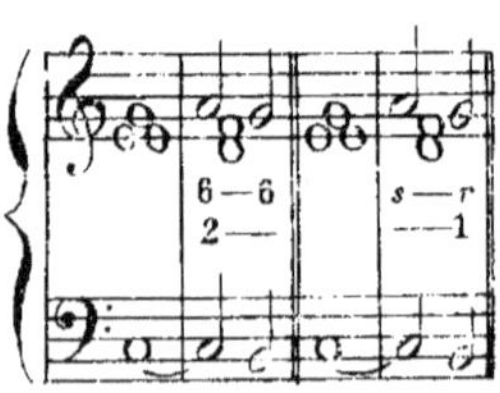

2me renversement de l'accord de septième dominante avec substitution majeure et prolongation de la tonique.

3me renversement de l'accord de septième dominante avec substitution majeure et prolongation de la tonique.

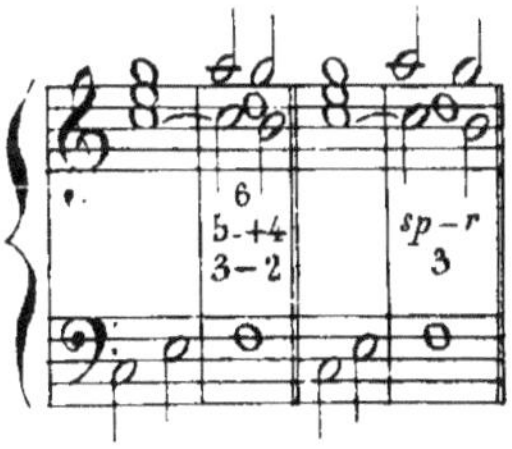

Accord de septième dominante avec substitution majeure préparée dans la basse, et prolongation de la tonique.

Accord de septième dominante avec substitution mineure et prolongation de la tonique.

1er renversement de l'accord de septième dominante avec substitution mineure et prolongation de la tonique.

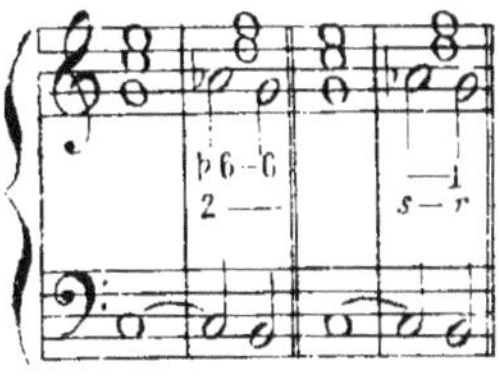

2

2me renversement de l'accord de septième dominante avec substitution mineure et prolongation de la tonique.

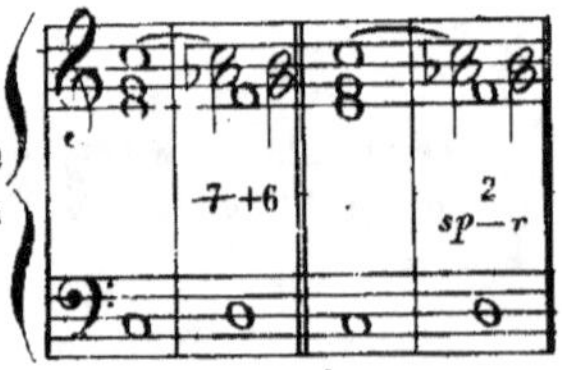

3me renversement de l'accord de septième dominante avec substitution mineure et prolongation de la tonique.

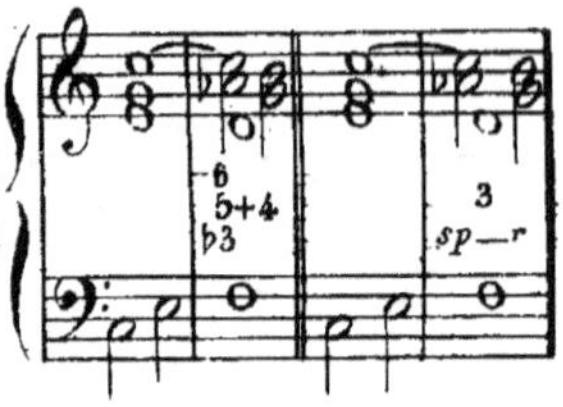

Accord de septième dominante avec substitution mineure dans la basse, et prolongation de la tonique.

Lorsque l'on réunit les prolongations de la tonique et du troisième degré majeur ou mineur aux substitutions, on doit dans les méthodes actuellement en usage, indiquer tous les intervalles par des chiffres. Voyez aux exemples des paragraphes 104 à 112 la manière très-simple d'indiquer ces agrégations par des chiffres et des lettres.

Accord de septième dominante avec altération ascendante du 2me degré.

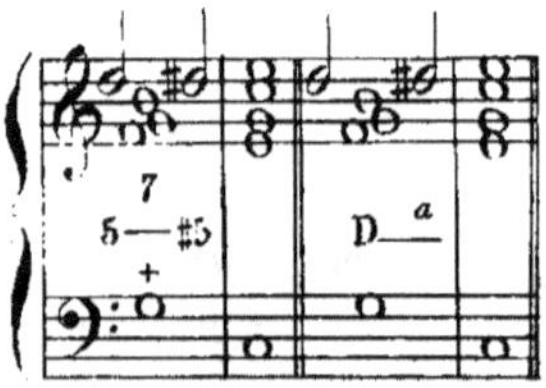

1er renversement de l'accord de septième dominante avec altération ascendante du 2me degré.

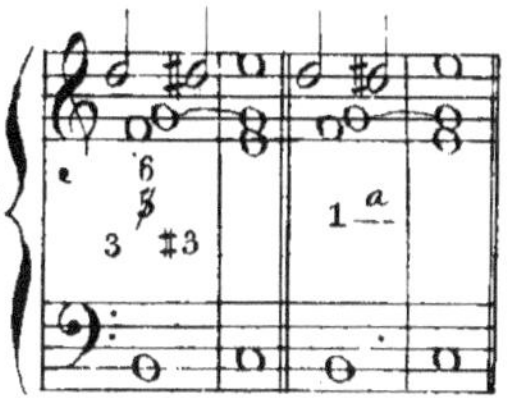

2me renversement de l'accord de septième dominante avec altération ascendante du 2me degré.

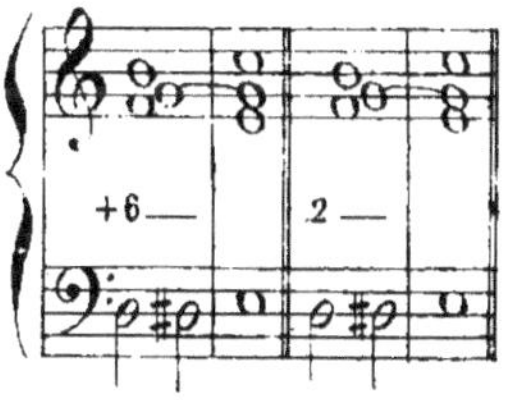

3me renversement de l'accord de septième dominante avec altération ascendante du 2me degré.

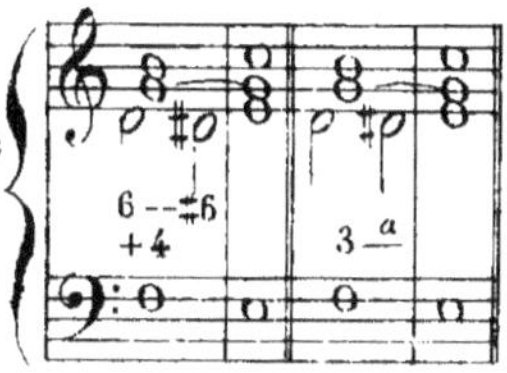

Accord de septième dominante avec altération descendante du 2me degré.

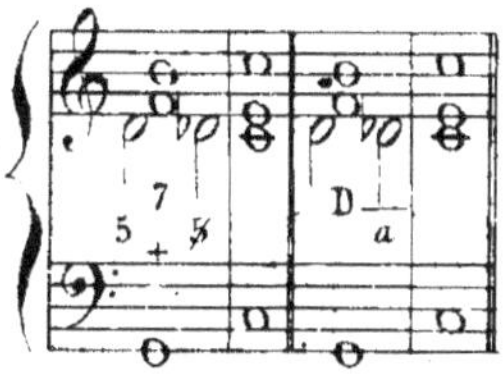

1er renversement de l'accord de septième dominante avec altération descendante du 2me degré.

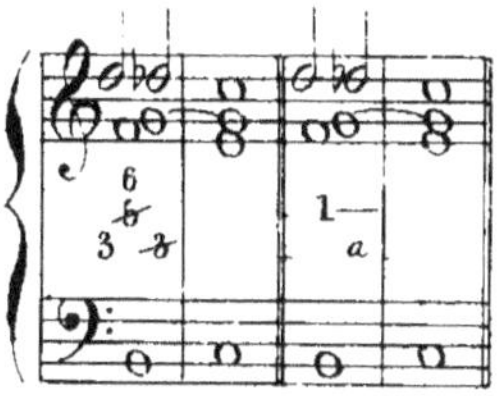

2me renversement de l'accord de septième dominante avec altération descendante du 2me degré.

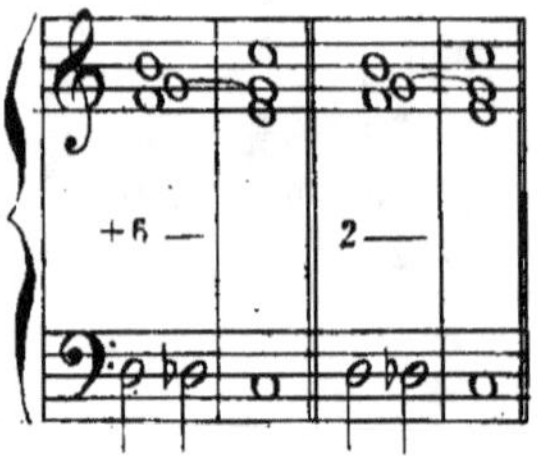

3me renversement de l'accord de septième dominante avec altération descendante du 2me degré.

La plupart des accords avec appogiatures simples, doubles, triples ou quadruples sont très-difficiles à lire, lorsque l'on ne se sert que de chiffres pour les indiquer. (Voyez du § 300 au § 382, comment sont désignés ces accords au moyen de chiffres et de lettres.).

TABLE DES MATIÈRES.

CHAPITRE XII.

QUATRIÈME PARTIE.

CHAPITRE XIV.

FIN DE LA TABLE DES MATIÈRES.

www.ingramcontent.com/pod-product-compliance
Lightning Source LLC
LaVergne TN
LVHW010955180726
843502LV00004B/1202

* 9 7 8 2 3 2 9 5 9 3 9 8 2 *